BASTEI
LÜBBE

Walter Wallmann

DER PREIS DES FORTSCHRITTS

Beiträge zur politischen Kultur

BASTEI LÜBBE

BASTEI-LÜBBE-TASCHENBUCH
Band 65 079

Lizenzausgabe: Gustav Lübbe Verlag GmbH,
Bergisch Gladbach
Printed in West Germany, August 1988
Einbandgestaltung: Klaus Blumenberg, Köln
Titelbild: DVA
Satz: Fotosatz Froitzheim, Bonn
Druck und Bindung: Ebner Ulm
ISBN 3-404-65079-4

Der Preis dieses Bandes versteht sich einschließlich
der gesetzlichen Mehrwertsteuer.

Inhaltsverzeichnis

Der Staat als Friedensordnung

Kulturpolitik – Ferment der Kommunalpolitik

Vorwort zur Taschenbuchausgabe

Vor fünf Jahren habe ich im Vorwort zur ersten Auflage dieses Buches geschrieben, daß politische Führung wesentlich in der Fähigkeit bestehe, Menschen von Entscheidungen und Maßnahmen durch die Rede zu überzeugen. Ich bin davon überzeugt, daß dieser Vorbemerkung heute die gleiche, wenn nicht größere Aktualität zukommt.

Wir leben in einer pluralistischen Gesellschaft, in der an die Stelle eines allgemein akzeptierten viele Normensysteme getreten sind. In unserer komplexen, sich immer schneller wandelnden Welt geht allerdings damit auch die von Erich Fromm formulierte »Furcht vor der Freiheit« einher. Trotz der damit verbundenen Gefahren ist Pluralismus besser als alles andere, was an seiner Stelle gedacht werden kann, schreibt Thomas Nipperdey. Demokratie ist ohne den von Max Weber formulierten »unauflösbaren Wertepluralismus« nicht denkbar, denn eine menschliche Gesellschaft ohne Konflikte kann es nicht geben. Das heißt jedoch nicht, daß damit jede Position gleich gültig wäre. Dem Politiker kommt deswegen in der Demokratie in besonderem Maße die Aufgabe der Formulierung öffentlichen Interesses und die Herstellung öffentlichen Bewußtseins zu.

In vielen wichtigen Gebieten haben sich die verschiedenen politischen Lösungswege in den letzten Jahren weiter voneinander entfernt. Wir müssen heute konstatieren, daß z.B. der breite gesellschaftliche Konsens in der Umwelt- und Energiepolitik aus ideologischen Gründen von einigen ohne Not aufgegeben wurde. In dieser Situation ist anstelle der in Mode gekommenen Ausstiegszenarien und der damit verbundenen

Technik- und Zivilisationsmüdigkeit das sachgerechte Abwägen aller Argumente wichtiger denn je. Dabei gilt der Leitsatz, daß wir bewahren müssen, was vor uns Geltung hatte und nach uns Geltung haben wird. Es muß erneuert werden, was zeitbedingt war und keine Geltung mehr beanspruchen darf. Die Fähigkeit, das eine vom anderen unterscheiden zu können, ist für eine zukunftsweisende Politik von entscheidender Bedeutung.

Hans Jonas hat anläßlich der Verleihung des Friedenspreises des Deutschen Buchhandels in seiner Dankesrede über die ökologischen, biotechnischen und gentechnologischen Fragen unserer Zeit gesprochen. Er hat deutlich auf die Gefahren hingewiesen, die mit der friedlichen Technik verbunden sind. Und er hat genauso deutlich gesagt, daß uns »die Wahl einfacher Talententhaltung« versagt ist, denn wir müssen ja mit der technischen »Ausbeutung« der Natur fortfahren – nur das Wie und Wieviel stehe zur Frage. Bei allen heute diskutierten ökologischen Fragestellungen müssen wir uns bewußt sein, daß die Technik ein Werk der uns Menschen eigenen Freiheit ist. Menschliche Freiheit ist aber Gabe und Aufgabe zugleich. Als Gabe ist Freiheit die Fähigkeit, Verantwortung wahrzunehmen; als Aufgabe ist sie die Pflicht, von dieser Fähigkeit den rechten Gebrauch zu machen. Für die Fragestellungen, vor denen wir heute stehen, gibt es keine einfachen Lösungen. Bei allen uns gestellten Fragen – gerade in der Umwelt- und Energiepolitik – geht es um Abwägung; um sachliche Auseinandersetzungen, um Anspannung des eigenen Wissens und Gewissens. Verantwortliches Handeln im Sinne Max Webers heißt, stets die voraussehbaren Folgen unseres Handelns mitzubedenken. Darüber hinaus müssen wir bemüht sein, Konsequenzen unseres Tuns, die heute noch nicht vorhersehbar sind, zu erforschen. Nichts kann uns der Aufgabe entheben, heute die auf der Grundlage unseres Wissens notwendigen Entscheidungen zu treffen. Denn in vielen Fällen würden die negativen Folgen der gebotenen, aber dann aus welchen Gründen auch immer unterlassene Entscheidungen, kumulieren. Hans Jonas stellte dazu fest: »Eine Patentlösung für unser Problem (...)

gibt es nicht. Dafür ist das technische Syndrom viel zu komplex, und von einem Aussteigen daraus kann nicht die Rede sein.«

Nicht zuletzt die immer größere Bedeutung, die dem Umweltthema zuzumessen ist, haben den Verlag und den Lektor dazu bewogen, in die Taschenbuchausgabe eine Rede zu den ethischen Herausforderungen im Industriezeitalter aufzunehmen.

Vorbemerkung

»Ein Politiker hat das Bedürfnis, sich zu äußern«, schreibt mein Kollege Manfred Rommel in seinem Buch »Abschied vom Schlaraffenland«. Ich fürchte, daß dies nur die halbe Wahrheit ist. Denn Politiker müssen in unserer von der veröffentlichten Meinung beherrschten Zeit häufig genug Stellung nehmen und sich erklären, obwohl sie manchmal lieber schweigen würden.

Politische Führung verlangt heute mehr denn je auch die Fähigkeit, Menschen von Entscheidungen und Maßnahmen zu überzeugen. Reden und – in geringerem Umfang – Zeitungsbeiträge sind so zu einer Chance geworden, den Abstand zwischen den Gewählten und den Wählern zu überbrücken. Dies ist freilich nicht einfach. Denn anders als etwa zu Beginn unseres Jahrhunderts gibt es *die* Öffentlichkeit nicht mehr. Es ist deswegen immer schwieriger geworden, sich verständlich zu machen. Jürgen Habermas hat diese Tatsache in seiner Habilitationsschrift »Strukturwandel der Öffentlichkeit« einprägsam vorgeführt. Politikerreden können sich heute nicht mehr an einen gesellschaftlich fest umrissenen Personenkreis richten. Sie müssen sich an alle wenden und für alle verständlich sein.

Reden leben aus dem Augenblick und aus dem unmittelbaren Eindruck, den sie auf ihre Zuhörer entfalten. Es ist deswegen durchaus problematisch, Reden im nachhinein zu veröffentlichen. Denn die Lebendigkeit des unmittelbaren Eindrucks der freien Rede geht verloren, und manches liest sich geschrieben sehr viel platter, als es den Zuhörern in den Ohren klingt.

Gedruckte Reden verlieren oft das Fluidum, das sich zwischen Redner und Auditorium nur im Augenblick des Vortrags einstellen kann und muß. Selbst Historiker können daher heute kaum noch nachvollziehen, welchen Eindruck die Reden eines Disraeli oder eines Bismarck auf die Zuhörer machten. Ohne unzulässige Vergleiche herauszufordern, bleibt es deswegen dabei: Schon mancher hat mit gedruckten Reden seine Schwierigkeiten gehabt. Für handelnde Politiker kommt ein weiteres Problem hinzu: Natürlich wandeln sich Politiker wie alle Zeitgenossen im Laufe ihres Lebens. Wirtschaftliche und politische Entwicklungen führen zu neuen Fragestellungen und setzen neue Daten. Viele Erfahrungen kommen im Laufe der Jahre hinzu und verändern Ansichten und Vorstellungen. Konrad Adenauer soll einmal, als er das 80. Lebensjahr längst überschritten hatte, auf eine kritische Frage geantwortet haben, nichts könne ihn daran hindern, jeden Tag klüger zu werden.

Wenn ich mich dennoch zu dieser Veröffentlichung entschlossen habe, so nicht allein deswegen, weil ich von der Deutschen Verlags-Anstalt dazu aufgefordert worden bin. Ich glaube vielmehr, daß auch bei der Lektüre dieses Buches etwas deutlich wird, was mich selbst an Redensammlungen anderer Politiker fasziniert hat: die ungeheure Fülle der Probleme, mit der Politiker, vor allem aber Kommunalpolitiker in großen Städten, konfrontiert werden; die Verschiedenartigkeit der Fragen, mit denen sie sich beschäftigen, ja im wahrsten Sinne des Wortes auseinandersetzen müssen.

Gerade weil politische Führung heute verlangt, Menschen zu überzeugen, muß sich der Politiker vorher selbst von den Themen, Fragen und Problemen ein sehr genaues Bild machen, muß er selbst von der Richtigkeit seiner Entscheidungen ganz überzeugt sein.

Die Leser daran teilnehmen zu lassen, ist meine einzige Rechtfertigung für dieses Buch. Sie mögen beurteilen, ob der Verlag mit seinem Wunsch recht hatte.

Bürger in einer sich wandelnden Welt

Martin Buber

Vor fünfundzwanzig Jahren (1953) erhielt Martin Buber in der Paulskirche den Friedenspreis des Deutschen Buchhandels. Er nahm die Hand, die ihm von Deutschen entgegengestreckt wurde, obwohl Deutsche an seinem Volk so schuldig geworden waren. Er erneuerte damit den Dialog zwischen Deutschen und Juden.

»Die Völker müssen ins Gespräch kommen, wenn der große Friede erscheinen und das verwüstete Leben der Erde erneuern soll« – formulierte er in seiner Dankesrede. Ein prophetisches Wort! Gerade auch wenn man dabei an jene Stadt denkt, aus der er damals zu uns kam – Jerusalem. Wenn wir heute wiederum in der Paulskirche seines 100. Geburtstags gedenken, so ist es für uns ehrende Verpflichtung, an die Zeitspanne seines Wirkens zu erinnern, die mit Frankfurt am Main verbunden ist. Hier begründete er zusammen mit Franz Rosenzweig und Eduard Strauß das Freie Jüdische Lehrhaus. Hier entstanden seine wohl berühmtesten Werke »Ich und Du«, »Die Chassidischen Bücher«, die ersten Bände der ins Deutsche übertragenen hebräischen Bibel. Hier an unserer Universität lehrte er zehn Jahre – bis zum Machtantritt der Nationalsozialisten – Religionswissenschaft und jüdische Ethik. Frankfurt war auch dann noch Mittelpunkt seiner Tätigkeit als er, von den Nationalsozialisten aus seinem Lehramt vertrieben, die Initiative zum Aufbau einer jüdischen Erwachsenenbildung ergriff. Sie führte zu der von ihm geleiteten »Mittelstelle für jüdische Erwachsenenbildung«. Erst 1938, kurz vor der schlimmen, der sogenannten »Reichskristallnacht«, verließ Martin Buber Deutschland, um sich in Jerusalem niederzulassen.

Mit dieser dürren Aufzählung ist ein Werk umrissen, dessen Bedeutung für den jüdischen wie den deutschen Kulturkreis wir erst heute allmählich zu erfassen beginnen.

Martin Bubers philosophisches Werk ist nicht leicht zugänglich. Obwohl der in Wien Geborene jener Schicht des jüdischen Bürgertums entstammte, die den kulturellen Glanz der alten Kaiserstadt ausmachte, gehörte er doch nicht eigentlich dazu. Stefan Zweig, der jene Zeit in seiner »Welt von gestern« beschworen hat, nennt auch die Gründe: Hofmannsthal und Schnitzler, Gustav Mahler und Schönberg, Max Reinhardt und Freud gaben mit ihrem Wirken dem Österreichischen, dem Wienerischen intensivsten Ausdruck. Es war keine spezifisch jüdische, es war österreichische Kultur, die hier noch einmal zu hoher Blüte gelangte.

Ganz anders Martin Buber. Ihn führte sein Weg zu den geistigen Quellen des Ostjudentums, wie sie von Joseph Roth in seinem Essay »Juden auf Wanderschaft« so eindringlich beschrieben werden.

Israelitisches Geisteserbe, Nietzsches Endzeitphilosophie und der religiöse Existentialismus Kierkegaards waren die Wurzeln, aus denen Bubers Lebenswerk erwuchs. Kierkegaards dämonischem, die Welt und den Mitmenschen ausklammernden Glauben setzte Buber sein »dialogisches Prinzip« entgegen, das auf den Mitmenschen, das »Du« hinweist.

Mit diesem dialogischen Prinzip suchte Buber den Gegensatz zu überwinden, der die Krisis unseres abendländischen Denkens ausmacht. Während Schopenhauer, Comte, Hegel, Marx und Darwin das Individuum in Allgemeinbegriffen wie Wille, Gesellschaft, Staat, Klasse und Arten untergehen ließen, erhob eine andere Gruppe von Denkern es hoch über jede gesellschaftliche Forderung, indem sie es zu seinem eigenen Gesetz machten: Stirner, Kierkegaard und Nietzsche. Zwischen diesen beiden Gruppen wird das soziale Gefüge der europäischen Zivilisation auseinandergerissen. Auf der einen Seite zuchtlose Anarchie, auf der anderen überzüchtete Autorität. Martin Buber litt an dieser Krisis.

Eine Möglichkeit zu ihrer Überwindung sah er allein in der

Hinwendung des Individuums zum »Du« im echten Gespräch. Hierfür bedurfte es des Wortes, das in seinem Gesprochensein für Buber die unmittelbarste Selbstbezeugung des Mitmenschen war – Ausdruck seiner Nähe und Brücke zu ihm.

Dies war auch der gedankliche Anstoß für seine Lebensaufgabe – die Verdeutschung der Heiligen Schrift. Mit diesem Werk gelang ihm etwas qualitativ anderes als Übersetzungen gemeinhin leisten: Die Erhaltung des übertragenen Schriftwortes in seiner ursprünglichen »Gesprochenheit«. Mit ihr schuf er darum zugleich seine schönste Huldigung an die Kraft und Wahrheit des Wortes. Mitmenschlichkeit ist wohl ein Schlüsselwort für Martin Bubers Wirken.

Tätige Nächstenliebe und Überwindung des Hasses – das hat uns Martin Buber nicht nur gelehrt, sondern auch vorgelebt. Dafür ehren wir ihn. Für ihn gilt, was sein Zeitgenosse Rainer Maria Rilke in die Worte kleidete: »Er kannte Ängste, deren Eingang schon wie Sterben war und nicht zu überstehen. Sein Herz erlernte, langsam durchzugehen; er zog es groß wie einen Sohn.«

Grußansprache anläßlich des Festaktes der Hessischen Landesregierung zum 100. Geburtstag Martin Bubers am 8. Februar 1978 in der Paulskirche zu Frankfurt am Main

Humanismus und Utopie

Die 5. Römerberggespräche (1978) stehen unter dem Thema »Humanismus und Utopie«. In einer Zeit wachsender Mißverständnisse – trotz immer umfangreicherer technischer Kommunikation – sind solche Begegnungen von besonderem Wert. Wichtig erscheint mir gerade diese Themenstellung, weil wir in den letzten Jahren erlebt haben, wie der Rückgriff auf Utopien die Begründung für aktuelle politische Forderungen lieferte. Dies gilt beispielsweise für die Diskussion um die Mitbestimmung ebenso wie für die Hochschulreform.

Aktualität gewinnt das Thema auch durch den 500. Geburtstag des englischen Humanisten Thomas Morus, den wir in diesem Jahre feiern. Mit seiner berühmten »Utopia« hat Thomas Morus den ersten großen Entwurf einer neuen Gesellschaft im ausgehenden Mittelalter geschaffen. Hier wurde – sehen wir von Platon ab – das erste Mal der Versuch gemacht, einer als ungerecht und unbefriedigend empfundenen Ordnung eine ideale gegenüberzustellen.

Von Thomas Morus führt ein direkter Weg zu den marxistischen Utopien unserer Tage, die mit den Namen Bloch und Marcuse verbunden sind.

Karl Mannheim hat in seiner wegweisenden Untersuchung »Ideologie und Utopie« das utopische Denken wie folgt definiert: »Utopisch ist ein Bewußtsein, das sich mit dem umgebenden Sein nicht in Deckung befindet.«

Mannheim hat jedoch ein zweites Element hinzugefügt. Danach soll nur jenes Denken als utopisch gelten, das – in Handeln übergehend – die jeweils bestehende Wirklichkeit teilweise oder ganz sprengt.

Demnach sind utopische Entwürfe nicht folgenlose Denkspiele über ein Paradies auf Erden, sondern sie sind auf Verwirklichung angelegt. Sie treten aus dem Gebiet des theoretischen und moralischen Denkens heraus und beginnen das Handeln der Menschen zu bestimmen. Betrachten wir die großen utopischen Entwürfe der abendländischen Geistesgeschichte, so müssen wir feststellen, daß ihnen allen Elemente des Totalitären eigen sind.

Ob Morus' »Utopia«, Campanellas »Sonnenstaat« oder Bacons »Neu-Atlantis«, überall ist der Staat nach unserem Verständnis eine Zwangsanstalt. Einzelgängertum und sich absondernde Individualität sind verpönt, ja unter drakonische Strafen gestellt. Sowohl in »Utopia« wie im »Sonnenstaat« wird gruppenweise gearbeitet und auch gruppenweise ausgegangen. Essen, Wohnen und Schlafen sind ebenso wie Ehe und Geschlechtsverkehr genau geregelt. Auch die Freizeit unterliegt einer festen Ordnung – der Urlaub wird gemeinsam verbracht.

Es klingt daher seltsam, wenn der Berichterstatter des »Sonnenstaates« sagt, daß »die Freiheit des Menschen voll und ganz anerkannt wird«. In Wirklichkeit wird sie aufs äußerste beschränkt, und die volle Härte des Gesetzes trifft jene, die sich diesem Staat entziehen wollen. Manche Parallelen zu existierenden Staatswesen lassen sich ziehen. Gemeinsam ist allen utopischen Entwürfen die Ablehnung des Privateigentums und der Glaube, daß die Welt und der Mensch machbar, das heißt im Sinne der Utopisten verbesserbar sind. Hinzu kommt ihr Anspruch, daß allein ihr Entwurf verbindlich und für das Glück der Menschen absolut notwendig sei.

Damit tragen sie aber auch den Keim der Gewalt in sich, wenn das utopische Ziel jedes Opfer zu rechtfertigen scheint. Im Umsturz erblickt der Utopist nicht die Zerstörung des Bestehenden, sondern die Offenbarung des Neuen.

Geschichtliche Beispiele dafür gibt es genügend. Als Cromwell 1649 die irische Stadt Drogheda niederbrannte, um dem irischen Volke seinen puritanischen Gottesstaat aufzuzwingen, und dabei dreitausend Menschen niedergemetzelt wurden, schrieb er nach London: »Ich wünsche, daß alle aufrichtig Gesinnten Gott allein dafür preisen; denn ihm allein gebührt der Ruhm für dieses gnädige Geschick.«

Rund hundertfünfzig Jahre danach rief Marat im französischen Konvent aus: »Die Freiheit muß durch die Gewalt begründet werden.« Und Robespierre interpretierte den *volonté générale* seines großen Vorbildes Rousseau mit den Worten: »Die revolutionäre Regierung ist den guten Bürgern allen Nationalschutz, den Feinden des Volkes aber nur den Tod schuldig.«

Die Gesinnung, aus der solche Aussprüche fließen, ist nicht unbedingt Ausdruck fühlloser Inhumanität. Am eindrucksvollsten hat die darin liegende Problematik Camus in seinem Drama »Die Gerechten« dargestellt: Ist es erlaubt, unschuldige Menschen zu töten, um einer zukünftigen gerechten Gesellschaft den Weg zu bereiten?

Sie alle kennen jenen Dialog zwischen Stepan und Dora nach dem mißglückten Attentat auf den Großfürsten. Während der Revolutionär Stepan die Schonung der Kinder mißbilligt, weist ihn Dora darauf hin, daß die Tötung der Kinder den Haß des Volkes hervorrufen müsse.

Daraufhin antwortet Stepan: »Was tuts, wenn wir die Revolution so lieben, daß wir sie der ganzen Menschheit aufzwingen und sie vor sich selber und ihrer Knechtschaft retten können.«

Auf den Einwand Doras: »Und wenn die ganze Menschheit die Revolution verwirft, wenn das ganze Volk, für das du kämpfst, es ablehnt, daß seine Kinder getötet werden, müssen wir dann auch gegen das Volk vorgehen?« entgegnet Stepan: »Ja, wenn es nötig ist, und zwar so lange, bis es begreift. Auch ich liebe das Volk.«

Camus aber legt Dora die Worte in den Mund: »Die Liebe trägt ein anderes Gesicht.« Die von Camus hier dargestellte Problematik ist die Problematik aller Utopien.

Kaum einer wird leugnen, daß sie erdacht wurden, um die Menschen glücklich zu machen, und darum ihr Ansatz ein humaner war. Aber gehen nicht alle Utopien von falschen

Voraussetzungen aus? Muß ihre Verwirklichung nicht zwangsläufig inhuman sein und zu neuer Gewaltherrschaft führen? Unter diesem Gesichtspunkt gewinnt das Thema »Humanismus und Utopie« eine neue Dimension. Es muß erlaubt sein, zu fragen, ob es nicht viel eher »Humanismus *oder* Utopie« heißen muß.

Um dies zu beantworten, ist es notwendig, begrifflich zu fassen, was Humanismus ist.

Ich habe meine Ausführungen über Utopie mit Thomas Morus begonnen und empfinde es als legitim, seinen großen Zeitgenossen Erasmus von Rotterdam für den Begriff des Humanismus in Anspruch zu nehmen: Er definiert Humanismus als eine Geisteshaltung, die die fundamentalen christlichen Werte akzeptiert, zugleich aber berücksichtigt, daß die menschliche Natur zu den hervorragendsten sittlichen und geistigen Leistungen fähig ist.

Humanismus ist das Suchen nach einer Synthese aller Ideen, nach allmenschlicher Harmonie. Der Humanist liebt die Welt gerade um ihrer Vielfalt willen. Nichts liegt ihm ferner, als ihre Gegensätze aufheben zu wollen nach Art des Fanatikers und Systematikers, der alle Werte auf einen Nenner zu bringen sucht.

Signum des humanistischen Geistes ist es, Gegensätze nicht als Feindschaft zu werten, sondern sie nebeneinander bestehen zu lassen. Da aber alle Ideen ihrem Wesen nach zur Hegemonie streben, darf der humanistisch erzogene, der humangesinnte Mensch im Erasmischen Sinne sich keiner Ideologie verschwören.

Ein so verstandener Humanismus ist mit utopischem Denken nicht vereinbar. Bedeutet dies, daß die Utopie für uns ohne Nutzen ist? Ich glaube es nicht. Denn alle utopischen Entwürfe haben bis dahin Ungedachtes gedacht und damit den Anstoß zu positiven gesellschaftlichen Veränderungen gegeben.

Leszek Kołakowski hat einmal den Gedanken geäußert, daß die einfachsten Verbesserungen in den gesellschaftlichen Beziehungen eine so unerhörte Anstrengung der Gesellschaft erfordern, daß das öffentliche Bewußtsein – wenn es dieses Mißverhältnis in seinem vollen Ausmaß erkennen würde – so entmutigt wäre, daß es jeden sozialen Fortschritt unmöglich machte.

Die Herausforderung des gesellschaftlichen Bewußtseins war und ist daher das Verdienst der großen utopischen Entwürfe. Doch wie schon der Marquis George Savile of Halifax 1695 bemerkte, »ist die Hoffnung gemeinhin ein guter Weggenosse, aber ein schlechter Ratgeber. – Es wäre gut, wenn sie die Menschen nur auf die Spitze des Berges führen würde, ohne sie danach in den Abgrund zu stürzen.« Genau dies aber ist das Schicksal aller verwirklichten Utopien.

Da sie völlig die Möglichkeit außer acht lassen, daß einige Quellen für Konflikt und Aggression der Spezies Mensch als ein festes Wesensmerkmal immanent sein könnten und durch institutionelle Veränderungen wahrscheinlich nicht ausgelöscht werden können, sind sie alle zum Scheitern verurteilt. Der Traum der vollkommenen Einheit der menschlichen Gesellschaft kann nur in einer Karikatur wahr werden, die seine ursprüngliche Absicht verleugnet: als eine künstliche, von oben her mit Zwang auferlegte Einheit, in der die politische Macht verhindert, daß die echten Konflikte und die echten Spannungen der bürgerlichen Gesellschaft zum Ausdruck kommen können.

Diese Macht ist fast mechanisch gezwungen, alle spontanen Formen des wirtschaftlichen, politischen und kulturellen Lebens abzuwürgen und so die Kluft zwischen der bürgerlichen und politischen Gesellschaft zu vertiefen, anstatt beide einander näherzubringen. Die Analyse des utopischen Denkens von Leszek Kołakowski macht deutlich, daß es für die Menschheit keinen Grund für die Erwartung gibt, daß ihr Traum von einem Zurück ins Paradies jemals Wirklichkeit werden könnte, außer in der grausamen Form des Despotismus.

Der Despotismus aber ist eine verzweifelte Nachahmung des Paradieses und der humanistischen Idee geradezu entgegengesetzt. Und vor jeder säkularisierten Heilserwartung warnt ein Wort Edmund Burkes: »Wert und Verblendung können in einer halben Stunde mehr niederreißen, als Klugheit, Überlegung und weise Vorsicht in hundert Jahren aufzubauen imstande sind.«

Rede zur Eröffnung der 5. Römerberggespräche »Humanismus und Utopie« (1978) in Frankfurt am Main

Moral und Recht – eine unzeitgemäße Betrachtung

Hans Magnus Enzensberger hat die Nummer 60 des von ihm herausgegebenen und verantworteten »Kursbuches« dem Thema Moral gewidmet. Enzensberger hat Gespür für das, was ankommt, was »in« ist. Wenn er sich von einer linken kritischen Position her mit diesem Thema auseinandersetzt, so wird es Zeit, daß auch andere sich darüber Gedanken machen.

Ich habe diesen Beitrag unter die Überschrift »Moral und Recht« gestellt, weil ich glaube, daß jenseits der bekannten rechtsphilosophischen Auseinandersetzungen zu diesem Begriffspaar die Frage moralischer Überzeugungen und ihre Umsetzung in staatliches Handeln für die Zukunft unseres Gemeinwesens von größter Bedeutung sind.

Wie wichtig diese in letzter Zeit vernachlässigte Thematik ist, erhellt ein Kurzbeitrag von Andreas Henatsch im gleichen »Kursbuch«.

Andreas Henatsch, Chirurg in einem Kölner Krankenhaus, beschreibt darin die Stadien der Moral, die er, beginnend als Oberschüler und Student mit K-Gruppen-Karriere, durchlaufen hat.

Ich zitiere: »Gegen Ende des Studiums Erwachen aus dem Bewußtseinsschlaf des Dogmatismus und Berührung mit den Basisgruppen, später der Alternativbewegung. Neue Erkenntnis, daß ein großer Teil der bürgerlichen Moral gut und verteidigungswert ist: Demokratie, Freiheit, Meinungsfreiheit, Reisefreiheit usw. und Toleranz, vielleicht sogar Humor.«

So weit, so gut. Allerdings reicht nach Andreas Henatsch dieses Spektrum für das neue Lebensgefühl nicht aus, und er bekennt sich deshalb zur Haltung und Moral des Hedonismus, dem nach seiner Meinung in den achtziger Jahren die Zukunft gehören wird.

Er hat diesen neuen Hedonismus auf die folgenden moralischen Thesen gebracht:

Sei dir selbst der Nächste, so wird auch dein Nächster er selbst.

Tu dir so viel Gutes an wie möglich, rate deiner Umwelt ebenso.

Übernimm keine Aufgaben, die dir Zwang und Unlust abverlangen.

Wenn Erfolg dir Spaß macht, sei erfolgreich. Wenn dein Erfolg andere verletzt, überlege, ob die Verletzung dir mehr Unlust macht als dein möglicher Erfolg Spaß.

Arbeite nicht, um zu leben; und lebe nicht, um zu arbeiten. Sondern lebe und arbeite, wie es dir Spaß macht. Das rate auch anderen.

Macht dir deine Aufgabe keinen Spaß, dann räume den Platz für einen anderen. Denke nie, es wird etwas nur deshalb schlechter gehen, weil du weg bist. Du bist unwichtig. Aber du hast das Recht zur Lust. Dein einziges.

Aus diesen Sätzen wird deutlich, welche Veränderung die Problematik von Moral und Recht in den letzten Jahren erfahren hat.

Nach dem Ende der Hitler-Diktatur wurde diese Diskussion hauptsächlich unter der Fragestellung einer Mitschuld an den begangenen Untaten zwischen Rechtspositivisten und Naturrechtlern geführt.

Für Hans Kelsen, den prominentesten Vertreter des Rechtspositivismus und der Wiener Schule, gilt eine Rechtsnorm nicht darum, weil sie einen bestimmten Inhalt hat, sondern darum, weil sie in einer bestimmten Weise erzeugt ist.

Nach dieser Auffassung kann jeder beliebige Inhalt Recht sein. Dem entgegen steht jener berühmte Satz Gustav Radbruchs: »Wenn Gesetze den Willen zur Gerechtigkeit bewußt verleugnen, z. B. Menschenrechte Menschen nach Willkür gewähren und versagen, dann fehlt diesen Gesetzen die Geltung, dann schuldet das Volk ihnen keinen Gehorsam, dann müssen auch die Juristen den Mut finden, ihnen den Rechtscharakter abzusprechen.«

Die Auseinandersetzung selbst reicht weit in die deutsche Rechts- und Geistesgeschichte zurück; als Beitrag zur Bewältigung des Nationalsozialismus war sie wenig hilfreich. Auch Hans Kelsen, der als sogenannter Nichtarier persönlich und in seiner Familie schlimmstes Unrecht erleiden mußte, hatte nicht die Absicht, den Untaten des Nationalsozialismus den Stempel der Gerechtigkeit aufzudrücken, er sah jedoch begrifflich keine Möglichkeit, eine Art »ethisches Minimum« mit dem Rechtsbegriff zu verknüpfen.

Für Hans Kelsen und seine Schüler war es eine persönliche moralische Entscheidung, eine als ungerecht erkannte Rechtsnorm nicht anzuwenden. Er war jedoch nicht der Meinung, daß man das Problem des unsittlichen Rechtes begrifflich lösen könne. Wie immer man persönlich zu dieser rechtsphilosophischen Auseinandersetzung stehen mag, einen Schuldvorwurf im wirklichen Sinne wage ich den Anhängern des Positivismus nicht zu machen.

Wenn in den Jahren nach dem Zweiten Weltkrieg die naturrechtliche Schule dennoch einen fast vollständigen Sieg davontrug, so ist das unter anderem damit zu erklären, daß viele in der normativen Absicherung der unserer neuen Staatlichkeit zugrunde liegenden Wertvorstellungen einen besonderen Schutz gegen jeden Rückfall in die Barbarei sahen.

Deshalb auch entschieden sich die Väter des Grundgesetzes für eine wehr- und werthafte Demokratie, das heißt für Verfassungsnormen, die ein bestimmtes Menschenbild begrifflich voraussetzen.

Man kann dieses Menschenbild als die Ansicht vom Menschen als eines selbstverantwortlichen, vernunftbegabten und zur Einsicht fähigen Individuums definieren. Diesem Menschenbild entsprechen die Grundwerte unserer Verfassung.

Zu ihnen gehört der Glaube an die Vernunft im Sinne des Glaubens an eine rational verständliche Ordnung der Welt.

Zu ihnen gehört die Bejahung der Einzigartigkeit der menschlichen Person, aus der ein Glaube an natürliche Menschenrechte des Individuums folgt.

Zu ihnen gehört die Anerkennung des bindenden Charakters freiwillig eingegangener Gemeinschaften.

Zu ihnen gehört die Notwendigkeit einer Rechtsordnung zur Grenzziehung zwischen Individuum und Gemeinschaft.

Und zu ihnen gehört die Auffassung der Arbeit in dieser Welt, einschließlich der produktiven, körperlichen Arbeit, als Verdienst und Sinnerfüllung des Lebens und nicht nur als notwendiges Übel.

Diese Grundwerte, sozusagen das Minimum unserer gemeinsamen verbindlichen Grundüberzeugungen, sind – nach Richard Löwenthal – zugleich die Grundwerte unserer westlichen Zivilisation überhaupt.

Nur auf der Basis dieser Grundüberzeugungen ist staatliches Handeln möglich, nur so können Rechtsnormen Verbindlichkeit beanspruchen. Wir müssen heute erkennen, daß diese Grundüberzeugung schwächer wird, daß der in ihr ausgedrückte Wertkonsens zerbröckelt. Ein Beispiel hierfür habe ich eingangs zitiert.

Alternative Lebensformen, Leistungsverweigerung und ein sich von der staatlichen Gemeinschaft abwendender Hedonismus gefährden den Konsens. Wer als einziges das Recht auf Lust anerkennt, muß zwangsläufig allen Rechtsnormen zur Sicherung der Lebensgrundlagen der Gemeinschaft die Gefolgschaft versagen.

Dem entspricht sozusagen spiegelbildlich die Schwierigkeit des Gesetzgebers, Rechtsnormen zu erlassen, die nicht allein deshalb befolgt werden, weil sie in der von unserer Verfassungsordnung vorgeschriebenen Weise zustande gekommen sind, sondern weil sich in ihnen gewisse gemeinsame Wertvorstellungen der durch diese Normen Betroffenen ausdrücken.

Wir haben es hier mit einem Grundproblem unserer Staats- und Verfassungsordnung zu tun. Auf der einen Seite geht diese Ordnung von einem unauflösbaren Pluralismus der Werte aus, das heißt sie folgt bis zu einem gewissen Grade Max Webers und Hans Kelsens Vorstellungen, daß es verschiedene, einander widersprechende Moral- und Wertsysteme gibt, die unter verschiedenen Umständen Verschiedenes für gut und böse, gerecht und ungerecht halten.

Auf der anderen Seite setzt sie – wie wir gesehen haben – bestimmte Grundüberzeugungen voraus, sozusagen einen Minimalkonsens, ohne dessen Vorhandensein staatliches Handeln in der Form der Gesetzgebung praktisch unmöglich wird.

Arnold Gehlen hat die darin beschlossene Problematik einmal so beschrieben: »Der Übergang von der Toleranz in den Nihilismus des Geltenlassens von schlechthin Allem läßt sich schwer abgrenzen, diese friedliche Tugend ist daher im öffentlichen Bereich ungewöhnlich zweideutig. Im Normalfall erlebt der einzelne Schicksalsteilnehmer die Wertungen, die um ihn herum gelten, als seine eigenen. Wenn aber Gesellschaft politisch und in ihren Traditionen aus dem Leim gegangen ist, dann werden verschiedene Gruppen entgegengesetzte Formen des Ethos vertreten, die heutzutage sofort notorisch werden, weil die Verstärkerwirkung der Massenmedien sowie ihr Legitimierungseffekt dramatisierend wirken.«

Es läßt sich nicht leugnen, daß wir uns heute eben jener von Arnold Gehlen beschriebenen gesellschaftlichen Situation nähern.

Hegels Feststellung, daß was gut oder nicht gut, recht oder unrecht ist, für die gewöhnlichen Fälle des Privatlebens in den Gesetzen und Sitten des Staates gegeben ist, hat kaum noch Gültigkeit. Wir haben in den letzten Jahren zu wenig zwischen dem in unserer Verfassung angelegten Wertpluralismus und einem moralischen Relativismus unterschieden.

Karl Popper schreibt in seiner Autobiographie:

»Die Tatsache, daß moralische Werte oder Prinzipien einander widersprechen können, macht diese Prinzipien nicht ungültig. Moralische Werte oder Prinzipien können entdeckt, sogar erfunden werden. Sie können für eine bestimmte Situation relevant und für eine andere irrelevant sein. Sie können bestimmten Menschen zugänglich und anderen unzugänglich sein. Alles das ist jedoch etwas ganz anderes als der Relativismus, d.h. die These, daß jedes beliebige Wertsystem sich in gleicher Weise verteidigen läßt und daß daher alle Wertsysteme gleich gültig und daher gleichgültig sind.«

Es ist diese wachsende Gleichgültigkeit gegenüber Wertvorstellungen, die unsere politische Ordnung heute bedroht. Wir sind in der Gefahr, aus der falschen Furcht das Gebot der Toleranz zu verletzen, auf Wertvorstellungen im politischen Raum ganz zu verzichten. In immer stärkerem Maße werden vom Gesetzgeber Normen erlassen, die »wertlose« Hohlformen sind und dadurch jenem eingangs beschriebenen Hedonismus nachgeben.

Beispiele hierfür sind die Neuregelung der Wehrpflicht ebenso wie die Auseinandersetzungen um den Paragraphen 218 des Strafgesetzbuchs.

Es kann in diesen Fällen nicht darum gehen, das Menschenbild einer bestimmten Glaubensgemeinschaft in unserem Lande durchzusetzen. Es geht jedoch darum, an jenen Grundwerten festzuhalten, ohne die unsere Verfassungsordnung ihre verbindliche Kraft verlieren würde.

Wenn der Gesetzgeber in einer immer größeren Anzahl von Fällen den Einzelnen aus seinen Pflichten gegenüber der Gemeinschaft entläßt, muß das im Endergebnis dazu führen, daß die unsere Ordnung des Zusammenlebens konstituierenden Normen ihre Verbindlichkeit verlieren.

Der Zusammenbruch dieser Ordnung wäre dann nur noch eine Frage der Zeit. Es gibt hierfür historische Beispiele.

Lange bevor am 4. August 1789 die alte Rechtsordnung des vorrevolutionären Frankreich von den Abgeordneten der Nationalversammlung beseitigt wurde, hatte diese Rechtsordnung ihre Verbindlichkeit eingebüßt. Der Tag läßt sich ziemlich genau bestimmen. Es war der 13. Juni 1783, der Tag, an dem der Adel Frankreichs jener berühmten Aufführung von Beaumarchais' »Figaro« zujubelte.

An diesem Tag wurde deutlich, daß die Rechtsordnung des vorrevolutionären Frankreich nicht mehr der Überzeugung der durch sie Begünstigten entsprach. Es geht mir hier nicht darum, ob diese Rechtsordnung gerecht oder ungerecht, ihre

Reform notwendig oder sogar überfällig war; es geht allein darum, daß eine Rechtsordnung, die nicht mehr der gemeinsamen Überzeugung der Rechtsgenossen entspricht, keine Überlebenschance mehr hat.

Es ist deshalb auch so besonders wichtig, daß dem moralischen Relativismus in Gesetzgebung und Rechtsprechung Widerstand entgegengesetzt wird. Ich bin mir über die Schwierigkeiten dieser Aufgabe durchaus im klaren. Die fortschreitende Säkularisierung und die in den letzten Jahren immer deutlicher spürbar werdende Krise des Fortschrittsglaubens haben zu einem »Weltbildverlust« geführt. Das heißt, der Glaube an einen erkennbaren Sinn des menschlichen Lebens und der gesellschaftlichen Entwicklung hat deutlich nachgelassen.

Hinzu kommt, daß in einer liberalen Gesellschaft zwischen individuellen Zielen und kollektiven Zielen immer ein gewisses Spannungsverhältnis besteht. In ihrem Ethos, ihren Gesetzen und ihren Gratifikationssystemen ist die liberale Gesellschaft darauf angelegt, individuelle Ziele zu fördern. Es bedarf daher besonderer Anstrengungen, die einer solchen Gesellschaft innewohnenden Zentrifugalkräfte durch gemeinsame Grundüberzeugungen abzuschwächen.

Es muß deshalb gerade die Aufgabe einer Partei sein, die sich dem unserer Verfassung zugrunde liegenden Menschenbild in besonderer Weise verpflichtet weiß, die aus diesem Menschenbild folgenden Grundüberzeugungen offensiv zu vertreten.

Es mag heute noch unzeitgemäß klingen, doch glaube ich, daß eine Kraft, die in der Vergangenheit Europas immer schon wirksam war, nämlich das tiefe Verlangen der Menschen nach Idealen, heute mehr denn je wirksam ist. Nur wenn es uns gelingt, diesem Verlangen in der Ausgestaltung unserer Rechtsordnung Rechnung zu tragen, wird die Rechtsordnung eine Zukunft haben.

Das bedeutet, daß wir den als richtig erkannten Werten in unserer Rechtsordnung auch dann Geltung verschaffen müssen, wenn lautstarke Minderheiten unter dem Deckmantel einer falsch verstandenen Toleranz einen moralischen Relativismus predigen.

Wenn wir diesem Relativismus nachgeben, machen wir uns mitschuldig an der Zerstörung einer Ordnung, die nach 1945 mit so großen Anstrengungen nicht nur für uns, sondern auch noch für die kommenden Generationen errichtet wurde.

Aufsatz in »Die politische Meinung«, Oktober 1980

Der Mensch im Banne der Atomkraft

Kaum eine Tat hat in diesem Jahrhundert die Welt so verändert, wie die erste Uranspaltung durch Otto Hahn im Jahre 1938. Mit ihr begann ein neues Kapitel nicht nur der Naturwissenschaften, sondern der zivilisatorischen Entwicklung überhaupt. Diese Entdeckung sollte das Tor öffnen für eine Nutzung praktisch unerschöpflicher Energiequellen und damit den Weg freimachen für eine Lösung der uns immer stärker bedrängenden Energieprobleme. Wenn uns heute dennoch Zweifel erfüllen, ob die wissenschaftliche Pioniertat der Menschheit zu jenem Wohlstand verhelfen wird, von dem Otto Hahn träumte, so deshalb, weil die auf ihr fußende nukleare Technik durch das Tor des Krieges zu uns gekommen ist.

Bereits sieben Jahre nach seinem ersten Versuch mußte Otto Hahn erleben, wie die wissenschaftliche Entdeckung, für die er 1945 den Nobelpreis für Chemie des Jahres 1944 erhalten hatte, sich gegen den Menschen selbst kehrte. Der große optimistische Aufschwung, der seit Newtons Physik und der französischen Aufklärung das menschliche Denken beherrscht hatte, wich dem Zweifel daran, ob Naturwissenschaft und Technik wirklich zur Vervollkommnung der menschlichen Gesellschaft führen. Daß ausgerechnet in einer Zeit, in der die friedliche Nutzung der Kernenergie für das Überleben unserer westlichen Zivilisation notwendiger denn je geworden ist, sich die Zweifel am Sinn des technischen Fortschritts in dieser Frage wie in einem Prisma bündeln, hat allerdings noch andere, nicht an der Bombe von Hiroshima festzumachende Gründe.

Seit dem Beginn dieses Jahrhunderts hat sich die Naturwissenschaft von den Geisteswissenschaften getrennt und sich, wie Wolfgang Kraus es einmal anschaulich formuliert hat, in einen babylonischen Turm zurückgezogen, der den meisten von uns nicht mehr zugänglich ist und deshalb Furcht verbreitet. Von vielen wird heute Naturwissenschaft gleichgesetzt mit der Hybris des Menschen und einer an die babylonische Sprachverwirrung gemahnenden Spezialisierung.

Während die letzten großen, von Hegel, Comte und Spencer entwickelten Systeme noch stolz darauf waren, die Sphären menschlichen Begreifens in einem System zu vereinen, betrachten manche Naturwissenschaftler und Techniker heute Philosophie, Kunst und Religion als seit langem »unnötige Kleinmöbel einer verlassenen Kinderstube der Menschheit«.

Wenn Ortega y Gasset in seinen »Betrachtungen über die Technik« schreibt: »Die Menschheit hat gewöhnlich einen geheimnisvollen kosmischen Schrecken vor den Entdeckungen empfunden, als ob in ihnen, neben ihren Wohltaten, eine furchtbare Gefahr verborgen läge«, so haben gerade seit Beginn dieses Jahrhunderts nicht wenige Naturwissenschaftler dazu beigetragen, diese psychologische Barriere zu erhöhen.

Noch zu Beginn der sechziger Jahre warf der englische Schriftsteller und frühere Physiker Snow in einer seltsamen Verkehrung von Ursache und Wirkung den Schriftstellern, Philosophen und Künstlern der »überkommenen Kultur« Hochmut und Isolationismus gegenüber der naturwissenschaftlich-technischen Welt vor. Er sprach von den »zwei Kulturen«, deren Repräsentanten nichts miteinander zu tun haben wollten.

Schon damals begegnete ihm der Großmeister der englischen Literaturkritik, Leavis, mit der Forderung, daß es, um das Überleben des geistigen Menschen zu gewährleisten, gelte, an Werten wie Güte und Stille, an dem Begriff der Schönheit und der Frage nach dem individuellen Sinn des Lebens festzuhalten.

Natürlich ist eine Rückkehr in die vermeintliche Idylle des »voratomaren Zeitalters« unmöglich. Karl Jaspers hat einmal gesagt, daß mit der Technisierung ein Weg beschritten worden ist, der weitergegangen werden muß. Ihn rückgängig zu machen, hieße das Dasein bis zur Unmöglichkeit erschweren.

Gerade Otto Hahn, der große Wissenschaftler und große Mensch, war sein Leben lang darum bemüht, die Trennung von Natur- und Geisteswissenschaft zu überwinden. In Sorge sah er, daß die Menschen immer wieder in der Gefahr sind, daß nicht sie die Dinge, sondern die Dinge sie beherrschen.

Wenn die Stadt Frankfurt am Main den diesjährigen Otto-Hahn-Preis (1980) an Professor Dr. Otto Haxel verleiht, so geschieht dies in Anerkennung einer wissenschaftlichen Leistung, die sich durch den Versuch eines Brückenschlags zwischen den »beiden Kulturen« auszeichnet. Ob als Mitarbeiter am Max-Planck-Institut für Physik, ob als Professor in Heidelberg, oder als Gründer und Leiter des Karlsruher Kernforschungszentrums, immer hat Otto Haxel sich als Mittler verstanden. Sein Bemühen um die friedliche Nutzung der Kernenergie war geprägt von dem Wissen, daß nicht allein die materiellen Grundlagen unserer Gesellschaft, sondern zugleich ihre geistigen Werte eine Welt-Energiekrise nicht überleben würden. In diesem Sinne hat er das Gespräch mit all jenen gesucht, die gerade von dieser Kernenergie eine Bedrohung unseres humanistischen Erbes befürchten. Er hat den babylonischen Turm der Naturwissenschaft verlassen, um den Menschen die Angst zu nehmen. Seine Forschungen haben der Kernphysik eine Reihe von neuen Fachgebieten erschlossen, die in direktem Zusammenhang mit dem Überleben der menschlichen Gemeinschaft stehen.

Dabei hat er immer jene Gelassenheit bewahrt, die Martin Heidegger einmal gültig formuliert hat: »Wir können zwar die technischen Gegenstände benutzen, und doch zugleich bei aller sachgerechten Benützung uns von ihnen so frei halten, daß wir sie jederzeit loslassen. Wir können die technischen Gegenstände im Gebrauch so nehmen, wie sie genommen werden müssen. Aber wir können diese Gegenstände zugleich auf sich beruhen lassen als etwas, was uns nicht im Innersten und Eigentlichen angeht. Wir können ja sagen zur unumgänglichen Benützung der technischen Gegenstände, und wir können zugleich nein sagen, insofern wir ihnen verwehren, daß sie uns ausschließlich beanspruchen und so unser Wesen verbiegen, verwirren und zuletzt veröden.«

Dies ist der Geist, in dem Otto Hahn seine Entdeckung verstanden wissen wollte. Dies ist die Haltung, mit der wir die für uns notwendige friedliche Nutzung der Kernenergie weiter verfolgen müssen. Dies ist der Ausgangspunkt für die Überwindung jener kosmischen Angst vor der Atomkraft.

Rede zur Verleihung des Otto-Hahn-Preises der Stadt Frankfurt am Main an Professor Otto Haxel am 9. März 1980 in Frankfurt am Main

Soziale Marktwirtschaft: »Die Zukunft gestalten – für Freiheit kämpfen«

Ludwig Erhard, Wirtschaftsrat und Frankfurt am Main wekken die Erinnerung an eine historische Entscheidung und an eine der großen Persönlichkeiten, ohne die die konkrete Entwicklung der Bundesrepublik Deutschland einfach nicht denkbar ist. Wie wären die ersten Wahlen 1949 zum Deutschen Bundestag ausgegangen ohne Ludwig Erhard und ohne die soziale Marktwirtschaft?

Kein politisches Feld ist davon unberührt geblieben, daß Ludwig Erhard in Frankfurt am Main als Direktor für Wirtschaft im Verwaltungsrat der Bizone in leidenschaftlichen Auseinandersetzungen die soziale Marktwirtschaft durchgesetzt hat. Die Außen- und Sicherheitspolitik, die Einbindung in das atlantische Bündnis, der Aufstieg zu Wohlstand und sozialer Sicherheit, die Möglichkeiten zu Lastenausgleich und schließlich die Anerkennung der Bundesrepublik Deutschland in der ganzen Welt sind ohne Ludwig Erhard, seine Klugheit und seine Tapferkeit, nicht denkbar.

Ich freue mich deshalb ganz besonders, daß die Christlich-Demokratische Union in Frankfurt am Main 1977 als stärkste politische Kraft die Verantwortung übernommen hat. Ich will diese Tatsache ganz gewiß nicht in eine unzulässige Verbindung mit den historischen Ereignissen der Jahre 1948/49 bringen. Aber das, was sich seit 1977 in Frankfurt am Main vollzieht, was die Union entscheidet und leistet, hat ganz gewiß weit über die Grenzen unserer Stadt hinaus Bedeutung. Christlich-demokratische Kommunalpolitik ist sehr wohl in der Lage, einem angeblich unregierbar gewordenen Gemeinwesen wieder eine Zukunftsperspektive zu eröffnen!

Frankfurt am Main steht für den Anspruch der Union, auch Großstadtpartei zu sein und die schwierigen Probleme eines hochverdichteten industriellen Ballungsraumes zu bewältigen. Und schließlich muß der in der Mitte der Union stehende Oberbürgermeister dieser Stadt daran erinnern, daß die Geschichte Frankfurts mit jenen westlichen Werten verbunden ist, ohne die die soziale Marktwirtschaft nicht gedacht werden kann.

Wir haben nicht nur aus wirtschafts- und gesellschaftspolitischen Gründen Anlaß darauf hinzuweisen, daß die Überzeugungen, die der sozialen Marktwirtschaft zugrunde liegen, heute erneut verteidigt werden müssen. Und deswegen ist es gut, sich an die geistige Tradition dieser Stadt zu erinnern, die so viele innere Beziehungen zu unserem Verständnis von Freiheit und sozialer Gerechtigkeit, Demokratie und Rechtsstaat hat.

Als Wahl- und Krönungsstadt des Heiligen Römischen Reiches deutscher Nation, als Stadt der Paulskirche und als Geburtsort der sozialen Marktwirtschaft hat Frankfurt in den großen politischen und inzwischen Geschichte gewordenen Auseinandersetzungen immer jene Positionen eingenommen, die wir als ganz typisch westlich bezeichnen, nämlich die Positionen der Freiheit des Individuums und der sozialen Verantwortung. Die Entscheidung des Jahres 1948 für die soziale Marktwirtschaft war eine Entscheidung für individuelle Freiheit und soziale Verantwortung.

Sie wird inzwischen von einflußreichen Gruppen bestritten und manchmal diffamiert. Deswegen müssen wir die Entscheidung für die soziale Marktwirtschaft für die heutige Generation unmißverständlich erneuern. Natürlich müssen wir die Gründe einsichtig machen, die uns dabei leiten. Das Motto des diesjährigen (1980) Wirtschaftstages, »Die Zukunft gestalten – für Freiheit kämpfen«, bringt die Problematik unserer Tage auf eine knappe und prägnante Formel.

Denn unsere Freiheit und damit also auch die Grundlage unserer wirtschaftlichen und sozialen Ordnung ist heute erneut gefährdet. Und das meine ich nicht nur außen- und sicherheitspolitisch. Die in Afghanistan und Iran deutlich gewordene Schwäche des Westens hat für manchen Mitbürger – der bisher keine inneren Unsicherheiten kannte – zum ersten Mal auch Zweifel an der Richtigkeit unserer Entscheidung für den Westen und damit an der Richtigkeit westlicher Ideale aufkommen lassen.

Ohne zu überzeichnen kann man heute sagen, daß ein Gespenst umgeht in Europa – das Gespenst der Resignation. Und mit dieser Resignation geht bei nicht wenigen Zeitgenossen die Suche nach einem eigenständigen deutschen Weg zwischen West und Ost einher.

Vor kurzem ist diese Bewußtseinshaltung mit einem gefährlichen Wort beschrieben worden. Ein Bremer Sozialdemokrat hat erklärt, daß Deutsche hüben und drüben mit den Polen heute mehr gemeinsame Interessen hätten als mit unseren westlichen Verbündeten. Abgesehen davon, daß ich der Auffassung bin, daß auch die Polen mit dem Westen mehr gemeinsame Interessen haben als mit der sie dominierenden Moskauer Supermacht, ist immerhin festzuhalten, daß mit diesem Wort eine Stimmung ausgedrückt wird, die man heute nicht selten antrifft. Das Schlimme daran ist, daß dieser Stimmung von der Bundesregierung und einflußreichen Kreisen der SPD nicht nur nicht entschieden entgegengetreten wird, sondern daß eine solche Haltung teils geduldet, ja teils sogar gefördert wird.

Wir sollten uns nicht täuschen, solche hier und da vorsichtig formulierte Absage an den Westen im allgemeinen und an Amerika im besonderen ist nicht nur eine Absage an ein militärisches Bündnis. Sie bedeutet vor allem eine Absage an eine geistige Gemeinschaft. Diese Gefahr wird dadurch größer, daß solche Absagen an die geistige Gemeinschaft der westlichen Völker nicht nur von Politikern, sondern auch von Intellektuellen zunehmend formuliert werden.

Diese Haltung erinnert fatal an die Einstellung eines wesentlichen Teils der deutschen geistigen Eliten während der Weimarer Republik. Auch damals wurde der Kampf gegen die westliche demokratische Republik von rechts außen wie von links außen mit einer deutschen Sonderrolle zwischen Ost und

West begründet. Zivilisation wurde gegen Kultur gestellt, Rationalismus und Aufklärung gegen deutsche Mystik. Wir wissen, was daraus entstanden ist. Und deswegen hatten wir uns nach 1945 geschworen, diesen verhängnisvollen Weg niemals wieder zu gehen. Konrad Adenauer und Ludwig Erhard standen und stehen für die geistige, politische und wirtschaftliche Integration in den Westen. An dieser Entscheidung muß und darf nicht gerüttelt werden. Mit aller Deutlichkeit muß gesagt werden, daß wir weder über die materiellen Mittel – und was noch viel wichtiger ist – noch über die geistigen Möglichkeiten für einen sogenannten dritten unabhängigen Weg verfügen. Wir würden zum Schluß zum Objekt einer Politik werden, die wir selbst nicht mehr mitgestalten. Weder Spenglers preußischer Sozialismus noch der Antiamerikanismus von Günter Grass weisen in eine gangbare Zukunft.

Ich sage das hier so deutlich, weil gerade die soziale Marktwirtschaft nicht ohne ihre geistige Grundlage gedacht werden kann. Soziale Marktwirtschaft ist nicht ein beliebig technisch manipulierbares Instrument. Marktwirtschaft war für ihre intellektuellen Begründer wie für diejenigen, die sie politisch durchgesetzt haben, nie in erster Linie ein Mittel zur Vermehrung des allgemeinen Wohlstandes. Sie war und ist als Ordnungssystem das wirtschaftliche Pendant zu einer die Würde des Menschen respektierenden demokratischen Staatsordnung.

Vier Werte konstituieren diese Ordnung: 1. Der Glaube an eine rational begründbare Ordnung der Welt, 2. der Glaube an natürliche Rechte des Individuums, 3. die Notwendigkeit einer Rechtsordnung, die die Beziehungen zwischen dem Einzelnen und der Gemeinschaft verbindlich festlegt, und 4. der Glaube daran, daß ein Leben ohne Arbeit ohne Sinnerfüllung bleibt. Diese Werte sind westliche Werte. Sie gründen in einem typisch abendländischen Verständnis vom Menschen. Danach ist jeder Einzelne, unabhängig von intellektuellem Vermögen, sozialem Status oder gesellschaftlichem Einfluß Inhaber jener Würde, die ihm mit seiner Geburt geschenkt wurde, die unveräußerlich ist und die ihm keine staatliche Gewalt nehmen kann.

Deshalb heißt es in unserem Grundgesetz: »Die Würde des

Menschen ist unantastbar.« Wir müssen daran gerade unsere jüngeren Mitbürger wieder erinnern. Nur wenn es uns gelingt, diese ethischen Grundlagen der sozialen Marktwirtschaft wieder bewußt zu machen, wird es uns auch gelingen, den Wert dieser Ordnung jenseits von Angebot und Nachfrage den Menschen bewußt zu machen.

Und noch etwas müssen wir bedenken: Wirtschaft und Gesellschaft sind in zunehmendem Maße Spannungen ausgesetzt, die durch das Mißverhältnis von steigenden Ansprüchen und sinkenden Zuwachsraten hervorgerufen werden. Diese Entwicklung wird dadurch verschärft, daß der Sinn unseres Handelns zunehmend in Zweifel gerät, daß der technisch-wirtschaftliche Fortschritt häufig nicht mehr akzeptiert und nicht selten als menschenfeindlich und lebenzerstörerisch abgelehnt wird. Die Folge davon ist eine zunehmende Entfremdung vor allem der jungen Generation. Wenn es uns nicht gelingt, dieser Entwicklung Herr zu werden und den moralischen Wert und die Überlegenheit unseres Staats- und Gesellschaftsverständnisses und damit also auch der sozialen Marktwirtschaft bewußt zu machen, werden Extremisten von links und von rechts künftig leichtes Spiel haben mit ihrem Angebot eines dritten Weges. Nur eine in ihrem Wert erkannte und von unseren Mitbürgern verstandene Ordnung wird von ihnen auch in schwierigen Zeiten verteidigt werden. Bereits 1958 hat Wilhelm Röpke in seinem Buch »Jenseits von Angebot und Nachfrage« auf diese Probleme hingewiesen. In einer Zeit, da der Stolz auf den wirtschaftlichen Wiederaufstieg Fragen nach dem Sinn der Marktwirtschaft jenseits ihres materiellen Erfolges verdrängte, plädierte Röpke bereits für eine stärkere Betonung der ethischen Werte in Wirtschaft und Gesellschaft. Er war davon überzeugt, daß aus liberaler Überzeugung handelnde Politiker die geistige Führung verlieren würden, wenn sie sich allein auf die materielle Überlegenheit einer sozialverantworteten liberalen Wirtschaftsordnung verließen.

»Was nützt«, so schreibt er, »aller materieller Wohlstand, wenn wir die Welt gleichzeitig immer häßlicher, lärmender, gemeiner und langweiliger machen, und die Menschen den moralisch-geistigen Grund ihrer Existenz verlieren?« Seine Forderung nach geistiger Führung durch eine neue Elite, die diese ethischen Werte verkörpern sollte, erschien damals vielen anachronistisch, als eine »aristokratische Utopie«, wie eine führende deutsche Zeitung schrieb.

Zwanzig Jahre später, angesichts von Rohstoffverknappung und weltweiten Verteilungskämpfen, können wir ermessen, wie recht Röpke mit seiner Warnung vor einem materialistischen Hedonismus hatte. Und man möchte auch jenen anderen Satz Röpkes angesichts unserer Erfahrungen in den letzten zehn, zwölf Jahren allen Menschen jeden Tag ins Bewußtsein rufen: »Die schlechten Dinge gehen an sich selbst, die guten an ihren Übertreibungen zugrunde.«

Der Wert unserer Ordnung muß sich jetzt bei der Bewältigung der neuen Probleme beweisen. Dafür ist es notwendig, die geistige Führung unseres Landes zurückzugewinnen. Die geistige Führung ist die Voraussetzung für eine Wiedererringung der politischen Führung. Wir müssen viel deutlicher als bisher machen, daß wir den geistigen Führungsanspruch des demokratischen Sozialismus nicht hinnehmen. Wir dürfen auch nicht den Anschein des Eindrucks aufkommen lassen, daß wir freiheitliche Positionen in der Wirtschafts- und Gesellschaftspolitik räumen. Wir müssen klarmachen, daß wir nicht bereit sind, den immer von neuem notwendigen Ausgleich zwischen Freiheit und sozialer Gerechtigkeit zu Lasten der Freiheit gehen zu lassen.

Heute stehen wir vor der Tatsache, daß der demokratische Sozialismus – auch wenn das viele seiner Anhänger nicht einmal begreifen – bereit ist, die Gemeinschaft mit dem Westen und damit schließlich die geistige und politische Grundlage unserer Freiheit aufzugeben. Wir müssen daher unseren Führungsanspruch als Partei der Freiheit eindeutig formulieren. Die Ideale des Westens sind die Ideale der Union. Sie wurde gegründet, um diese Ideale für diesen Teil unseres Vaterlandes und eines Tages hoffentlich für ganz Deutschland zu verwirklichen.

Die Union ist heute mehr denn je aufgerufen, das Lebenswerk Konrad Adenauers und Ludwig Erhards zu verteidigen. Nur damit gewinnen wir für die nachfolgenden Generationen eine menschenwürdige Zukunft.

Rede anläßlich des Wirtschaftstages des Wirtschaftsrates am 18. Juni 1980 in der Kongreßhalle zu Frankfurt am Main

Jürgen Habermas – aus Leidenschaft für die Wahrheit

Die Stadt Frankfurt verleiht den Theodor-W.-Adorno-Preis heute zum zweiten Mal. Wir ehren damit das Andenken eines großen Wissenschaftlers, dessen Werk weit über unsere Stadt hinaus Bedeutung erlangt hat. Dieses Jahr (1980) hat die Stadt Frankfurt Professor Jürgen Habermas ausgezeichnet.

Sie haben, Herr Professor, mit Ihren Arbeiten zu Problemen der Erkenntnistheorie und des Wissenschaftsbegriffs sowie mit Ihren Analysen gesellschaftlicher Erscheinungen einen bedeutenden Beitrag zum Verständnis unserer Zeit geleistet. Als Ordinarius für Philosophie und Soziologie an der Johann-Wolfgang-Goethe-Universität und seit kurzem als Direktor am Max-Planck-Institut für Sozialwissenschaften haben Sie die von Ihren Lehrern Adorno und Horkheimer entwickelte »Kritische Theorie« weitergeführt und ihr neue Anwendungsgebiete erschlossen. Drei Schwerpunkte haben Ihren wissenschaftlichen Ruf begründet.

Mit Ihrer Habilitationsschrift »Strukturwandel der Öffentlichkeit« aus dem Jahre 1961 haben Sie gültig das Phänomen des Verfalls einer kritischen Öffentlichkeit beschrieben. Ihre Untersuchung ergänzt jenes berühmte Kapitel über die Kulturindustrie in der »Dialektik der Aufklärung«, das diesem Buch auch heute noch seine Bedeutung sichert. Mit Ihrer Arbeit »Erkenntnis und Interesse« und mit Ihren Beiträgen zum Positivismusstreit in der deutschen Soziologie haben Sie die Diskussion über die »Logik der Sozialwissenschaften« entscheidend beeinflußt. Schließlich weise ich auf Ihre Veröffentlichungen zur Studentenbewegung und zu Fragen der Hochschulreform hin.

Daß Ihre wissenschaftlichen Arbeiten umstritten sind, ist natürlich. Gegenstand und Methode haben die wissenschaftliche Kontroverse herausgefordert. Doch auch Ihre Gegner haben Ihnen jene Leidenschaft für die Wahrheit zugestanden, ohne die, wie es Max Weber einmal ausgedrückt hat, keine Wissenschaft denkbar ist. Auf zwei Fragen möchte ich eingehen, die, über die wissenschaftliche Kontroverse hinaus, eine allgemeine, nämlich politische Bedeutung erlangt haben.

Es ist der »Kritischen Theorie« vorgeworfen worden, daß sie zu jenem Ausbruch von Gewalt beigetragen habe, der unsere Ordnung in den letzten zehn Jahren erschüttert hat. Ich halte diesen Vorwurf für falsch, und zwar nicht nur deshalb, weil sie selbst diese Gewalt als »Linken Faschismus« verworfen haben, sondern vielmehr, weil die »Kritische Theorie« in ihrem wissenschaftlichen Gehalt einen solchen Vorwurf nicht rechtfertigt. Wenn ich es richtig sehe, so ist einer ihrer Grundgedanken, daß bei jeder Kritik gesellschaftlicher Phänomene die »richtige Einrichtung der Gesellschaft« mitgedacht und an ihr das Bestehende gemessen werden soll. Auf diese Weise will die »Kritische Theorie« die gesellschaftliche Zielsetzung rein willkürlichen, durch die Vernunft nicht reflektierten Entscheidungen entziehen. Denn nach ihrer Auffassung ist die »richtige Einrichtung der Gesellschaft« zugleich die vernünftige. Wie immer man diesen gedanklichen Ansatz als Beitrag für die Lösung gesellschaftspolitischer Fragen beurteilen mag, als Aufforderung zur Gewalt kann er jedenfalls nicht verstanden werden.

In diesem Zusammenhang ist auch daran zu erinnern: Die kritische Einstellung zu unserer westlichen Zivilisation hat die Frankfurter Schule mit Kulturkritikern wie Nietzsche, Jaspers, Ortega und Beckett gemeinsam, ohne daß gegen sie der gleiche Vorwurf erhoben worden wäre. Gerade die traditionelle Kulturkritik sah die moderne Zivilisation ausschließlich als einen Verfallsprozeß an, ohne den mit ihr untrennbar verbundenen Zugewinn an Freiheit, Liberalität und Selbstbestimmung zur Kenntnis zu nehmen.

Würde man kritische Analysen, auf die sich eine falsche

politische Praxis beruft, als vorwerfbares intellektuelles Verschulden begreifen, so wäre das das Ende des kritischen Denkens überhaupt. Jedes Denken, das sich kritisch mit dem Bestehenden auseinandersetzt, unterliegt der Gefahr eines Mißverständnisses, das Kritik mit totaler Verwerfung gleichsetzt und ihre positive Zielsetzung ausblendet. Dieses Schicksal teilt die »Kritische Theorie« nicht zuletzt mit der französischen Aufklärung.

Als Talleyrand einmal gefragt wurde, ob von den Gedanken der französischen Aufklärung ein direkter Weg auf das Pariser Blutgerüst von 1793 führe, zog er einen scharfen Trennungsstrich zwischen dem Denken eines Voltaire, eines Montesquieu und eines Diderot einerseits und dem nachfolgenden blinden Dogmatismus andererseits, den er nicht als Aufklärung gelten lassen wollte. »Gegen die menschliche Dummheit ist kein Werk gefeit, auch das Voltaires nicht.« Mit diesem Urteil Talleyrands sollten wir auch die Diskussion über die Verantwortung der »Kritischen Theorie« für jene von mir eingangs erwähnten Ereignisse beenden. Gerade der Name Voltaires sollte uns daran erinnern, daß gesellschaftlicher Fortschritt nicht ohne kritisches Denken und kritisches Denken nicht ohne Toleranz vorstellbar ist.

Ich möchte noch auf ein zweites Problem eingehen, das die »Kritische Theorie« dem handelnden Politiker stellt. Ihre Forderung, die »richtige Einrichtung der Gesellschaft« zum alleinigen Maßstab allen politischen Handelns zu machen, steht im Gegensatz zu einer am Bestehenden orientierten Reformpolitik, die vor allem das Mögliche im Auge hat. Einer solchen Politik hat Adorno einmal den Vorwurf gemacht, sie wage das Ganze nicht mehr zu denken, weil sie daran verzweifeln müsse, es zu verändern. Adorno hat in diesem Zusammenhang den Verzicht auf eine »Kritische Theorie« »resignativ« genannt. Ich halte es nicht nur für schwierig, sondern für unmöglich, eine geschlossene Theorie der Gesellschaft zu entwickeln, die zugleich auch eine Anleitung zum Handeln für die praktische Politik darstellt. Eine solche Theorie setzt die Überzeugung von der »Wahrheitsfähigkeit praktischer Fragen« voraus, das heißt die Überzeugung von der Möglichkeit eines Normenkonsenses unter allen »vernünftigen« Menschen.

Ich kann an dieser Stelle meine tiefe Skepsis nicht unterdrükken. Es ist eine Skepsis im Sinne der These Max Webers von einem unauflösbaren Pluralismus der Werte. Mein Wissen und mein Verständnis geschichtlicher Abläufe und Sachverhalte bestärkt mich in dieser Einstellung. Denn alle bisherigen Versuche, eine den Menschen von jeder Abhängigkeit und von jedem Zwang befreiende Ordnung auf dem Wege eines vernunftbestimmten Konsenses zu verwirklichen, sind gescheitert.

Die Ereignisse von 1793 in Paris und 1921 in Kronstadt sind Wegmarken dieser Niederlage. »Wenn uns die Vernunft im Stich läßt«, sagt Montaigne, »so wenden wir uns an die Erfahrung.« Wenn eine »vernünftige Ordnung« sich nicht im Wege eines diskursiven Konsenses erreichen läßt, so müssen wir die soziale Wirklichkeit behutsam umgestalten, indem man Fehlern nachspürt und sie revidiert. Denn – und darin weiß ich mich mit Ihnen einig – die Bewahrung von Freiheit und Humanität in einer von technologischen Sachzwängen bedrohten Gesellschaft ist eine so große und wichtige Aufgabe, daß wir kein Mittel zu diesem Zweck außer acht lassen dürfen.

Ich weiß, Herr Professor Habermas, daß Sie diesem »social piecemeal engineering« – wie es Popper einmal genannt hat – kritisch gegenüberstehen, daß Sie es als ein Palliativ ansehen, geeignet, die Einsicht in die »Gesellschaft als Totalität« zu versperren. Gesellschaftlicher Fortschritt ist für Sie nicht ohne den utopischen Entwurf, daß heißt ohne ein Bild von der erst herzustellenden Gesellschaft denkbar. Und doch möchte ich behaupten, diese unterschiedlichen Positionen sind nicht so weit voneinander entfernt, wie es den Anschein haben mag. Auch der handelnde Politiker vermag ohne den utopischen Vorwurf nicht auszukommen, wenn er gesellschaftliche Reformen anstrebt. Leszek Kołakowski hat einmal den Gedanken geäußert, daß die einfachsten Verbesserungen in den gesellschaftlichen Beziehungen eine so unerhörte Anstrengung der Gesellschaft erfordern, daß das öffentliche Bewußtsein – wenn es dieses Mißverhältnis in seinem vollen Ausmaß erkennen würde – in einem Maße entmutigt wäre, daß es jeden sozialen Fortschritt unmöglich machte. Die Herausforderung des gesellschaftlichen Bewußtseins war und ist daher das Verdienst der großen utopischen Entwürfe. Sie haben bis dahin Ungedachtes gedacht und damit den Anstoß zu positiven gesellschaftlichen Veränderungen gegeben.

Dennoch glaube ich, daß der handelnde Politiker, dessen Tun direkte Auswirkungen auf die Menschen hat, auch das als vernünftig Erkannte und von einem breiten Konsensus Getragene nur in kleinen Schritten, ich sage mit Max Weber: mit Augenmaß, nämlich mit Geduld und Toleranz verwirklichen darf. Zu groß ist die Gefahr des Irrtums, zu schwer die Folgen fehlerhaften Tuns. Die historische Erfahrung gebietet dem handelnden Politiker Bescheidenheit bei Eingriffen in den gesellschaftlichen Organismus. Hierin sehe ich auch den wesentlichen Unterschied zur Position des kritischen Wissenschaftlers.

Sie, Herr Professor Habermas, vertreten die Kühnheit des Denkens; ich stehe als Politiker hier für die Vorsicht des Handelns. Die Frankfurter Schule ist vielleicht der letzte große Versuch einer umfassenden Welterklärung; Philosophie hat hier noch einmal auf die Gesellschaft eingewirkt.

Rede zur Verleihung des Theodor-W.-Adorno-Preises der Stadt Frankfurt am Main an Professor Jürgen Habermas am 11. September 1980 in der Paulskirche zu Frankfurt am Main

Perspektiven des neuen Jahrs 1981

Bei einem Toast auf das neue Jahr wird von dem Redner herkömmlicherweise erwartet, daß er ein wenig Vorschau hält auf das, was uns alle im nächsten Jahr betreffen könnte. Dies ist immer eine sehr schwierige Aufgabe – und in diesem Jahr besonders. Denn das Gefühl der Unsicherheit und des Kursverlustes ist in einem Ausmaß verbreitet, wie es gerade für das Orwellsche Jahrzehnt nicht vorausgesagt worden ist.

Die zunehmende Skepsis und wachsende Unsicherheit kontrastiert seltsam mit jenem Bild vom alles regelnden, alles steuernden, das Individuum auslöschenden Staat, das Orwell und Huxley für die achtziger Jahre entwarfen. Ich glaube, die Wirklichkeit sieht anders aus. Wir sind von jener »schönen neuen Welt«, in der die Menschen programmiert und genormt werden, weiter entfernt denn je.

Das gilt – für manchen wohl überraschend – auch für den kommunistischen Machtbereich. In Polen zeigt in diesen Wochen ein ganzes Volk, daß es nicht bereit ist, sich den Zielen einer abgelebten Utopie unterzuordnen. Trotz des allgewaltigen staatlichen Repressionsapparates steht die kommunistische Partei hilf- und machtlos dem Willen der Polen zu mehr Freiheit und mehr Selbstbestimmung gegenüber.

Doch auch in unserer westlichen Demokratie scheint die Wirklichkeit Huxley und Orwell zu widerlegen. Anstelle staatlicher Übermacht sehen wir einen immer handlungsunfähiger werdenden Staat, dessen politischer Führung es immer weniger gelingt, die notwendigen Zukunftsentscheidungen zu treffen, geschweige denn, diese Entscheidungen durchzusetzen. Ob Nachrüstungsbeschluß oder Energiesicherung, ob

Flughafenausbau oder Abbau der Staatsverschuldung, das Richtige wird bestenfalls noch erkannt, doch die Kraft zur Durchsetzung fehlt bei vielen Verantwortlichen. In diesen und manchen anderen Fragen ist es nicht mehr möglich, einen breiten Konsens über eine gemeinsame Auffassung des öffentlichen Interesses herzustellen.

Die Entwicklung hängt eng mit einer anderen zusammen: Ein Teil unserer Bürger beginnt an der Richtigkeit des Kurses unserer Industriegesellschaften zu zweifeln. Die Unsicherheit der Führung hat sich auf die Bevölkerung übertragen. Neben jenen, die einfach aussteigen und den Rousseauschen Traum vom einfachen Leben in Landkommune oder Wohngemeinschaften zu verwirklichen suchen, steht eine große Gruppe verunsicherter Bürger, denen die sozialen Kosten des technischen Fortschritts nicht mehr recht einsichtig sind. Diese skizzierten Entwicklungen stellen eine große Gefahr für unsere Demokratie dar. Denn während auf der einen Seite sich die Probleme stauen, droht auf der anderen Seite die Basis unseres demokratischen Staatswesens zu zerfallen. Das ist keine Anklage, auch kein Pessimismus, es ist der Versuch, Entwicklungen und gefahrvolle Trends aufzuzeigen, die natürlich reale Ursachen in unserer modernen Industriegesellschaft haben, Ursachen, die von den Kulturkritikern unterschiedlichster Provenienz diagnostiziert worden sind.

Auf der einen Seite ist unsere technische Zivilisation immer komplizierter, immer differenzierter und für viele Menschen immer weniger durchschaubarer geworden. Die industrielle und bürokratische Großorganisation macht früher nie gekannte psychische Anstrengungen des Menschen erforderlich. Auf der anderen Seite hat der Verlust des Glaubens an die persönliche Unsterblichkeit zu einem oft unbewußten Gefühl der Sinnlosigkeit des individuellen Lebens geführt und im Gegenschlag eine Leidenschaft hervorgerufen, es mit unendlichen Erlebnissen zu füllen. Die seit dem Beginn der Moderne bestimmende »protestantische Ethik« hat einem Hedonismus Platz gemacht, der der Rationalisierung des Lebens zunehmend feindlich ist, einer Rationalisierung, von der wirtschaftliches Wachstum und das Überleben der modernen Industriegesellschaften ja letztlich abhängen. Diese Entwicklungen haben zu jener Identitätskrise der westlichen Demokratie geführt, vor der wir heute stehen.

Horkheimer und Adorno haben diesen Zerfallsprozeß die Dialektik der Aufklärung oder, einfacher ausgedrückt, die Selbstzerstörung der Aufklärung genannt. Bedeutet dies nun, daß der Weg unserer Industriegesellschaften unabänderlich nach unten geht, daß wir uns einem Zusammenbruch der Moderne nähern? Wäre dies so, dann würde die politische Führungslosigkeit nur jenen Mangel an Hoffnung und Glauben in das Überleben unserer Gesellschaft zum Ausdruck bringen. Ich bekenne offen, daß es sehr viel einfacher ist, eine Diagnose nachzuvollziehen, als Lösungen anzubieten.

Es gibt drei Positionen, die man als handelnder Politiker gegenüber diesem Prozeß einnehmen kann.

Eine Antwort war die marxistische Antwort. Ich sage »war«, weil heute selbst linke Kritiker unserer demokratisch-marktwirtschaftlichen Ordnung nicht mehr an die Lösung aller Probleme im Sozialismus glauben. Zu viel ist seit 1917 geschehen, als daß sich der Traum von einer auf die Bedürfnisse der Menschen abgestimmten wirtschaftlichen und politischen Ordnung im Sozialismus noch länger aufrechterhalten ließe.

Aufgrund dieser Erfahrungen haben linke Theoretiker eine neue – heute ernster zu nehmende – Position entwickelt. Sie wollen die parlamentarische Demokratie und die industrielle Großorganisation ablösen durch kleine, überschaubare, sich selbst versorgende Einheiten. Aus den anarchistischen Ideen Bakunins und Kropotkins ist die »Freie Republik Wendland« geworden. Selbstorganisation ohne Arbeitsteilung ist das Ziel, denn Arbeitsteilung bedeutet Ungleichheit, und in der Ungleichheit liegt der Ursprung allen Übels. Daß dieses Zurück zu vorindustriellen Organisationsformen keine Lösung sein kann, bedarf keiner Erklärung: Sechzig Millionen Menschen lassen sich auf diese Weise auf dem Gebiet der Bundesrepublik Deutschland nicht ernähren.

Ich möchte daher zum Abschluß in Kürze jene Position

skizzieren, von der ich glaube, daß sie geeignet ist, die Abwendung der Menschen von unserer Gesellschaft und unserer politischen Ordnung zu verhindern, und daß sie uns in Stand setzt, die uns bedrängenden Probleme ohne Resignation rational anzugehen. Dabei setze ich voraus, daß niemand, auch die Zweifler an den Segnungen der Technik nicht, auf all jene Erleichterungen verzichten wollen, die mit ihrem Siegeszug verbunden sind.

Ohne die moderne Medizin, ohne Röntgen, Anästhesie und moderne Operationstechniken, ohne die soziale Sicherheit und Annehmlichkeit, die wir der technischen Wirtschaft verdanken, würden wir wohl kaum leben wollen. Auch zeigen uns Technik und Naturwissenschaft zumindest eine Möglichkeit, Not und Elend in großen Teilen der Dritten Welt zu beheben.

Das heißt jedoch nicht, daß wir fortfahren müssen, unsere Kirschgärten abzuholzen, um ein Bild Tschechows zu gebrauchen. Nicht die Selbstzerstörung der Aufklärung ist das Problem unserer Zeit, sondern das ungelöste Verhältnis von wissenschaftlich-technischer Aufklärung einerseits und politisch-moralischer Aufklärung andererseits. Nicht das auf Bacon zurückgehende wissenschaftlich-technische Denken an sich enthält den Keim zum Rückschritt, sondern das Defizit an politisch-moralischer Aufklärung gefährdet heute unsere Ordnung. Wissenschaftlich-technische und politisch-moralische Aufklärung gehören zwar in einem weiteren geschichtlichen Zusammenhang zueinander; sie sind jedoch zwei verschiedene Ausprägungen einer Idee.

Die wissenschaftlich-technische Aufklärung ist Naturerkenntnis, die Naturbeherrschung ermöglicht. Die politisch-moralische Aufklärung ist die Erkenntnis der politischen, gesellschaftlichen und rechtlichen Bedingungen für die Verwirklichung eines sittlichen Ideals, das da lautet: »Jeder Mensch hat gleichen Anspruch auf Freiheit und Würde.« Wir haben in dem zu Ende gegangenen Jahrzehnt Aufklärung zu oft nur naturwissenschaftlich verstanden und Ethik und Politik auf Physik reduziert. Wir haben politische Erfahrungen ganzer Generationen wie Naturgesetze hinterfragt und damit ein

Gebäude zum Einsturz gebracht oder mindestens gefährdet, dessen Weisheit und damit auch Wahrheit in der Erfahrung eben dieser Generationen lag. Wir haben das Primat der praktischen Vernunft im Bereich des menschlichen Zusammenlebens aufgegeben und uns klüger gedünkt als Locke und Montesquieu, als Burke und Tocqueville.

Wir haben das aufklärerische Ideal der Befreiung des Menschen aus selbstverschuldeter Unmündigkeit mit totaler Bindungslosigkeit verwechselt, nicht erkennend, daß gewachsene Institutionen seinem Schutz und damit seiner Freiheit dienen. Wir haben der Emanzipation des Menschen aus den Institutionen des Staates, der Kirche und der Familie das Wort geredet, Institutionen, die ihn erst zum Citoyen, zum Bürger machen. Das Ergebnis ist eine Fragmentierung unserer Gesellschaft, in der zu wenige noch bereit und willens sind, ihre Wünsche – die als Ansprüche empfunden werden – hinter das öffentliche Interesse zurückstellen.

Tocqueville hat jenen Bürger ohne Bürgersinn einmal als einen Menschen beschrieben, »der ganz auf sich zurückgezogen, dem Schicksal aller anderen gegenüber unbeteiligt ist. Was seine übrigen Mitbürger angeht, so ist er zwar bei ihnen, aber er sieht sie nicht.« Nur wenn es uns gelingt, dieses Defizit an politisch-moralischer Aufklärung zu überwinden und das Bewußtsein der gemeinschaftlichen Bindungen wiederzubeleben, wird unsere Ordnung aus der Krise gestärkt hervorgehen.

Wir müssen den Menschen wieder den Glauben daran zurückgeben, daß Arbeit kein notwendiges Übel, sondern Verdienst und Sinnerfüllung des Lebens ist, daß die Rechtsordnung kein Repressionsinstrument des Staates, sondern eine Notwendigkeit zur Bewahrung der Freiheit des Einzelnen ist. Wir müssen den Menschen wieder begreiflich machen, daß Ethos, Sittlichkeit und Wertvorstellungen kein Aberglauben, sondern die notwendige Grundlage jeder politischen Kultur sind.

Rede zum Neujahrsempfang der Frankfurter Gesellschaft für Handel, Industrie und Wissenschaft am 26. Januar 1981 in Frankfurt am Main

Die Verantwortung von Politikern und Naturwissenschaftlern

Gerade in Frankfurt am Main ist die Diskussion über die Verantwortung von Politikern und Naturwissenschaftlern für die Zukunft unseres Landes heftig entbrannt. Die Auseinandersetzung um den Bau der Startbahn West hat über den Tag hinausreichende Fragen aufgeworfen, die – auch losgelöst von der Aktualität – Antworten der Politiker wie der Naturwissenschaftler erfordern. Ich möchte kurz die beiden Positionen charakterisieren, die in dieser Frage unvereinbar und auch unvermittelbar nebeneinanderstehen.

Da sind einmal die Befürworter des Flughafenausbaus – die Vertreter des Bundes, des Landes und der Stadt –, die die Notwendigkeit dieser Entscheidung mit volkswirtschaftlichen und verkehrswirtschaftlichen Argumenten belegen und diesen Eingriff in die Landschaft nach sorgfältiger Abwägung zwar für schwerwiegend, jedoch nicht für – im exakten Wortsinn – umweltzerstörend halten.

Da sind auf der anderen Seite die Gegner, die von dieser Startbahn einen qualitativen Umschlag der Lebensbedingungen zum Schlechteren in diesem Raum befürchten und die, ganz abgesehen von Einzelproblemen wie Grundwasserspiegel und Artenschutz, darüber hinaus grundsätzlich der Auffassung sind, daß die Verballung im südhessischen Raum eine Dichte erreicht habe, die für die Zukunft dieses Gebietes lebensbedrohend sei. Neben diesen regionalen Argumenten werden von den Gegnern aber mehr und mehr grundsätzliche Überlegungen eingeführt, die alle darauf hinauslaufen, daß das »Raumschiff Erde« keine zusätzlichen ökologischen Belastungen mehr vertrage, weil anderenfalls die Zukunft ganzer Generationen auf dem Spiel stehe. Sie werfen den Politikern und den die Umweltverträglichkeit dieser Maßnahme bejahenden Naturwissenschaftlern ein »falsches Bewußtsein« vor, das sie letztlich zum Widerstand auch nach Erschöpfung aller rechtsstaatlichen Mittel berechtige.

Eine solche Haltung bedeutet – das wissen ihre Verfechter natürlich genau – das Ende des Rechtsstaates. Dies festzustellen und entsprechend politisch zu handeln ist eine Sache. Eine andere ist die Frage: Wie läßt sich verhindern, daß ein Teil unserer Mitbürger das unklare Gefühl hat, bestimmte Planungsentscheidungen seien nicht genügend bedacht und abgewogen worden, insbesondere was die Folgewirkungen, die über die unmittelbare Maßnahme hinausreichen, angehe. Politische Entscheidungen, die unsere Lebensumwelt berühren, müssen sorgfältig geprüft und alle nur denkbaren Folgen müssen wissenschaftlich untersucht werden. Daß sich dabei der Politiker auf das Urteil einer Vielzahl von Wissenschaftlern nicht nur stützen, sondern auch verlassen muß, macht seine Aufgabe nicht einfacher. Denn gerade hier setzt die Kritik an diesem Entscheidungsprozeß ein. Die Kritiker werfen wissenschaftlichen Gutachtern in diesem Zusammenhang immer öfter vor, daß sie nicht über ihr Fachgebiet hinausdenken, daß sie die gesellschaftlichen Folgen und die Folgen für unsere Umwelt vernachlässigen und damit gesamtgesellschaftliche Erkenntnisse, die über ihren engen Fachbereich hinausgehen, außer acht lassen würden.

Im Jahre 1959 hat der englische Romancier Charles Percy Snow in einem berühmten Vortrag vor der Cambridge University von jenen zwei Kulturen gesprochen, deren Bestehen sachgerechte Entscheidungen fast unmöglich mache. Snow hob damals auf den Gegensatz zwischen Naturwissenschaftlern und einer literarisch-philosophisch gebildeten Elite ab. Dieser Gegensatz ist – wenn auch weniger scharf – noch immer ein Teil unserer politischen Kultur. Zu diesem Gegensatz ist jedoch ein neuer getreten, der die alte Frontstellung überdeckt und zu einer für unser politisches Leben sehr viel gefährlicheren Spaltung geführt hat.

Ich möchte diesen Gegensatz – wobei ich mir des Zweifelhaften eines solchen Bildes durchaus bewußt bin – als den Gegensatz zwischen den Anhängern und den Gegnern des Baconschen Ideals bezeichnen. Die Baconsche Aufklärung hat zum Ziel: die Herrschaft des Menschen über die Natur. Der Vater der experimentellen Philosophie wollte die Lebensbedingungen der Menschen verbessern, indem er ihnen die Mittel in die Hand gab, sich die Erde untertan zu machen.

Politisch hat Franz Josef Strauß dieses Ideal einmal mit dem Satz umschrieben: »Konservativ sein, heißt an der Spitze des Fortschritts marschieren.« Wir verdanken diesem Ideal unsere westliche Zivilisation, unseren hohen Lebensstandard und die Befreiung des Menschen – zumindest in diesem Teil der Welt – von Not, Hunger und Seuchen. Es ist notwendig, sich dies immer wieder vor Augen zu halten, gerade wenn man auch der Gegenposition Gerechtigkeit widerfahren lassen will. Diese Gegenposition, die sich in den letzten Jahren immer deutlicher artikuliert, hält die gesellschaftlichen und sozialen Kosten dieses Fortschritts für zu hoch. Sie sieht in dem Baconschen Ideal die Verkörperung des technologischen Denkens, das zu einer Dynamik von Produktion und Konsum geführt hat, die nunmehr die natürliche Grundlage dieses Wohlstandes zerstört. Oder wie es Adorno und Horkheimer in ihrer Dialektik der Aufklärung formuliert haben: »Die vollends aufgeklärte Erde strahlt im Zeichen triumphalen Unheils.«

Diese Position ist so alt wie die industrielle Revolution. Wir finden sie bei den Kulturkritikern unterschiedlichster Provenienz von Ruskin bis Mumford. Es ist diese zivilisationskritische bis -feindliche Haltung, die aus den Gegnern nicht nur der Startbahn, sondern auch einer friedlichen Nutzung der Kernenergie spricht. Ich möchte hier ganz klar sagen, daß ich dieses Entweder – Oder, dieses Richtig oder Falsch, für unsere Zukunft für gefährlich halte. Wir müssen daher alle Anstrengungen unternehmen, um aus dieser Frontstellung herauszufinden. Das gilt für die Politiker, wie für die Naturwissenschaftler.

Die historische Erfahrung lehrt uns, daß die Verabsolutierung einer Position falsch ist. Ich glaube, niemand, auch nicht die entschiedensten Kritiker unserer westlichen Zivilisation, wäre heute bereit, beispielsweise auf Erkenntnisse und Möglichkeiten der modernen Medizin zu verzichten. Andererseits ist den Kritikern durchaus zuzugestehen, daß moderne technologische Entwicklungen wie die Nutzung der Kernenergie unsere Lebensumwelt in einer Weise verändern, die es nicht erlaubt, die Dinge treiben zu lassen. Anders als im 19. Jahrhundert, als soziale Fehlentwicklungen bei der industriellen Revolution von der staatlichen Gewalt später aufgefangen und korrigiert werden konnten, wäre eine solche Korrektur heute praktisch unmöglich.

Die Entscheidung für die friedliche Nutzung der Kernenergie ist ebenso wie die Entscheidung, eine Waldfläche von 200 ha für den Bau einer dritten Startbahn zu roden, ein unumkehrbarer Prozeß, der deshalb auch als solcher gesehen und bedacht werden muß. An diesem Punkt müssen wir uns deshalb fragen, welche Möglichkeiten gibt es, daß wir alle – Politiker, Naturwissenschaftler, Bürger – Subjekte dieses Prozesses bleiben und nicht zu Objekten falscher Sachzwänge werden. Dies ist das Kernproblem aller Auseinandersetzungen um technischen Fortschritt in unserer Zeit. Ein Zurück in jene vermeintliche »heile Welt« eines vorindustriellen Zeitalters kann und darf es auch um der Menschen willen nicht geben. Jener sich in unserem Land ausbreitende Rousseausche Traum vom einfachen Leben ist der Traum von Satten.

Ich meine das nicht abwertend. Doch es bleibt wahr, was der von mir bereits zitierte C. P. Snow schon 1959 feststellte: »Die industrielle Revolution sieht sich sehr verschieden an, je nachdem, ob man sie von oben oder von unten betrachtet. Es ist eben ein Unterschied, ob man in Chelsea oder in einem asiatischen Dorf lebt.«

Wenn wir den Kreislauf von Unterproduktion, Hunger und sozialem Elend in den Ländern der Dritten Welt beseitigen wollen, dann können wir das nur mit eben jener Technologie, auf der unser eigener Wohlstand beruht. Gerade die friedliche Nutzung der Kernenergie schafft jene Möglichkeiten, die es auch ärmeren Ländern ermöglichen würde, preiswerte Energie zu erzeugen.

Jenen, die glauben, dieser Kreislauf könne auch ohne die Zuhilfenahme der Erfahrungen und Ergebnisse unserer westlichen technischen Zivilisation durchbrochen werden, sei ein Blick in unsere eigene europäische Vergangenheit empfohlen. In ihrem Buch »Der ferne Spiegel«, das von Walter Jens als das beste Buch des Jahres bezeichnet wurde, schildert die amerikanische Historikern Barbara Tuchman in eindringlichen Bildern das Leben der Menschen in einer unaufgeklärten Welt. Alle diejenigen, die oft leichtfertig die Apokalypse einer technologischen Katastrophe heraufbeschwören, können hier nachlesen, wie eine ganze Generation, weil ihr die Hilfsmittel der modernen Naturwissenschaft nicht zur Verfügung standen, im Abgrund des Grauens versank.

Barbara Tuchman schreibt über das Europa des 14. Jahrhunderts, eine Welt im Umbruch, eine Welt der Orientierungslosigkeit. Sie schildert den sozialen Zusammenbruch einer Gesellschaft, in der beispielsweise Paris in einem Jahr fünfzigtausend Pesttote zu beklagen hatte oder Florenz vier Fünftel seiner Bürger verlor. Ganze Landstriche verödeten, Städte und Dörfer verschwanden von der Landkarte. Ich erwähne dies hier, weil das, was wir heute noch immer in den Ländern der Dritten Welt erleben, unsere eigene Vergangenheit ist, eine Vergangenheit ohne Technik und ohne Wissenschaft.

Daran zu erinnern, bedeutet jedoch nicht, uns der Herrschaft der modernen Naturwissenschaften zu unterwerfen. Sie sind kein Selbstzweck, sondern ein Hilfsmittel zur Verwirklichung eines humanen Lebens. Der Homo faber darf nicht über den Homo sapiens triumphieren. Wir sind an einem Punkt angelangt, wo wir nicht mehr alles tun dürfen, was wir tun können, an einem Punkt, wo der marxistische Traum von einer Überflußgesellschaft durch Entwicklung aller Produktionsmittel zu Ende geht. An die Stelle einer prometheischen Euphorie im Umgang mit den Naturwissenschaften muß die kluge Vorsicht, gepaart mit einem Gefühl der Verantwortung für unsere Nachkommen, treten oder, wie es Hans Jonas formuliert hat:

»Dem Prinzip Hoffnung stellen wir das Prinzip Verantwortung gegenüber, nicht das Prinzip Furcht.«

Das bedeutet konkret, wir dürfen uns Entwicklungen, die den Menschen dienen können, nicht verweigern, wir dürfen aber auch nicht zulassen, daß solche Entwicklungen uns entgleiten.

Lassen Sie mich daher diese Überlegungen mit jenen Gedanken Bismarcks abschließen, die ihn bewegten, als er einmal in einer Nacht den Rhein durchschwamm, und die sich in einem Brief an seine Frau Johanna finden: Historische Entwicklungen – und ich möchte hinzufügen, auch wissenschaftliche Entwicklungen – sind einem Strome zu vergleichen, den wir nicht aufhalten können. Es ist unsere Aufgabe, sie zu kanalisieren, damit sie zum Nutzen und nicht zum Unheil der Menschen dienen mögen.

Festvortrag anläßlich der Jahresversammlung der Senckenbergischen Naturforschenden Gesellschaft am 14. April 1981 in Frankfurt am Main

Die Zukunft der sozialen Marktwirtschaft

In diesen Monaten wird es manchem wieder bewußt, wie sehr wir alle auf eine leistungsfähige Wirtschaft, auf Wachstum und auf eine solide Finanzpolitik angewiesen sind. Denn Vollbeschäftigung, Wohlstand und soziale Sicherheit – und das gilt für Frankfurt wie für die ganze Bundesrepublik – werden wir nur dann zurückgewinnen und bewahren, wenn unsere Wirtschaft erfolgreich ist, wenn sich Leistung und Risikobereitschaft lohnen. 3600 Aussteller auf der 68. Internationalen Frankfurter Frühjahrsmesse (1982), davon 30 Prozent ausländische Gäste aus 52 verschiedenen Staaten, sind ein Beweis dafür, daß der Handelsplatz Frankfurt nach wie vor von besonderer Bedeutung für die deutsche wie die internationale Wirtschaft ist. Diese Messe hat sich zu einer der bedeutendsten Konsumgütermessen entwickelt. Ganz selbstverständlich gewinnt man bei einer so bedeutenden internationalen Wirtschaftsveranstaltung eine Fülle von Informationen. Wir erhalten damit einen interessanten Einblick in wirtschaftliche Hoffnungen, Erwartungen und Bewertungen.

Zu Beginn des Jahres 1982 müssen wir leider feststellen, daß die Wirtschaftsentwicklung in der Bundesrepublik Deutschland, wie in den meisten anderen Industriestaaten, rückläufig ist. Die allgemeine Unsicherheit wurde noch dadurch erhöht, daß im Verlauf des Jahres 1981 mehr als einmal Wirtschaftsprognosen und Einnahmeschätzungen verändert werden mußten, weil sich zugrunde gelegte wirtschaftliche Daten als unrichtig erwiesen haben. Und wir müssen leider hinzufügen, daß sich an dieser Situation bis zum heutigen Tage nichts Grundlegendes geändert hat.

Das Jahr 1981 ist nicht zum Jahr der Konjunkturwende geworden. Die Sorgen des vergangenen Jahres dauern nicht nur an, sie sind größer geworden. Ich will hier nur einige wenige Daten nennen: Nahezu zwei Millionen Menschen sind in der Bundesrepublik Deutschland ohne Arbeit. Diese Zahl signalisiert nicht nur einen erheblichen volkswirtschaftlichen Verlust; hinter dieser Zahl verbergen sich auch schwere menschliche Schicksale. Menschen werden um die Sinnerfüllung ihres Lebens durch Arbeit gebracht, und sie haben Fragen an die Politiker. Fragen, auf die wir Antworten finden müssen. Doch nicht nur die Arbeitslosigkeit bedrückt uns, auch die insgesamt noch immer steigenden Energiekosten und das hohe Zinsniveau wirken sich negativ auf die Investitionsbereitschaft der Wirtschaft aus. Viele Unternehmungen sind dadurch in zusätzliche Schwierigkeiten geraten. Über elftausend Insolvenzen in der Bundesrepublik im vergangenen Jahr sind ein dramatisches Signal, das wir nicht übersehen können.

Die soziale und wirtschaftliche Infrastruktur der Bundesrepublik steht heute auf dem Spiel. In dieser schwierigen Situation hat die Verschuldung der öffentlichen Haushalte mittlerweile einen so kritischen Punkt erreicht, daß für den Bund und die meisten öffentlichen Hände kaum noch finanzpolitische Gestaltungsmöglichkeiten vorhanden sind. Die Tatsache, daß in nicht wenigen öffentlichen Etats heute konsumtive Ausgaben durch Kredite finanziert werden, zeigt den Ernst der Lage. Einziger Lichtblick ist in diesem eher grauen wirtschaftlichen Bild eine positive Handelsbilanz, die die noch immer ungebrochene Exportkraft der deutschen Wirtschaft widerspiegelt.

Doch es genügt nicht, daß wir die Schwierigkeiten beschreiben, wir müssen – und das gilt für alle Verantwortlichen, besonders aber für die Politik – einen Weg zeigen, wie wir diese Schwierigkeiten überwinden können. Wir leben aber nicht in einer Zeit der Hoffnungslosigkeit; dies ist – im Gegenteil – die Stunde der Hoffnung auf jene Kräfte der sozialen Marktwirtschaft, die uns schon einmal – in den Gründungsjahren der Republik – einen nicht für möglich gehaltenen wirtschaftlichen Aufschwung beschert haben.

Ich bin allerdings der Meinung, daß zur Wiedergewinnung unserer wirtschaftlichen Vitalität das Beschäftigungsprogramm nicht der richtige Weg ist. Ich vermag nicht zu sehen, wie ein Programm, das durch die Erhöhung der Mehrwertsteuer finanziert werden soll, zusätzliche Arbeitsplätze schaffen kann. Hier wird der falsche Weg fortgesetzt, dem Wirtschaftskreislauf zuerst Nachfrage zu entziehen, um sie ihm sodann künstlich wieder zuzuführen. Ich glaube, wir müssen Abschied nehmen von allen Programmen, die über zusätzliche Kredite, über neue Schulden und Steuererhöhungen Arbeitsplätze sichern sollen. Wir müssen damit beginnen, die Mittel für zusätzliche Investitionen im Bereich der konsumtiven Staatsausgaben zu sparen.

Ich weiß, daß sehr oft von »sozialer Demontage« gesprochen wird. Ich halte dies für eine bewußte Irreführung der Menschen. Nur wenn wir alle – Politiker und Unternehmer, Arbeitnehmer, Gewerkschaften und Arbeitgeberverbände – gemeinsam bereit sind, unsere Ansprüche an den Staat zu vermindern, werden wir in der Lage bleiben, das soziale Netz in seinem Kern zu erhalten. Nicht »soziale Demontage« ist das Ziel dieser Politik, sondern Sicherung des Sozialstaates, wie wir ihn in den letzten 30 Jahren gemeinsam aufgebaut haben. Dabei darf es keine Tabus geben, aber auch keinen Kahlschlag. Ich weiß, wie schwierig es ist, eine solche Politik im Einzelfall durchzusetzen. Wir haben alle über unsere Verhältnisse gelebt, wir haben alle Verhaltensweisen entwickelt, die davon ausgingen, daß für immer mehr staatliche Aufgaben immer mehr Geld vorhanden ist, und wir müssen daher alle gemeinsam dieses Anspruchsdenken beenden. Wir müssen darüber hinaus gerade der jungen Generation deutlich machen, daß wirtschaftlicher Erfolg nur durch persönliche Leistung zu erringen ist.

Jenem um sich greifenden modischen Trend gegen Technik und Wissenschaft, gegen wirtschaftliche Großprojekte, Arbeitsteilung und Differenzierung muß mit klarer Überzeugungsarbeit entschieden entgegengewirkt werden. Es kann uns nicht gleichgültig sein, wenn in dieser Auseinandersetzung heute die wirtschaftliche Zukunft der nächsten Generation verspielt wird. Ich erinnere nur an die Diskussion um den Bau von Kernkraftwerken oder die Startbahn West. Eine Diskussion, die gerade hier in Frankfurt am Main in zunehmendem Maße zu einer Diskussion um unsere freiheitlich verfaßte Wirtschaftsordnung geworden ist. Es ist deshalb wichtig, daß wir alle ganz klarmachen, welche Grundsätze uns leiten und wie wir die wirtschaftlichen und gesellschaftlichen Schwierigkeiten zu lösen gedenken.

Lassen Sie mich die Antwort auf diese Frage mit dem Gedanken an einen der bedeutendsten Politiker der Bundesrepublik Deutschland verbinden. In diesem Monat, am 4. Februar, wäre Ludwig Erhard, der erste Wirtschaftsminister der Bundesrepublik Deutschland, fünfundachtzig Jahre alt geworden. Ich erwähne dies deshalb, weil Ludwig Erhard, der »Vater der sozialen Marktwirtschaft«, in seinem theoretischen wie in seinem praktischen Wirken ein lebendiger Beweis für die Überlegenheit des marktwirtschaftlichen Systems über alle planwirtschaftlichen Systeme war. Ludwig Erhard war mehr als ein bloßer Wirtschaftsspezialist. Seine Kategorien des Denkens beinhalten mehr als das reine Rechnen in Soll und Haben. Begriffe wie »größtmögliche Mehrung des Güterreichtums« oder »Maximierung des Sozialprodukts« waren für ihn nicht das Maß aller Dinge. In einem Vortrag am 20. März 1956 in der Aula der Universität Zürich hat er geradezu hellseherisch folgende Aussagen formuliert: »Nur mit Wohlstand, nur mit Reichtum, nur mit einem hohen Lebensstandard werden wir – so unverständlich das auch erscheinen mag – gegenüber der Verführung durch kollektive Lebensformen, die tragischerweise gerade die Jugend anzusprechen scheinen, auf die Dauer nicht standhalten können. Wir müssen neue, wir müssen höhere Werte ansetzen... Wir müssen wieder zum Ganzen hinblicken. Wir müssen vom Ganzen her neue Postulate des Handelns, ragende Ziele und glaubwürdige Ideale setzen.«

Ich wage die Behauptung, daß die wirtschaftliche und politische Lage, in der wir uns heute befinden, gewisse Parallelen aufweist zu der Situation, in der Ludwig Erhard seinerzeit gestanden hat. Ludwig Erhard hatte sich ein doppeltes Ziel gesetzt. Er hatte zunächst ein marktwirtschaftliches System zu rehabilitieren, das durch eine jahrzehntealte nationalsozialistische Propaganda diskreditiert worden und durch alle möglichen Zwangseingriffe, vom Preisstopp bis zur Güterzuteilung, außer Kontrolle geraten war. Danach hatte er sich vorgenommen, diese soziale Marktwirtschaft gesellschaftspolitisch zu verankern. Wir wissen, daß er dieses Ziel nicht mehr vollenden konnte. Wir sehen uns heute gezwungen, eine soziale Marktwirtschaft zu verteidigen, auf der seit Jahrzehnten die sozialen Errungenschaften unserer Gesellschaft beruhen und die seit Jahrzehnten die Verträglichkeit mit unserem demokratischen Staatswesen mehr als bewiesen hat. Und das, obwohl bis zum heutigen Tage ihre Kritiker nur auf Alternativen verweisen können, die sich allesamt auf die beiden praktisch widerlegten Grundformeln »staatliche Eingriffe« und »Vergesellschaftung der Produktionsmittel« zurückführen lassen.

Die heutige Bewußtseinslage, vor allem die vieler junger Menschen, erfordert eine grundsätzliche geistige Auseinandersetzung mit den Kritikern der sozialen Marktwirtschaft schon deshalb, weil anders der enge Zusammenhang zwischen freiheitlicher Ordnung und sozialer Marktwirtschaft nicht deutlich wird.

Auf diese Schwierigkeit hat bereits Alfred Müller-Armack im Jahre 1947 hingewiesen. Daß nämlich die Marktwirtschaft, selbst wenn ihre ökonomischen Leistungen der zentralen Planwirtschaft nicht haushoch überlegen wären, sondern hinter ihr zurückstünden, unter dem Gesichtspunkt der Freiheit auf alle Fälle den Vorrang verdiente; denn die Errichtung einer freien politischen Ordnung steht und fällt mit der Freiheitsordnung im ökonomischen Bereich. Diese Überzeugung zu vermitteln, dessen bin ich sicher, wird gelingen, wenn wir uns, um mit Wilhelm Röpke zu sprechen, vor einer Perversion der Werte hüten und vor dem utilitaristischen Kult, der mit materiellen Werten getrieben wird. Das gilt gerade und vor allem in unserer heutigen Situation. Denn allzu oft können wir beobachten, daß die Verteilung der nicht gerade übermäßigen

Früchte unseres Wirtschaftserfolges nicht nach sachgerechten Überlegungen erfolgt, sondern letztlich durch mächtige Interessengruppen vorgenommen wird. Diese Erscheinungen hat Ludwig Erhard zu den Merkmalen einer »Gefälligkeitsdemokratie« gezählt, und Wilhelm Röpke hat in diesem Zusammenhang die Formulierung vom »Pluralismus der zweiten Hand« geprägt. Legitimerweise gehören diese Merkmale nicht zum Wesen unserer Demokratie, sondern können in gefährlicher Weise ihren Lebensnerv treffen.

Erst heute wird uns wieder klar, wie zutreffend diese Überlegung ist. Bei dieser Gelegenheit sollten wir uns auch an jene Mahnung Ludwig Erhards zum »Maßhalten« erinnern. Kein verantwortlicher Wirtschaftspolitiker kommt an diesem Grundsatz mehr vorbei. Ludwig Erhard hat uns den Weg in die Zukunft gewiesen. Er hat uns deutlich gemacht, daß die sittlichen Werte der persönlichen Freiheit, der Gerechtigkeit und der menschlichen Solidarität unauflöslich mit der sozialen Marktwirtschaft verbunden sind. Diese Werte zu bewahren und ihre Bedeutung immer wieder in das richtige Bewußtsein zu rücken, ist unsere gemeinsame Aufgabe. Nur wenn uns dieses gelingt, werden wir unsere schwierige wirtschaftliche Lage meistern können. Und ich bin davon überzeugt, wir unterliegen dann nicht jenem verhängnisvollen Gesetz, das Shakespeare einmal mit den Worten beschrieben hat, daß das, »was wir haben, wir nach Wert nicht achten, solange wirs genießen« und wir »den Wert, den uns Besitz mißachten ließ«, erst wieder achten, wenn es zu spät ist.

Rede anläßlich der Eröffnung der Frühjahrsmesse am 27. Februar 1982 in Frankfurt am Main

Die Stadt als Lebensform

Verantwortung für alle Bürger – Antrittsrede als Oberbürgermeister vor der Stadtverordnetenversammlung

Die Stadtverordnetenversammlung hat mich heute zum Oberbürgermeister der Stadt Frankfurt am Main gewählt. Damit hat sie mir großes Vertrauen entgegengebracht, und ich danke ihr dafür.

Die Entscheidung ist die logische Konsequenz der Kommunalwahl vom 20. März 1977. An diesem Tage haben die Wählerinnen und Wähler Frankfurts mit großer Mehrheit der Union und dem von ihr aufgestellten Oberbürgermeisterkandidaten ihr Vertrauen gegeben. Sie haben wie in vielen Städten, Kreisen und Gemeinden auch in Frankfurt am Main die CDU zur stärksten politischen Kraft gemacht.

Mir ist bewußt, daß in einer Demokratie der Auftrag zur politischen Führung nur auf Zeit erteilt wird – nämlich jeweils für eine Wahlperiode. Nach Ablauf dieser Zeit stimmen unsere Bürger wiederum ab – sie erneuern diesen Auftrag oder sie entziehen ihn, und zwar an der Wahlurne.

Für das Urteil unserer Mitbürgerinnen und Mitbürger ist vor allem wichtig, ob die Politiker klar und kraftvoll handeln und entscheiden. Sie wollen weder Überheblichkeit und Arroganz der Macht noch parteipolitischen Mißbrauch eines öffentlichen Amtes.

Ich versichere am Anfang meiner Amtszeit, daß ich mich gegenüber allen Bürgerinnen und Bürgern in der Verantwortung weiß. Ich werde das Amt des Oberbürgermeisters nicht als ein parteipolitisches Amt mißverstehen. Ich will und ich werde der Oberbürgermeister aller Bürger sein.

Ich möchte, daß der Frankfurter Römer als eine Stätte der Freiheit und Gerechtigkeit für alle Bürger offensteht.

In Frankfurt am Main darf ein öffentliches Amt sowenig wie in einer anderen Stadt, in einem Land oder im Bund als Selbstbedienungsladen von Politikern und Parteien mißbraucht werden. Wir haben als Politiker vielmehr dem Gemeinwesen und unseren Bürgern zu dienen. Meine Wahl bedeutet Kontinuität und Zäsur zugleich. Kontinuität schon deswegen, weil ich mit dem heutigen Tag in die lange Reihe der Oberbürgermeister dieser großen Stadt eintrete. Viele sind vor mir gewesen, und viele werden nach mir sein.

Es ist gut, sich dessen bewußt zu sein und bewußt zu bleiben. Nur wer sich so in der Gesamtentwicklung sieht und begreift, gewinnt das richtige Maß, das um der Menschen willen, für die wir handeln, von so großer und entscheidender Bedeutung ist. Sich selbst in dem unablässig fließenden Strom von Vergangenheit, Gegenwart und Zukunft zu sehen, schützt vor der Gefahr der Selbstüberhebung, der Anmaßung und der Unduldsamkeit. So werden zum Beispiel auch in Zukunft all jene scheitern, die meinen, Demokratie und soziale Gerechtigkeit beginne erst mit ihnen und ihrer Politik. Denn ihnen fehlt dieses Bewußtsein von geschichtlicher Entwicklung und damit die Fähigkeit, sich als ein Teil in das Ganze einzuordnen. Wer nichts davon weiß, daß Menschen auch gestern und vorgestern Leistungen erbracht und Fortschritt bewirkt haben, lebt in der ständigen Gefahr, die eigene Meinung zu verabsolutieren. Er ahnt nicht einmal, daß alles, was wir denken, in den Jahrhunderten und Jahrtausenden vor uns schon längst gedacht worden ist.

Zu wissen, was vor uns war, sich zur eigenen Geschichte und damit zur Kontinuität zu bekennen, hilft uns also, unsere Grenzen zu erkennen, erzieht uns zur Bescheidenheit, entwickelt unseren Sinn für das, was möglich, was realistisch ist und macht uns damit frei. Solche Politik hat den Menschen zum Mittelpunkt, den wirklichen Menschen, so wie er tatsächlich ist – mit seinen großen Möglichkeiten wie mit seinen Unzulänglichkeiten – und nicht, wie er in Ideologien und von extremistischen Eiferern gesehen wird. Ich glaube nicht an den neuen Menschen, ich glaube nicht an die neue Gesellschaft.

Nein, der alte Adam ist geblieben, in seiner Bedrängnis, Angst und Hilflosigkeit, wie in seiner Fähigkeit zum Opfer, zur Tapferkeit, zum Erleiden und zum Erdulden.

Politik aus solchem Geist und Wissen zielt auf das Bewahren und das Erneuern und nicht auf einen Rigorismus, der nicht das Ganze, sondern nur noch Teilwahrheiten sieht. Diese Politik nenne ich Politik der Einsicht, der Verantwortung, Politik des Augenmaßes, also Politik der Mitte. Zu ihr bekenne ich mich. Nicht Ideologien und Theorien, sondern Augenmaß, Beharrlichkeit, Kenntnis der geschichtlichen Abläufe und Einsicht in die menschliche Natur sind nach Max Weber für den Politiker entscheidend.

Kenntnis der Geschichte ist für ein Volk von großer Bedeutung. Ein Gemeinwesen, das von seiner Geschichte nichts mehr weiß, nichts weiterreicht, gibt sich selbst auf. Es verliert seine Identität und wird damit wehrlos gegenüber seinen Feinden – im Innern wie nach außen. Kontinuität und Überlieferung sind also nichts Verstaubtes, haben nicht nur mit vergilbten Blättern zu tun. Kontinuität und Überliefertes leben mit uns, und wir mit ihnen. Mein Wunsch war und ist, dieses Verständnis zu dokumentieren. Ich will deswegen meinen Respekt gegenüber allen meinen Amtsvorgängern zum Ausdruck bringen, vor allem jenen, die nach 1945 in ihr Amt berufen wurden und die – unabhängig von ihrem parteipolitischen Standort – diese Stadt entscheidend mitgeprägt haben.

Ich habe deswegen alle Ehefrauen der Oberbürgermeister, die nach 1945 in ihr Amt gerufen wurden und nicht mehr unter uns weilen, persönlich zu diesem Nachmittag eingeladen.

Mein unmittelbarer Amtsvorgänger Rudi Arndt hat Arbeit und Kraft über fünf Jahre für das schwere Amt des Frankfurter Oberbürgermeisters aufgewendet. Dafür zu danken, ist für mich selbstverständlich, auch wenn uns vieles, sehr vieles trennt.

Ich habe von Geschichte und von der Bedeutung ihrer Kenntnis gesprochen. Nirgendwo – so finde ich – liegt das für einen Demokraten näher als in Frankfurt am Main, dieser ehemals freien und reichsunmittelbaren Stadt im Herzen

Deutschlands. Diese Stadt verpflichtet uns alle in besonderem Maße mit ihrer stolzen Tradition. Nirgendwo in Deutschland ist der Wille zur Demokratie, zu Menschenwürde, Freiheit, Rechtsstaat und sozialer Gerechtigkeit so frühzeitig und so deutlich ausgedrückt, so überzeugend als politische Forderung für alle Deutschen erhoben worden wie hier.

Frankfurt am Main und die Paulskirche sind ein Symbol für demokratische Freiheit, für nationale Einheit und für europäischen Geist. Oberbürgermeister Brundert sagte im Anschluß an seine Amtseinführung 1964: »Ich habe kürzlich die Paulskirche aus tiefer Überzeugung das Symbol der Freiheit für alle Demokraten genannt.« Und ich füge hinzu: Zu dieser großartigen Tradition sollten wir uns alle bekennen – gleichgültig, wo wir parteipolitisch stehen. Diese Stadt – über viele Generationen Stätte der Kaiserkrönungen, die Heimat Goethes, Versammlungsort des Bundestages von 1815 bis 1848/49 und dann Sitz der ersten deutschen Nationalversammlung und damit Symbol demokratischer Staatsverfassung und liberaler Offenheit – diese Stadt ist mehr als Metropole für große Unternehmungen, für Arbeitsplätze, für Banken oder Verkehrsknotenpunkt von europäischer Bedeutung.

Frankfurt am Main muß – anknüpfend an seine große Tradition als Gemeinwesen der Toleranz – ein Beispiel geben für die Überwindung von Indoktrination, Intoleranz und politischem Extremismus. Von unserer Stadt muß der entschlossene politische Wille zu liberaler Erneuerung ausgehen.

Diese Erneuerung aus dem Geist der Toleranz und Liberalität ist wichtig, sie ist nötig, denn wir erleben eine zunehmend schädliche Politisierung vieler Lebensbereiche. Sie reicht bis in die Elternhäuser. Da ist mancherorts von Fremdbestimmung der Kleinkinder durch die Eltern die Rede, da wird die Familie als Sozialisationsagentur bezeichnet. Das sind nicht nur törichte Worte.

Und wir erleben so schädliche Politisierung und Polarisierung auch häufig an Schulen und Universitäten. Ideologische, parteipolitische Auseinandersetzungen verdrängen oft genug den Sinn für das Gemeinsame, weil die jeweilige Position absolut gesetzt und der Gegner als Klassen- oder Volksfeind dargestellt wird.

Diese sich anbahnende Totalpolitisierung müssen wir überwinden. Oberbürgermeister Brundert sagte 1964 hier in diesem Raum, daß 1949, als das Grundgesetz in Kraft trat, das Fundament der Bundesrepublik Deutschland über die Gemeinden und über die Länder bereits gelegt war. Der Aufbau hatte von unten, nicht von oben stattgefunden.

Auch die liberale Erneuerung der Bundesrepublik Deutschland muß von unten beginnen. Keine Stadt ist wie Frankfurt am Main aufgrund freiheitlicher demokratischer Tradition berufener, solche Erneuerung in Gang zu bringen und Zeichen dafür zu setzen.

Die Wahlen vom 20. März und die Oberbürgermeisterwahl bedeuten aber auch eine Zäsur, einen Einschnitt. Wer das verschweigen wollte, wäre nicht ehrlich. Nach weit über zwanzig Jahren hat die SPD die Mehrheit auch in Frankfurt am Main verloren und die CDU die absolute Mehrheit errungen.

Als neuer Oberbürgermeister will ich noch nicht eine Art Regierungserklärung abgeben. Ich verhalte mich damit bewußt anders als mein Amtsvorgänger. Rudi Arndt sagte nach seiner Amtseinführung am 6. April 1972, er verzichte auf die Form einer Antrittsrede und wähle statt dessen bewußt die Form einer Regierungserklärung. Bevor ich darauf eingehe, nur eine kurze Bemerkung: Ich bin überzeugt, daß unsere Mitbürger von uns vor allem keine leichtfertigen Zusagen erwarten.

Sie haben in den vergangenen Jahren zu oft großartige Versprechen und Prognosen gehört, die dann nicht gehalten wurden oder nicht eingetreten sind. Ich nenne nur das furchtbare Rentendebakel. Die Menschen verlangen von den Politikern nüchterne und ehrliche Aussagen. An diese Forderungen will ich mich – wie auch im Wahlkampf – in meinem Amt halten. Ich werde daher in den kommenden Monaten zunächst eine gründliche Bestandsaufnahme machen. Erst danach, aufgrund gesicherter Daten, werde ich eine Bilanz des

Ist-Zustandes vorlegen. Und auf dieser Grundlage werden wir nach sorgfältiger Prüfung feststellen, was wir uns leisten, was wir verwirklichen können, und dann sagen, was wir tun wollen.

Zurück zu dem Begriff der Regierungserklärung. Mein Kollege Arndt nannte am 6. April 1972 die Gründe, warum er sich für diese Form und nicht für eine Antrittsrede üblicher Art entschieden hätte. Er führte damals zur Begründung aus, daß die großen kommunalen Einheiten und insbesondere die Großstädte mit wertfreier Kommunalpolitik nicht mehr zu leiten seien. Denn es gehe entscheidend nicht um Sachfragen, sondern um politische Entscheidungen. In diesem Zusammenhang kritisierte er die private Verfügungsgewalt am Grund und Boden, er sprach über den Profit des Einzelnen, über das Erziehungswesen, über Wohnen, über Freizeit.

Interessant ist gerade nachträglich, was er über notwendige politische Konsequenzen hinsichtlich der großen Kommunen anmerkte. Er sagte damals, die politischen Entscheidungen seien in einer Großstadt nun einmal die Grundlagen für die Verwaltungsentscheidungen.

Deswegen habe die politische Mehrheit der Stadtverordnetenversammlung auch die klare Verantwortung für die politische Zusammensetzung des Magistrats. Eine Änderung der Mehrheitsverhältnisse in der Stadtverordnetenversammlung müsse auch die Änderung der Mehrheitsverhältnisse im Magistrat nach sich ziehen. In Zukunft dürfe es deswegen nicht mehr die verwaltungsorientierte kommunale Spitze, sondern statt dessen die politische Stadtregierung geben. Nach diesen Grundsätzen hat die SPD auch gehandelt. Obwohl die CDU-Fraktion wenige Monate zuvor den sozialdemokratischen Kandidaten Arndt als Oberbürgermeister mitgewählt hatte, wurden die CDU-Politiker Bürgermeister Fay und Stadtrat Bachmann kurze Zeit später trotz ihrer unbestrittenen, ja sogar ausdrücklich anerkannten Erfolge nicht wiedergewählt und durch sozialdemokratische Mitglieder ersetzt.

Ich erinnere daran, um zu zeigen, wie vor wenigen Jahren mit einer Partei umgegangen wurde, die damals zweitstärkste

Fraktion dieses Hauses war. Nicht ein einziger Ausschußvorsitz des Parlaments wurde der CDU nach der Kommunalwahl 1972 zugestanden. Und ich erinnere daran, daß es die Frankfurter SPD gewesen ist, die 1972 eine Politik postulierte und praktizierte, die davon ausging, daß es auch in der Kommunalpolitik die klare Trennung in Regierung und Regierungsfraktion auf der einen Seite und Opposition auf der anderen Seite geben müsse.

Alle freiwerdenden hauptamtlichen Magistratsstellen sind seit 1972 von der SPD Frankfurts bedingungslos nach parteipolitischen Gesichtspunkten besetzt worden.

Der Abbau an Kooperation im Frankfurter Römer ist von der Sozialdemokratischen Partei in Frankfurt zu vertreten. Wenn jetzt Magistratserweiterungen auf Zeit, nur auf Zeit, sage ich, nötig werden, um auch im Magistrat dem Wählerwillen vom 20. März zu entsprechen, dann trägt die SPD Frankfurts dafür die Verantwortung.

Ich erkläre aber zugleich mit aller Deutlichkeit, daß ich anstelle von Konfrontation die Kooperation anstrebe und suche. Ich lade alle ein, mit meinen politischen Freunden und mit mir einen neuen Anfang zu machen; ich lade ein zu konstruktiver Politik, die sich am Interesse unserer Bürger und nicht an Parteibefehlen orientiert.

In dem zurückliegenden Wahlkampf stand für die Union – und zwar ganz im Sinne unserer landespolitischen Vorstellungen – die Bildungs- und Schulpolitik an erster Stelle. Dabei wissen wir natürlich so gut wie andere, daß die Kulturhoheit beim Land liegt, daß also wesentliche Entscheidungen in Wiesbaden und nicht in Frankfurt getroffen werden. Aber der Schulträger hat wichtige Mitentscheidungsrechte. Ob ein vielfältig gegliedertes Schulangebot erhalten oder ob ein Einheitsschulsystem eingerichtet wird, kann nicht ohne weiteres über den Schulträger hinweg entschieden werden.

Die bildungspolitischen Positionen, insbesondere von SPD und CDU, konnten auch in diesem Frankfurter Wahlkampf nicht kontroverser sein, als sie es tatsächlich waren.

Nur in einem Punkt stimmten wir überein, nämlich in dem

folgenden Satz aus der bereits erwähnten Rede vom 6. April 1972: »Die Bildungspolitik ist zu einer der zentralen Fragen in der Politik überhaupt geworden.« Und die Position in der Sache wird in jener Rede unmißverständlich formuliert. Der Satz lautet: »Deshalb muß in den kommenden Jahren konsequent der Ausbau der integrierten Gesamtschule erfolgen...«

Genau diese Politik wird jetzt beendet. Wir wollen nicht eine Schulart zur Regelschule werden lassen, deren Wert und Überlegenheit durch Wissenschaft und Praxis nicht nur nicht erwiesen, sondern in zunehmender Weise angezweifelt werden. Wir wollen eine Bildungspolitik der Chancengerechtigkeit für alle Kinder. Wir wollen möglichst kleine Klassen, in denen individuelle Betreuung stattfindet. Wir wollen jedem Kinde Bildungsmöglichkeiten eröffnen, die seinen Begabungen, seinen Anlagen entsprechen. Deswegen wollen wir integrierte Gesamtschulen nicht als Regelschule, sondern als Modellversuch. Die Ergebnisse dieses Versuches werden wir offen und unvoreingenommen prüfen. Sind sie positiv, so werden wir uns für die weitere Existenz einsetzen. Die letzte Entscheidung haben nach unserem Verständnis allerdings die Eltern zu treffen.

Diese Aussagen sind nicht neu. Wir haben sie Tag für Tag wiederholt. Die Bürger kannten und kennen unseren Standpunkt. Niemand sollte annehmen, er könne sich über den Bürgerwillen in dieser Frage ungestraft hinwegsetzen. Und deswegen betone ich gerade hier und heute, welchen Rang Schul- und Bildungsfragen für uns haben. Wir wollen keine Indoktrination an unseren Schulen; wir wollen unsere Kinder befähigen, das Leben zu bewältigen, die Umwelt zu begreifen, tolerant zu sein, gute Staatsbürger und gute Europäer zu werden. Einen besonderen Rang werden auch die Erwachsenenbildung und die Förderung der Kultur einnehmen.

Zur Erwachsenenbildung: Wir wollen den Bürgern Frankfurts ein breitgefächertes Bildungs- und Ausbildungsangebot machen. Die Bedürfnisse aller Gruppen werden uns dabei leiten. Vor allem diejenigen können auf unsere Hilfe vertrauen, die in ihrer Jugend nicht die Bildung erfahren haben, die sie entbehren und auf die sie hoffen.

In der Kunst haben die Politiker Freiräume für Künstler und damit Entfaltungsmöglichkeiten zu schaffen. Politik hat nicht das Recht zu entscheiden, was wertvolle und was unwerte Kunst ist. Deswegen werde ich darauf achten, daß es in Frankfurt am Main weder das Postulat einer sozialdemokratischen noch einer christ- oder freidemokratischen Kunst geben wird. Wer gegen dieses Gebot selbstverständlicher Freiheitsgewährung verstößt, muß mit allen möglichen Konsequenzen rechnen.

Ein weiteres wichtiges Feld unserer Politik wird die planvolle Entwicklung Frankfurts sein, und ich meine das im weitesten Sinne. Wer mit Menschen von außerhalb spricht, erlebt ja oft genug in geradezu erschreckender Weise, welch negative Vorstellungen mit dieser Stadt verbunden werden: Politischer Radikalismus, Kriminalität, um nur diese zu nennen, sind Worte, die wir immer wieder hören.

Uns kann nicht gleichgültig sein, was die Menschen über Frankfurt am Main denken. Denn damit werden Möglichkeiten der Investitionen und des Ausbaus geschmälert. Die Animosität – etwa auch im Umland – gegenüber der Großstadt Frankfurt wird so vergrößert. Und da es auch in diesem Bereich Wechselwirkungen gibt, wird letztlich sogar das Lebensgefühl vieler, die Bürger Frankfurts sind, beeinträchtigt.

Wir wollen Frankfurt am Main nicht nur als ein funktionales Gemeinwesen, das rationale Bedürfnisse befriedigt. Wir wollen ein Frankfurt am Main, in dem auch Wünsche, Hoffnungen, Gefühle der Menschen erfüllt werden. Das Fluidum dieser Stadt, ihr urbaner Geist, ihre Weltoffenheit, ihr Sinn auch für Gemütlichkeit, für Lebensart müssen sich wieder mitteilen. Auch davon wird der Rang dieser Stadt bestimmt werden. Und wir müssen sagen, daß wir gute Nachbarn sein wollen – gute Nachbarn unserem Umland und den dort lebenden Menschen gegenüber, faire Partner dem Land und dem Bund, gute

Freunde unseren Partnerstädten Lyon, Birmingham und Mailand, engagierte Europäer.

Frankfurt am Main hat europäische Bedeutung, unsere Stadt ist bekannt in der Welt. Dieses Wissen hat nichts mit Überheblichkeit zu tun, aber es verpflichtet uns in besonderer Weise, Wir grüßen in dieser Stunde deswegen nicht nur unsere deutschen, sondern auch unsere ausländischen Mitbürger. Wir wollen ihnen in Freundschaft und in Offenheit begegnen. Und weil wir uns zur Freiheit bekennen, sind wir vor allem jenen verbunden, die als Vertriebene und Flüchtlinge ihre Heimat verloren haben, die in ihrer alten Heimat heute die demokratischen Freiheitsrechte entbehren müssen, gleichgültig, wo das ist in dieser Welt.

Wir grüßen diejenigen, die mit uns unsere und anderer Menschen Freiheit schützen und bewahren. Die, die mit uns im atlantischen Bündnis vereint sind, vor allem unsere amerikanischen, unsere britischen, unsere französischen Freunde, grüße ich in dieser Stunde besonders herzlich.

Wir wollen das Frankfurt der Zukunft bauen. Dazu benötigen wir überlegene Planung und Entwicklung, einen leistungsfähigen Mittelstand, kaufmännische, handwerkliche Tüchtigkeit, Wirtschaftswachstum, Vollbeschäftigung. Deshalb müssen wir uns um die sozialen Fragen, um ein gutes Gesundheitswesen bemühen. Schule und Kultur, Wohnen und Freizeit, Alte und Junge gehören dazu.

Ich möchte mich nicht zuletzt um die Randgruppen kümmern, die es auch hier in dieser Stadt gibt. Um die Kranken und Alten, die in Pflegeheimen leben müssen, um die kinderreichen Familien, die oft genug nicht den Respekt und die erforderliche Unterstützung erfahren, um die Menschen, die regelmäßiger Arbeit nachgehen und trotzdem nur ein Einkommen unterhalb der Sozialhilfesätze erhalten.

Es gibt eine neue soziale Frage, die nicht durch machtvolle Interessenverbände formuliert wird. Es geht um all die an den Rand unserer Gesellschaft Gedrängten, die nicht für ihre Interessen auf der Straße demonstrieren und die nicht in Großverbänden organisiert sind. Auch für sie haben wir da zu sein.

Ich möchte bei dieser Gelegenheit auch ein Wort an meine Mitarbeiter, an die Angehörigen der städtischen Behörden und Einrichtungen, richten. Sie sind als Angehörige des öffentlichen Dienstes ja häufig genug Gegenstand heftiger Kritik gewesen.

»Die« Beamten, »die« Angestellten – wie oft sind sie kritisiert worden. Dabei sind die Anforderungen an die öffentliche Verwaltung immer größer geworden. Wenn es Personalaufblähungen infolge immer umfänglicherer und immer mehr Gesetze und Verordnungen gegeben hat, so haben dies die Politiker zu verantworten, nicht aber die Angehörigen des öffentlichen Dienstes. Und außerdem: die Hoheitsverwaltung nimmt einen immer geringeren Umfang ein. Die Leistungsverwaltung, die Daseinsvorsorge für den Bürger verwirklicht, nimmt zu. Wenn von Bund, Ländern und Gemeinden Lebensrisiken gemindert, weite soziale Sicherung durchgesetzt und individuelle Betreuung des Bürgers garantiert werden, so kann der öffentliche Dienst nicht schrumpfen. Und zudem werden die Anforderungen an den Einzelnen immer größer.

Ich vertraue auf die Leistungsbereitschaft und Leistungsfähigkeit und insbesondere auf den Gerechtigkeitssinn meiner Mitarbeiter, die für alle Bürgerinnen und Bürger ihre Leistungen erbringen.

Allerdings, und das muß ich auch sagen, ist der öffentliche Dienst durch Parteibuchbeamtentum, das heißt durch die Bevorzugung einiger aus parteipolitischen Gründen, in Mißkredit geraten. Ich sage nachdrücklich, daß für mich bei Einstellung und Beförderung von Beamten, Angestellten und Arbeitern des öffentlichen Dienstes ausschließlich das Leistungsprinzip maßgeblich ist.

Ich erwarte deswegen von allen Mitarbeitern Leistungswillen und Loyalität, weil die Bürger darauf einen Anspruch haben. Bei allem, was wir tun, müssen wir unsere Entscheidungen und Handlungen gründlich bedenken. Ich halte nichts von vorschnellen Entscheidungen. Ich möchte nicht durch Versprechungen einen Erwartungshorizont der Bürger Frankfurts bewirken, der dann vielleicht in Enttäuschungen endet.

Und schließlich möchte ich mich um den Abbau von Spannungen und Auseinandersetzungen bemühen, weil ich nicht glaube, daß unser Leben vor allem durch Interessengegensätze reicher wird. Ich möchte uns vor falschen Alternativen bewahren.

Gerade in diesen Zusammenhang gehört, daß die so häufig praktizierte Verteufelung ganzer Gruppen auch hier in unserer Stadt ein Ende haben muß. Wer nur von Profitgeiern und Ausbeutern spricht, Polizeibeamte, Soldaten, Justiz, Hochschullehrer und Mittelstandsangehörige verdächtigt, sät Unfrieden. Er zerstört den Gemeinschaftssinn, das Verantwortungsbewußtsein und ist deswegen unfähig, Verantwortung zu tragen. Ich werbe für und ich glaube an freien Bürgergeist und an verantwortungsbewußten Bürgersinn. Deswegen trete ich für unseren Rechtsstaat ein, den wir nicht zuletzt auch mit dieser Stadt verkörpern und dessen Gesetze aus dem Geist der Freiheit geboren sind.

Weil die Freiheit das höchste politische Gut ist und weil Frankfurt am Main dafür mehr als jede andere deutsche Stadt steht, deswegen wollen wir diesen und keinen anderen Staat.

In seinem Buch »Zuerst die Freiheit« sagt der große spanische Liberale Madariaga, daß es ohne Recht und ohne Freiheit keinen Frieden gibt, daß sich diese Werte gegenseitig bedingen. Ich sage es so: Ohne Recht keine Freiheit und ohne Freiheit kein Recht – das ist die Wahrheit. Freiheit ist nur dort gewährleistet, wo die Sicherheit des Einzelnen wie des Staates gleichen Rang haben. Sicherheit des Staates ist zwar kein Wert an sich, aber diese staatliche Sicherheit ist Mittel zur Erhaltung der Freiheit unserer Bürger.

Spätestens der sogenannte Fall Traube sollte gelehrt haben, daß die Verfechter des Rechtsstaates die wirklichen Hüter der Freiheit und die größten Gegner des Polizeistaates sind.

Wir Politiker sind deswegen verpflichtet, an einem Tage wie heute ein klares Bekenntnis zu Recht und Ordnung abzulegen. In unserem demokratischen Gemeinwesen kann und wird es deswegen keine Erlaubnis zur Anwendung von Gewalt, auch nicht gegen Sachen, geben dürfen.

Wir wissen von vielen, schweren Problemen auch hier in Frankfurt. Fragen der Wirtschaft, Fragen der Vollbeschäftigung, des Mißbrauchs des Demonstrationsrechtes, Drogenabhängigkeit, Fragen der jungen Menschen nach ihren Zukunftschancen – das sind nur Beispiele, die uns auch hier im Alltag bewegen. Mich belastet das. Um dieser Sorgen und vieler anderer Herr zu werden, benötigen wir allerdings keine völlig neuen Mittel, keine neuen Rezepte.

Ich gestehe, daß mir manche Fragen Kopfzerbrechen bereiten, ich räume ein, daß ich sowenig über Patentrezepte verfüge wie andere. Aber eines weiß ich gewiß: Die Probleme, die wir heute erleben, werden wir mit systemüberwindenden oder systemverändernden Methoden nicht lösen. Wir benötigen die Erneuerung der Einsichten, Verhaltensweisen und Entscheidungen, die uns nach dem Grauen der nationalsozialistischen Gewaltherrschaft aus dem Elend und der Trostlosigkeit der ersten Nachkriegsjahre in diesem Teile unseres Vaterlandes in ein freiheitliches und soziales Gemeinwesen geführt haben – und auch dafür steht Frankfurt am Main mit Wirtschaftsrat und Ludwig Erhard in beispielhafter Weise.

Ich bitte Sie alle – Stadtverordnete, Magistratsmitglieder, Mitarbeiterinnen und Mitarbeiter der Stadt, Bürgerinnen und Bürger – ich bitte Sie, mir zu helfen. Ich ahne, welche Last ich zu tragen habe, und ich weiß, welche Auseinandersetzungen mir bevorstehen. Aber ich stelle mich dieser Herausforderung mit aller Entschlossenheit. Ich werde meine ganze Kraft dieser Stadt und ihren Bürgern zuwenden. Gott helfe uns, in Frankfurt am Main die Freiheit zu festigen, das Recht zu wahren, soziale Verantwortung und soziale Sicherung zu fördern, die Älteren vor Vereinsamung zu schützen und in der Gemeinschaft zu bewahren und den Jungen mehr Chancen für ihr zukünftiges Leben zu eröffnen.

So lassen Sie uns gemeinsam an die Arbeit gehen.

Rede zum Amtsantritt als Oberbürgermeister von Frankfurt am Main vor der Stadtverordnetenversammlung am 15. Juni 1977

Kommunale Selbstverwaltung – Ideal und Wirklichkeit

Die hohe Ehrung, die ich heute erfahre, mag mich daran erinnern, daß ich einer unter vielen anderen Menschen bin – mit Versagen und Schuld auch in meinem Leben. Ich möchte diese Worte nicht als eine besonders sublime Form von Eigenlob verstanden wissen. Dahinter steckt vielmehr die Sorge, das Maß zu verlieren, das für jeden von uns so wichtig ist. Nach dieser Vorbemerkung sage ich etwas weniger befangen und verlegen, daß ich mich freue, heute den Hermann-Ehlers-Preis 1979 zu erhalten. Diese Auszeichnung bedeutet für mich viel, sehr viel sogar. Denn Hermann Ehlers verdanke ich neben Konrad Adenauer politische Grundüberzeugungen, die mich zur Christlich-Demokratischen Union geführt haben. Gerade in den letzten Monaten, als die Einheit der Union in Frage zu stehen schien, habe ich oft an die großen Männer der Union der ersten Stunde, an ihre Erfahrungen, an ihr Vermächtnis gedacht.

Die CDU ist ohne Hermann Ehlers nicht vorstellbar. Es war sein historisches Verdienst, den deutschen Protestantismus, der sich im Verlauf der letzten Jahrhunderte innerlich so oft vom Staate abgewandt hatte, wieder in die politische Verantwortung geführt zu haben. Damit schuf er die Voraussetzungen für jenen Zusammenschluß evangelischer und katholischer Christen, der heute noch die Grundlage der Union bildet. Doch nicht nur sein Protestantismus, auch sein Staatsverständnis haben mich beeindruckt. Ich bin – wie Hermann Ehlers – Protestant und Norddeutscher. Ich habe deshalb wie er ein unmittelbareres Verhältnis und Verständnis zum und vom preußischen Staat, als es vielleicht süddeutschen Mitbürgern möglich ist. Ich spreche damit keine Wertung aus, ich beschreibe nur eine Umwelt, die auch für mich von Bedeutung war und mich mitgeprägt hat. Aber Hermann Ehlers schaute nicht vor allem zurück auf das, was war und Geschichte geworden ist. So wichtig er geschichtliche Tatbestände nahm als etwas, was auch für Gegenwart und Zukunft wichtig ist, sein politischer Wille war in die Zukunft gerichtet. Deswegen war er der Auffassung – und wir sind es mit ihm –, daß ein gesamtdeutscher, freiheitlicher, toleranter sozialer Rechtsstaat als gleichberechtigtes Glied eines in Freiheit zusammengeschlossenen Europa das Ziel aller unserer außenpolitischen Bemühungen sein muß. Ich möchte eine andere Überzeugung dieses bedeutenden Mannes in unsere Erinnerung rufen.

Auf dem Kölner CDU-Parteitag sagte Hermann Ehlers: »Der Hitlerstaat ist ebenso wie der Kommunismus ein legitimes Kind der Französischen Revolution, so sehr auch das Pathos der Freiheit gegen diese Erkenntnis stehen mag.«

In diesem Ausspruch verkörpert sich eine Staatsauffassung, die nicht nur den Kommunismus, sondern auch den marxistischen Sozialismus als die Früchte eines falschen Menschenbildes verwirft. Nur der Mensch, und zwar der konkrete Mensch – der Nächste –, darf Gegenstand der Politik sein, nicht aber irgendein Ideal, in dessen Dienst der Mensch so leicht zum Sklaven wird.

Hermann Ehlers war ein großer Humanist. Er liebte die Welt gerade um ihrer Vielfalt willen. Nichts lag ihm ferner, als Gegensätze aufheben zu wollen. Er zitierte gern das Wort Moeller van den Brucks: »Wir müssen die Kraft haben, in Gegensätzen zu leben.«

Signum seines Geistes war es, Gegensätze nicht als Feindschaft zu werten, sondern sie nebeneinander bestehen zu lassen. In diesem Sinne hat er seine parlamentarische Tätigkeit verstanden, in diesem Sinne hat er vier Jahre den Deutschen Bundestag geleitet.

Nun wende ich mich dem Thema zu, das mir gestellt worden ist. Ich möchte ein Wort Bismarcks voranstellen. Denn Ehlers verehrte diesen Mann, dessen von Lenbach porträtierter Kopf über seinem Schreibtisch im Bundeshaus hing. Bismarck hat die Politik einmal als »die Einordnung des Notwendigen in den Bereich des Möglichen« definiert. Der kluge, weil so realistische Gedanke gilt auch für moderne Kommunalpolitik. Das Bekenntnis zur kommunalen Selbstverwaltung gehört zu den Selbstverständlichkeiten des politischen Alltags in unserem Land. Es findet sich in den programmatischen Erklärungen aller Parteien, oft fast mit den gleichen Worten, wie in Artikel 28, Absatz 2 des Grundgesetzes: »Den Gemeinden muß das Recht gewährleistet sein, alle Angelegenheiten der örtlichen Gemeinschaft im Rahmen der Gesetze in eigener Verantwortung zu regeln.«

In dieser Formulierung sind zwei politische Leitgedanken enthalten: einmal der demokratische Grundsatz, daß sich politische Willensbildung von unten nach oben vollzieht; zum zweiten die Erfahrung, daß nur freie Gemeinden Grundlage eines freien Staates sein können. Auf dieser Erkenntnis beruhte das Steinsche Reformwerk. Sein Ziel war es, den Bürgern die Verwaltung ihrer Gemeinde in eigener Verantwortung zu übertragen.

Wenn heute, über hundertsiebzig Jahre nach den Steinschen Reformen, über bürgerschaftliche Mitbestimmung und bürgernahe Verwaltung diskutiert wird, so zeigt das nur, daß Ideal und Wirklichkeit inzwischen nicht selten auseinanderklaffen. Trotz Festschreibung im Grundgesetz und vieler guter Absichtserklärungen haben wir leider inzwischen einen Zustand erreicht, der verständlich macht, daß das Wort von der Staatsverdrossenheit auch in der Kommunalpolitik die Runde macht.

Allenthalben sind Gebietsreformen mit großem finanziellem Aufwand durchgeführt worden. In vielen Fällen haben sie allerdings kein anderes Ergebnis gebracht, als daß die Bürger nunmehr einen halben Tag benötigen, um zu den entsprechenden Ämtern zu gelangen. Unverständliche Formulare und durch Computer ausgedruckte Verwaltungsbescheide machen für den Bürger oft auch in seiner Gemeinde die Transparenz der Verwaltung zur Farce. Diese Beispiele machen deutlich, daß kommunale Selbstverwaltung, wenn sie wirksam und dem Bürger einsichtig sein soll, auf Verständlichkeit angewiesen ist. Aber nicht nur durch Reglementierung und Bürokratisierung ist die kommunale Selbstverwaltung heute bedroht. Zur Aushöhlung der gemeindlichen Eigenverantwortung führen zu einem nicht geringen Teil gesetzliche Bestimmungen des Landes und des Bundes. Zwar hat es in den letzten dreißig Jahren keinen spektakulären Einzeleingriff in das Selbstverwaltungsrecht gegeben, und doch haben eine Fülle von Vorschriften, vor allem im Planungsbereich und im Finanzwesen, den Gemeinden Zuständigkeiten entzogen. Diese Verlagerung muß über kurz oder lang den Punkt erreichen, an dem die Auszehrung der kommunalen Selbstverwaltung auch juristisch nachprüfbar und nachweisbar sein wird. Insbesondere die Fachplanungen zur Raumordnung haben durch verbindliche Festlegungen zu einer weitgehenden Einengung kommunaler Planungstätigkeit geführt.

Vielerorts bleibt den Stadtparlamenten nichts anderes übrig, als bei wichtigen Angelegenheiten der örtlichen Infrastruktur nur noch einen Grundsatzbeschluß über das »Ob« herbeizuführen, aber das »Wie«, manchmal sogar das »Wo« und das »Wann« der Durchführung anderen Stellen zu überlassen. Diese Entwicklung berührt den Kernbereich des Selbstverwaltungsrechts und ist angesichts ihrer einschneidenden Konsequenzen nicht mehr zu rechtfertigen. Die negativen Folgen dieser Entwicklung erfahren Kommunalpolitiker täglich. Die Planungszeiträume werden immer länger. Sie erreichen in einigen Bereichen bereits die Dauer eines Jahrzehnts. Die Konsequenz ist allzu häufig, daß vor Ausführung des Vorhabens Alternativplanungen durchgeführt werden, weil sich tatsächlich oder angeblich die Planungsvoraussetzungen geändert haben. Diese Methode birgt die Gefahr in sich, über ständigen Planungsänderungen und -diskussionen die Realisierung der Projekte zu vergessen. Es nimmt deshalb nicht wunder, wenn die so sichtbar demonstrierte Unfähigkeit der Verwaltung im planerischen Bereich, wobei die Verwaltung dafür nicht die Verantwortung trägt, Bürgerinitiativen auf den Plan ruft.

Wir wissen, daß solche Initiativen sehr oft von Sonderinteressen geleitet sind, die die Entscheidungsbefugnis der gewählten Stadtverordneten noch weiter einzuschränken versuchen. Ich möchte keinesfalls falsch verstanden werden: Ich bin kein Gegner von Bürgerinitiativen, die konstruktive Vorschläge erarbeiten. Es ist auch selbstverständlich legitim, Kritik an Verwaltungsentscheidungen zu üben. Mir liegt nur an der Feststellung, daß durch solche Interventionen die ohnehin schwieriger gewordenen Planungs- und Entscheidungsprozesse zusätzlich verlängert werden.

Der Bürger hat allerdings nicht nur Anspruch auf Anhörung und – wo nur möglich – Berücksichtigung seiner Interessen. Er hat auch Anspruch darauf, daß entschieden wird und die getroffenen Entscheidungen verwirklicht werden. Ich möchte auf ein weiteres Problem der gemeindlichen Selbstverwaltung eingehen – die kommunale Finanzausstattung. Sie war ja durch die Miquelsche Reform außergewöhnlich günstig. Aber sie ist zunehmend abgebaut worden. Die Entscheidungen von Bund und Ländern in der Folgezeit haben die Steuerhoheit der Gemeinden immer stärker ausgehöhlt. Heute ist die finanzielle Situation der Gemeinden durch einen immer stärker werdenden Ersatz der Einnahmeautonomie durch staatliche Zuweisungen gekennzeichnet.

Die unmittelbaren Steuereinnahmen resultieren heute im wesentlichen aus dem Gewerbesteueraufkommen, aus dem Grundsteueraufkommen sowie aus dem Gemeindeanteil an der Einkommensteuer. Die Gewerbesteuer ist die Haupteinnahmequelle an kommunalen Steuern.

Sie vor allem ist der Eckpfeiler der kommunalen Finanzautonomie. Gerade die Existenzberechtigung dieser Steuer wird jedoch schon seit Jahren angezweifelt. Ich bestreite nicht, daß die Forderung nach ihrem Wegfall aus der Sicht der Betroffenen durchaus ihre Berechtigung hat, da sie letztlich eine zusätzliche Einkommen- beziehungsweise Vermögenssteuer darstellt. Dennoch sollten wir uns im klaren darüber sein, daß den Kommunen durch Wegnahme der bedeutendsten Gemeindesteuer ein weiteres Stück kommunaler Selbstverwaltung entzogen wird. Sollte die Entwicklung in diese Richtung gehen, so wird man – nicht zuletzt im Hinblick auf die den Gemeinden durch das Grundgesetz eingeräumte Realsteuergarantie – die Frage nach einer verfassungsrechtlichen Überprüfung stellen müssen.

Noch wichtiger ist mir die folgende Feststellung: Es geht dabei nicht nur um den finanziellen Verlust der Kommunen. Noch schlimmer ist, daß mit einer Beseitigung der Gewerbesteuer das vitale Eigeninteresse der Gemeinden an den im eigenen Bereich ansässigen Unternehmen empfindlich getroffen würde. Die vitalen Beziehungen zwischen Betrieben und Kommunen würden aufgehoben. Vor einer Beseitigung der Gewerbesteuer nach Ertrag und Kapital kann man nur warnen. Wir sind an einem Punkt angekommen, wo die Politiker aller Parteien sich darüber klar werden müssen, was ihnen die kommunale Selbstverwaltung noch wert ist. Vielleicht hilft ihnen dabei eine Feststellung Tocquevilles vor über hundertfünfzig Jahren über den Zusammenhang zwischen Freiheit und kommunaler Selbstverwaltung. In seinem Buch über die Demokratie in Amerika schreibt der große französische Staatsphilosoph Alexis de Tocqueville: »Und doch ruht die Kraft der freien Völker in der Gemeinde. Die Gemeindeeinrichtungen sind für die Freiheit, was die Volksschulen für die Wissenschaften sind; sie machen sie dem Volke zugänglich; sie wekken in ihm den Geschmack an ihrem freiheitlichen Gebrauch und gewöhnen es daran. Ohne Gemeindeeinrichtungen kann sich ein Volk eine freie Regierung geben, aber den Geist der Freiheit besitzt es nicht.«

Mit meinen Bemerkungen zur Kommunalpolitik möchte ich gerne einen Beitrag für eine Politik leisten, die sich um eine realistische Einschätzung der bestehenden Situation bemüht. Eine solche Politik muß den Menschen zum Mittelpunkt haben, so wie er wirklich ist. Es geht um eine Politik, die auf das Bewahren und auf das Erneuern zielt, nicht um politischen Rigorismus, der nur noch Teilwahrheiten im Auge hat.

Dieses habe ich mir vorgenommen, als ich in mein Frankfurter Amt eingeführt wurde. Ich habe damals gesagt: Dies nenne ich Politik der Einsicht, der Verantwortung, Politik des Augenmaßes, also Politik der Mitte. Wir erleben heute die Politisierung und Polarisierung zu vieler Lebensbereiche. Diese Politik der Indoktrination und des politischen Extremismus müssen wir überwinden. Es muß eine Politik der Erneuerung aus dem Geist der Toleranz und der Liberalität sein. Ich möchte nicht mißverstanden werden: Damit meine ich keine Politik der Grundsatzlosigkeit, die auf feste Positionen verzichtet.

Gerade in unserer Zeit, in der wir so viel Unsicherheit, Unruhe, so viel Relativierung überkommener Überzeugungen erleben, müssen wir auch unseren Beitrag leisten, der den Menschen hilft, Gelassenheit und Glück zu finden. Das erreichen wir nur, indem wir fest zu jenen wenigen Grundsätzen stehen, die gestern so gültig waren, wie sie es heute noch sind und auch morgen noch sein werden. Ich sage es mit allem Freimut: Das Infragestellen, Problematisieren und Hinterfragen – wie immer die Begriffe heißen mögen –, all dies ist ganz wichtig. Aber einige müssen zum Schluß die Kraft der Entscheidung haben – wohl wissend, daß immer ein Rest an Fragwürdigkeit bleiben muß.

Unsere Welt lebt von beiden: vom Fragenden, der bewußt auf Antwort und Entscheidungen verzichtet, der nur sichtbar machen will; aber nicht weniger von dem Handelnden, der das Risiko des Fehlens und des – vielleicht sogar noch ungerechtfertigten – Verurteilens in Kauf nimmt. Ich möchte mit einem Zitat von Werner Beumelburg aus seinem Buch »100 Jahre sind wie ein Tag« schließen. Ich glaube dieses tun zu dürfen, weil ich annehme, daß Hermann Ehlers diesen Worten zustimmen würde. In einer erschütternden Auseinandersetzung zwischen dem Sohn, der sich von dieser Welt abwenden will, und dem lutherischen Generalsuperintendenten, der als Vater seinem Sohn entgegentritt, heißt es: »Wenn du der Lust der Augen und des Fleisches und der Hoffart des Lebens erst entsagen mußt, um ihnen nicht zu erliegen, so gleichst du dem Manne, der das Gute nicht zu tun wagt, weil er sich nicht die Kraft zutraut, es von dem Schlechten zu scheiden. Wenn du zu sündigen glaubst durch böse Gedanken, Begierden, Worte und Werke, so wisse, daß es eine größere Sünde gibt, das ist die Unterlassung des Guten, das zu verrichten du Gott schuldig bist.«

Rede anläßlich der Entgegennahme des Hermann-Ehlers-Preises am 12. Oktober 1979 in Oldenburg

Die Herausforderung Großstadt bewältigen

Mit dem kommunalpolitischen Situationsbericht, den ich heute erstatte, gebe ich ihnen einen Überblick über die Entwicklung unserer Stadt.

Von der bisherigen Übung, einer Darstellung der Arbeit in den einzelnen Dezernaten, will ich in diesem Jahr insofern abweichen, als ich mich in meinem mündlichen Vortrag auf einige wesentliche Fragen großstädtischer Kommunalpolitik beschränken will.

Welche wichtigen Maßnahmen wir im Laufe dieses Jahres in die Planung genommen, begonnen oder zum Abschluß gebracht haben, was in den einzelnen Dezernaten geleistet worden ist, finden Sie in dem schriftlichen Bericht, den ich Ihnen zur heutigen Sitzung vorgelegt habe.

Mir geht es heute um die grundsätzliche Frage, welche Zukunftschance die Großstadt Frankfurt am Main hat. Ich spreche bewußt von der »Großstadt« Frankfurt am Main. Denn die großstädtischen Entwicklungsmöglichkeiten sind in besonderem Maße problematisch geworden. Die Frage stellt sich heute ganz aktuell: Hat die Großstadt als Lebensform noch eine Zukunft? Welche Bedingungen müssen für die Existenz und für die Weiterentwicklung einer Großstadt gegeben sein?

Die Kritik an der Großstadt ist natürlich nicht völlig neu. John Ruskin zum Beispiel verband seine Kulturkritik mit der Kritik an den Städten und der industriellen Zivilisation schon Mitte des vergangenen Jahrhunderts. Seine Ansichten sind seither häufig von Lewis Mumford und anderen modernen Kulturkritikern wiederholt worden.

Die Hauptthese dieser Kritiker ist, daß in der Stadt, insbesondere in der Großstadt, alle sozialen Strukturen zerschmolzen werden, so daß sich hier das totale Chaos der modernen Industriezivilisation breitmacht. Der Großstadt wird eine gesellschaftliche Integrationsfunktion abgesprochen. Schon vor über hundert Jahren sprach Ruskin von London als der »großen ekelerregenden Stadt – ratternd, knurrend, rauchend, stinkend, – ein erschreckender Haufen von gärendem Mauerwerk, das aus allen Poren Gift ausströmen läßt«.

Inzwischen sind neue Vorstellungen, teils weltanschaulicher, teils sozialreformerischer Natur hinzugekommen, die sich alle mit dem vermeintlichen sozialen Chaos der großen Städte befassen. Und schließlich müssen wir zur Kenntnis nehmen, daß sich bei nicht wenigen Menschen in den letzten Jahren eine Grundstimmung verbreitet hat, die die Großstadt der Gegenwart mit ihren typischen Bedingungen ablehnt.

Die Ursachen für diese Einstellung sind schlagwortartig formuliert: die Sorge um eine immer weniger überschaubare technologische Entwicklung, die Angst vor immer mehr Abhängigkeit von technischen Systemen, ein Gefühl der Anonymität in der technischen Perfektion der Massengesellschaft einer Großstadt. Es ist dies vor allem eine antitechnische und damit rückwärtsgewandte Sehnsucht Rousseauscher Provenienz, der die Vision zugrunde liegt, der Mensch vor und jenseits seines Daseins in der Stadt sei besser gewesen. Er habe gesünder, problemloser und natürlicher gelebt. Der einzig menschenwürdige Zustand ist nach diesen Vorstellungen der Naturzustand, was immer das sein mag. Diese Stimmung hat sich in den letzten Jahren weiter verstärkt.

Die massive Kritik an der Großstadt von seiten vieler ihrer Bewohner ist eine Tatsache, an der kein Politiker heute vorbeikommt. Und eine Tatsache ist es auch, daß eine ungewöhnlich große Anzahl der Stadtbewohner praktische Konsequenzen aus dieser Kritik zieht. Ein Teil derer, die es sich ökonomisch und technisch leisten können, flieht aus der Stadt in eine Wohnweise, die weder ländlich noch großstädtisch ist.

So entstehen am äußersten Rand der Städte oder in noch

nicht eingemeindeten Randgebieten unzählige Einfamilienhäuser mit Gärten. Doch löst diese Flucht aus der Stadt das Problem nicht. Die Massenflucht verlängert die Wege zur Arbeitsstätte und vergrößert die Verkehrsmisere. Viele Menschen werden gezwungen, täglich zur Zeit des Berufsverkehrs viele Kilometer mit dem Auto zurückzulegen. Die Ausfallstraßen werden belastet. Die Siedlungsgebiete der Großstädte wuchern ziellos in die Landschaft, die sich zugleich immer weiter von den Zentren entfernt. Die Randgemeinden wachsen mit der Großstadt zusammen, ohne daß eine wirksame Planung dafür sorgt, daß ein Teil der Natur erhalten bleibt und ein anderer Teil des Bodens sich in wohlorganisiertes Stadtgebiet verwandelt.

Nach Paul Bahrdt entsteht so ein Circulus vitiosus: Die Großstadt wird vollends unerträglich, weil der Großstädter sie abschreibt. Aus vielen Diskussionen mit Bürgern wird klar, daß diejenigen, die die typischen Bedingungen einer Großstadt nicht länger hinnehmen wollen, sich letztlich über die Konsequenzen ihres Tuns keine Rechenschaft geben. Sie wollen Einzelerscheinungen beseitigen und machen sich dabei nicht klar, daß sie mit der Summe ihrer Forderungen letztlich die Voraussetzung großstädtischen Lebens und damit die Existenz der Großstadt selbst aufheben.

Natürlich verstehe ich die Sorgen vieler Menschen vor unserer hochtechnisierten sozialen Wirklichkeit mit ihren Beeinträchtigungen und Gefahren für Menschen und Umwelt, die wir bisher in diesem Ausmaß nicht kannten oder nicht zur Kenntnis genommen haben.

Der amerikanische Soziologe David Riesman hat die Ängste und Sehnsüchte der Menschen unserer Welt in seinem Buch »Die einsame Masse« eindrucksvoll geschildert. Großstadt heißt auch Enge, weniger Ruhe, Hektik und die Notwendigkeit, Belastungen hinzunehmen, die in Klein- und Mittelstädten oder gar in ländlichen Gebieten auch nicht annähernd so stark sind.

Für eine Großstadt ist charakteristisch, daß moderne Techniken in ungewöhnlichem Maße notwendig sind, um den komplizierten Organismus lebensfähig zu erhalten. Große Verkehrsströme des individuellen Verkehrs müssen gebündelt, d. h. leistungsfähige Straßen gebaut werden. Unterirdische Verkehrswege machen Entlüftung und Abgasvorrichtungen notwendig. Moderne, in dichter Taktfolge schnell verkehrende öffentliche Verkehrsmittel benötigen ein umfangreiches Infrastruktursystem. Belastungen für Menschen durch Verunreinigungen der Luft, Geräusche, Unruhe, Stationsbetrieb und so weiter sind die Folge. Ampelanlagen, Rolltreppen und Lifte erfordern die dauernde Aufmerksamkeit des Großstadtbewohners. Die psychische Belastung ist nicht zu leugnen.

Wer diese nur beispielhaft aufgeführten Merkmale großstädtischen Lebens beseitigen will, muß damit notwendigerweise auf die Großstadt als Lebensform verzichten.

Sind die Kritiker der Großstadt dazu wirklich bereit? Machen Sie sich eigentlich hinreichend klar, daß Wohlstand und soziale Sicherheit entscheidend von der modernen Großstadt abhängen?

Was vermöchte die hessische Landesregierung für strukturschwache Gebiete zu leisten, welche Finanzleistungen des Landes Hessen zugunsten des Zonenrandgebietes, Nord- und Oberhessens wären überhaupt möglich ohne den kommunalen Finanzausgleich, der nur durch die Steuerkraft und die Abgaben der Großstadt Frankfurt am Main zustande kommen kann? Wir halten nicht nur viele Infrastrukturmaßnahmen bereit, die nicht nur unseren Bürgern zugute kommen. Wir geben auch Finanzmittel unmittelbar ab, die das Land für andere Landesbereiche bereitstellt. Wir geben dem Land bei weitem mehr als wir bekommen.

Wenn es kein Handels-, Banken- und Dienstleistungszentrum wie Frankfurt am Main oder keine industriellen Ballungsräume wie in den Großstädten des Ruhrgebietes gäbe, wo, so frage ich die Großstadtkritiker, sollen die Arbeitsplätze angesiedelt werden, die die Voraussetzung für Wirtschaftswachstum und steigenden Wohlstand und damit auch für Sicherheit der Arbeitsplätze und soziale Absicherung nicht nur in der Stadt sind?

Wir können nicht einerseits die Vorteile einer arbeitsteiligen hochtechnisierten Gesellschaft verlangen und andererseits die damit verbundenen Belastungen ablehnen. Wer sich zum Beispiel gegen leistungsfähige Straßensysteme wendet, muß sich auch mit der Tatsache auseinandersetzen, daß in unserem demokratischen und freien Gemeinwesen ein großer Teil der Bürger sich frei für den privaten Besitz von Autos entschieden hat und vom Staat und den Kommunen verlangt, durch den Bau und Ausbau von Verkehrswegen die Voraussetzungen für eine relativ ungehinderte Mobilität zu schaffen. Auch der Ankauf von Autos ist ein Votum, in dem sich ein Anspruch gegenüber dem Staat ausdrückt. Es ist schizophren, wenn die gleichen Bürger von dem gleichen Staat verlangen, er möge sie vor den damit notwendig verbundenen Belastungen verschonen.

Das gleiche gilt im Hinblick auf die dem Staat und der Gesellschaft abverlangte Sicherung der Arbeitsplätze wie der sozialen Sicherheit schlechthin. Es ist intellektuell unredlich, gegen Kurzarbeit oder Freisetzung von Arbeitskräften in der Autoindustrie zu Felde zu ziehen und zugleich Forderungen zu erheben, deren Realisierung den Absatz von Fahrzeugen zumindest erheblich beeinträchtigen muß. Und wer sich gegen erforderliche Ausbaumaßnahmen eines Flughafens wendet, muß redlicherweise bereit sein, zugleich die erhebliche Beeinträchtigung und schließlich die Aufgabe jener Mobilität ausdrücklich in Kauf zu nehmen, die für Millionen von Mitbürgern aller sozialen Gruppen während der Urlaubszeit wie im Arbeitsleben zu einem Stück Lebensqualität geworden ist.

Über solche Konsequenzen der Kritik an der Großstadt und ihren typischen Erscheinungsformen muß man sich im klaren sein. Wir dürfen in einer Großstadt keine kleinstädtische Idylle wollen, weil wir damit unsere Gesellschaft, unsere Kultur und Zivilisation, ja uns selbst aufgeben.

Oswald Spengler schreibt im »Untergang des Abendlandes«: »Es ist eine ganz entscheidende und in ihrer vollen Bedeutung nie gewürdigte Tatsache, daß alle großen Kulturen Stadtkulturen sind... Weltgeschichte ist die Geschichte des Stadtmenschen. Völker, Staaten, Politik und Religion, alle Künste, alle Wissenschaften beruhen auf einem Urphänomen menschlichen Daseins: der Stadt... Die Stadt ist Geist, die Großstadt ist freier Geist.«

Auch Alexander Rüstow beschreibt im ersten Band seiner »Ortsbestimmung der Gegenwart« die Funktion der Stadt in der Geschichte der menschlichen Gesellschaft mit der einprägsamen Formulierung: »Die Stadt ist die Wachstumsspitze der Hochkulturen... Stadtbildung ist die unumgängliche notwendige Voraussetzung für die Entstehung jeder Hochkultur... Die Stadt ist das typische Produktionszentrum aller Hochkulturen... Alle Hochkultur ist Stadtkultur.«

Diese wenigen Sätze geben die Quintessenz der Stellung der Stadt in der menschlichen Geschichte wieder – sie ist, um mit dem englischen Romancier Henry James zu sprechen, das »vollständigste Kompendium der Welt«. Doch nicht nur ganz allgemein als Wiege und Träger menschlicher Kultur ist die Stadt unentbehrlich. Sie repräsentiert darüber hinaus Denkweisen und Lebensformen, ohne die wir das Mittelalter nie überwunden hätten und ohne die jede Zukunfts- und Weiterentwicklung undenkbar ist.

Man hat mit gutem Recht den geschichtlichen Ort der europäischen Rationalität in der Stadt gesucht. Man denke nur an die antike Polis oder an die Stadtkultur der italienischen Renaissance. Im 19. Jahrhundert wird die Stadt zur Geburtsstätte jener wissenschaftlich-industriellen Revolution, die unser Leben bis heute bestimmt. Seit dieser Zeit ist sie in hervorragendem Maße der Ort geistiger und sozialer Veränderungen, die man in Anlehnung an einen bekannten Ausdruck von Karl Mannheim als »Fundamentalaufklärung« bezeichnet hat. Sie wird zur Stätte jenes wissenschaftlichen Denkens, das die älteren Formen menschlichen Weltverständnisses durchbricht, dessen Zweck nicht die Ermittlung allgemeingültiger Sachaussagen, sondern die Legitimierung bestimmter Herrschaftsformen war.

Doch noch ein weiteres Verdienst der modernen Großstadt soll und darf hier nicht unerwähnt bleiben. Die Stadt ist nach

Max Weber »der Ort des Aufstiegs aus der Unfreiheit in die Freiheit« und damit in letzter Konsequenz auch die Geburtsstätte der modernen Demokratie. Aus diesen Tendenzen entwickelte sich eine spezifisch städtische Lebensform, die heute bestimmt ist durch Technik und Industrie, durch rational geplante Formen der Organisation und der Problemlösung, durch eine rasche Steigerung der Lebens- und Konsumansprüche sowie durch unterschiedlich thematisierte Tendenzen zur Verwirklichung demokratischen Lebens. Diese Lebensform Großstadt erfüllt trotz aller Kritik und Probleme nach wie vor ihre Aufgabe als Ort der kulturellen Integration.

Trotz der zunehmenden Kritik an der Entwurzelung und Heimatlosigkeit des Stadtmenschen vermitteln Städte wie London und Paris, Wien, München und San Francisco nach wie vor in beachtlichem Umfang das Gefühl des Zuhause für ihre Bewohner. Dies heißt konkret, die Großstadt hat eine Zukunft, wenn es uns gelingt, sie als lebendigen Organismus zu erhalten.

Dies für Frankfurt zu leisten, ist unser aller Aufgabe. Ich weiß, daß viele Bürger unserer Stadt sich nicht wie die Bürger von Düsseldorf oder München, von Florenz oder Straßburg mit Frankfurt identifizieren. Unserer Stadt ist es noch nicht wieder gelungen, ihre eigene Identität zu finden. Sie ist vom Kriege schwer getroffen. Sie hat in Stadtarchitektur und Stadtbild noch nicht wieder ihr eigenes Gesicht gefunden. Sie erscheint vielen Mitbürgern wie Besuchern oft nur als eine Anhäufung von Zweckbauten – als Verkehrsknotenpunkt und Handelsplatz, als Durchgangsstation, amorph und gesichtslos.

Unzureichende öffentliche Verkehrsanbindungen, ungebündelter Individualverkehr und fehlende Freiflächen werden daher störender empfunden als in anderen Städten, deren kulturelle Integrationsfähigkeit für Bewohner wie Besucher größer ist als in Frankfurt.

Ich bin mir im klaren darüber, daß diese Zustandsbeschreibung unserer Stadt nicht gerecht wird. Goethehaus und Römer, Paulskirche und Kaiserdom, das Städel und die Alte Oper sind natürlich Symbole der Identifikation. Dennoch macht gerade die Auseinandersetzung um die Alte Oper deutlich, welcher Nachholbedarf bei den Bürgern unserer Stadt an Identifikation und Heimatgefühl besteht.

Die Zukunft Frankfurts als Großstadt und als urbane Lebensform hängt davon ab, daß wir der Stadt eben jenes Gesicht geben, das viele vermissen. Das Gesicht einer Stadt wird nach Oswald Spengler bestimmt vom Geist der Plätze und Winkel, Abschlüsse und Durchblicke, der Brunnen und Denkmäler, der Kirchen, Bahnhöfe und Rathäuser. Das Gesicht einer modernen Großstadt wird jedoch auch von der Zahl und Art der Arbeitsplätze, der Wirtschaftskraft, der Leistungsfähigkeit des öffentlichen Nah- und Fernverkehrs und der umweltschonenden Bewältigung des Individualverkehrs geprägt.

Damit sind für Großkommunen typische Schwierigkeiten gegeben. Denn die Abwicklung der alltäglichen Vorgänge ist technisch schwieriger geworden. Dabei fehlt es nicht an Theorien und Vorschlägen, die geeignet sein können, unsere Großstädte in technischer Hinsicht wieder funktionsfähig zu machen.

Ein großes Problem besteht darin, daß sich die Planungszeiträume immer mehr vergrößern. Eine andere Schwierigkeit liegt ohne Zweifel in dem gerade in Großstädten nicht selten unterentwickelten Gemeinschaftsbewußtsein.

Edgar Salin hat davon gesprochen, daß »Urbanität nicht losgelöst zu denken ist von der aktiven Mitwirkung einer Stadtbürgerschaft am Stadtregiment«. Die entscheidende Frage für die Existenz von Urbanität sei daher heute, »die Stadt aus einer Agglomeration einer anonymen Masse wieder in einen lebendigen Organismus, in eine Gemeinschaft von Stadtbürgern zu verwandeln«.

Ich bin davon überzeugt, daß wir die Existenz der Großstadt und damit urbanes Leben nur dann sichern und entwickeln können, wenn es uns gelingt, die gefühlsmäßige Ablehnung großstädtischer Lebensformen mit ihren charakteristischen Erscheinungen zu reflektieren und dadurch zu überwinden. Das bedingt Konsens und bürgerliches Gemeinschaftsbewußtsein, und es erfordert kritische Rationalität, die allein zu Problemlösungen imstande ist. Wir müssen deshalb die die heutige Großstadt kennzeichnenden Mißstände als Herausforderung annehmen und rational planend zu bewältigen versuchen.

Das heißt in Frankfurt konkret: Der Ausbau des öffentlichen Nahverkehrs muß wie geplant kontinuierlich fortgesetzt werden, der Generalverkehrsplan muß beschlossen und die darin dann von der Stadtverordnetenversammlung festgelegten Trassenführungen auch verwirklicht werden.

Ein sinnvoll abgestimmtes Nebeneinander von öffentlichem Nahverkehr und Individualverkehr ist in Frankfurt wie in anderen Großstädten eine der wichtigsten Lebensvoraussetzungen des städtischen Organismus. Doch nicht nur die Verkehrsplanung, die Stadtplanung überhaupt muß auf eine neue, jedermann einsichtige rationale Grundlage gestellt werden.

Wir werden deshalb die unverbindliche Stadtteilentwicklungsplanung aufgeben und die Stadt mit einem Netz von rechtsgültigen Bebauungsplänen überziehen, in denen die vielfältigen Funktionen städtischen Lebens rechtsverbindlich festgeschrieben und damit auch überprüfbar sind. Die Aufspaltung der Stadtplanung in unverbindliche Stadtteilentwicklungspläne hat zu Rechtsunsicherheit, einer Bebauung mit Ausnahmegenehmigungen und damit zu einem ungeplanten, unorganischen Wachstum der Stadt geführt. Wohnviertel, Dienstleistungszentren und Industriegebiete entstanden eher zufällig, eine sinnvolle Verflechtung der Funktionen des Arbeitens, des Wohnens, der Freizeit und der zwischenmenschlichen Kommunikation fand planerisch nicht mehr statt.

Dies hatte besonders verhängnisvolle Folgen für die City und die citynahen Wohngebiete. Die Funktion der Innenstadt als Schauplatz des öffentlichen Lebens ging verloren, ein Verlust an städtischer Atmosphäre war die Folge.

Auch die Lebendigkeit der früheren Städte beruhte auf der örtlichen Einheit von Wohnen, Arbeiten und Erholung, wie sie noch heute in historischen Stadtkernen deutlich zum Ausdruck kommt. Wo, wie in Frankfurt, die City den Bomben zum Opfer fiel, können Überschaubarkeit und Individualität nur durch sinnvolle Planung wiederhergestellt werden. Es darf nicht, wie Edgar Salin zu Recht sagte, die »Entballung« der Städte stattfinden.

Unsere vordringliche Aufgabe besteht darin, »ihre Aushöhlung« zu verhindern. Nicht die Auflösung der Stadt schafft eine neue Form, sondern nur die Stärkung des Kerns vermag bis in die äußersten Bezirke ein neues Leben auszustrahlen. Daran arbeiten wir in Frankfurt am Main mit aller Kraft.

Der Wiederaufbau der historischen Ostzeile auf dem Römerberg, der Wiederaufbau der Alten Oper, die Einrichtung des Museumsparks, die Umgestaltung der B-Ebene und die Schaffung verkehrsfreier Einkaufszonen, wie auf der Zeil, sind Schritte in dieser Richtung.

Rationale Stadtplanung heißt aber auch: eine klare Funktionsbestimmung für die citynahen Wohngebiete. Hier gilt es jenen unseligen Kreislauf zu durchbrechen, durch den mit Hilfe von Ausnahmegenehmigungen Wohnhäuser in Büro- und Geschäftshäuser umgewandelt wurden, was wiederum den Wegzug anderer Bewohner zur Folge hatte. Das ist auch einer der Gründe für die starke Umweltbelastung.

Zur Illustration sei hier nur auf das Westend verwiesen, wo im Verlauf der letzten zehn Jahre mit dem Mittel der Ausnahmegenehmigung ein Dienstleistungszentrum geschaffen wurde, das den Charakter dieses Wohnviertels durch die damit verbundenen Umweltbelastungen fast völlig zerstörte. Verkehrsbündelung und rechtsverbindliche Bauleitplanung können jedoch Umweltbelastungen auf jenes Maß reduzieren, das großstadttypisch und daher unvermeidbar, aber auch erträglich und zumutbar ist.

Im Rahmen der vorgesehenen Bauleitplanung werden wir neue Wohngebiete ausweisen und alte sanieren. Die Bebauung von Seckbach Nord, die Sanierung Bockenheims und der Walter-Kolb-Straße sind Anfänge einer konsequenten Revitalisierung Frankfurts als Wohnstadt. Hierzu gehört auch die Schaffung neuer Frei- und Grünflächen, die ebenfalls nur durch eine verbindliche Bauleitplanung in Bestand und Funktion erhalten werden können.

Ich bin mir bewußt, daß die Verwirklichung der hier angedeuteten Gesamtplanung der breiten Zustimmung unserer Bürger bedarf. Es ist notwendig, die komplexen Lebensbedürfnisse, Motive und Verhaltensweisen der in einer Stadt lebenden Menschen bei jeder Planung zu berücksichtigen. Planung darf nicht autoritär sein, sie muß für die Betroffenen einsichtig und ihren Ansprüchen und Erfahrungen gegenüber offen sein. Das Auseinanderklaffen von technischem und sozialem Wissen in unserer industriellen Großgesellschaft muß überwunden werden.

Die Bürgertugend, der Gemeinschaftssinn, von dem ich vorhin gesprochen habe, verlangt nicht nur Anstrengungen von den Bürgern, sondern vor allem von uns, denen die Verantwortung für unsere Stadt übertragen wurde.

Wir müssen deswegen Mittel und Wege finden, die Bürger an den Planungen zu beteiligen, ohne daß der Planungszeitraum verlängert oder das Partikularinteresse über das Gesamtinteresse gestellt wird. Aber ich sage mit aller Klarheit: Nach den notwendigen Anhörungen und Diskussionen muß entschieden werden. Denn auch darauf haben unsere Bürger einen Anspruch.

Ich möchte hier noch einmal die beiden für eine großstädtische Kommunalpolitik unabdingbaren Voraussetzungen wiederholen: Problemlösung mittels kritischer Rationalität und Stärkung eines dem Gemeinwohl verpflichteten demokratischen Bewußtseins unserer Bürger. Nur wenn alle Bürger das Gesamtinteresse im Auge behalten, wird es möglich sein, Bürgerbeteiligung und effiziente Planung zu vereinen.

In seinem Werk über die Demokratie in Amerika hat Alexis de Tocqueville vor einer Entwicklung gewarnt, an deren Ende er den modernen Menschen folgendermaßen sah: »Ich sehe eine unübersehbare Menge ähnlicher und gleicher Menschen, die sich rastlos um sich selber drehen, um sich kleine und gewöhnliche Freuden zu verschaffen, die ihr Herz ausfüllen.

Jeder von ihnen ist, ganz auf sich zurückgezogen, dem

Schicksal aller anderen gegenüber wie unbeteiligt, seine Kinder und seine besonderen Freunde sind für ihn die ganze Menschheit. Was seine übrigen Mitbürger angeht, so ist er zwar bei ihnen, aber er sieht sie nicht.«

Wovor Tocqueville hier vor über hundertfünfzig Jahren die demokratischen Gemeinwesen warnte, das ist in manchen Bürgerinitiativen heute deutlich sichtbar. Damit ich hier nicht falsch verstanden werde: Ich bin kein grundsätzlicher Gegner von Bürgerinitiativen, vor allem dann nicht, wenn sie Planungsfehler korrigieren, Planungen vermenschlichen und sich für das Gesamtinteresse engagieren.

Ich bin allerdings mit Tocqueville gegen jene Bürgerinitiativen, die nur die Probleme ihres Stadtteils sehen und manchmal nach dem St. Florians-Prinzip Lösungen zu Lasten anderer erstreben.

Ich komme auf einen Gedanken zurück, den ich bereits angesprochen habe: Vielen Bürgern fällt es schwer, sich mit Frankfurt zu identifizieren. Sie vermissen noch immer ein unverwechselbares Gesicht ihrer Stadt.

Wenn es uns gelingt – und dies ist das Ziel unserer Politik –, Frankfurt wieder jene unverwechselbare Identität zu geben, die es vor dem Krieg besaß, werden sich auch die Bürger wieder mehr mit dem Interesse der Gesamtstadt identifizieren und nicht nur mit dem jeweiligen Interesse ihres Stadtteils.

Wer daher die Alte Oper, die Bundesgartenschau, das Gartenhallenbad, die Dom-Römerberg-Bebauung, Eissporthalle, den Museumspark oder den Ausbau des Palmengartens als Prestigeobjekte abtut und statt dessen nur die Kleininfrastruktur – wie Verbesserung der Fußwege, des Straßenüberzugs oder Ausweisung von Kleingartengelände – fordert, bewegt sich genau in die Richtung, die zum Stadtteil als Kleinstadt führt und die Großstadt als Lebensform ablösen möchte.

Ich möchte in diesem Zusammenhang auch auf die Kritik eingehen, die an einigen kulturellen Großprojekten dieser Stadt geübt wird. Kritische Stimmen hat es in letzter Zeit besonders zu den Kosten für die Alte Oper, zu dem geplanten Museumspark und zu den Subventionen für die städtischen

Bühnen gegeben. Es ist hier nicht der Ort, sich mit der Berechtigung dieser oder jener Ausgabe auseinanderzusetzen; nur so viel lassen Sie mich sagen:

Gerade die Zukunft Frankfurts als eines lebendigen sozialen Organismus hängt entscheidend von der kulturellen Bedeutung unserer Stadt ab. Ich habe bereits früher betont, daß Kulturpolitik ein, wenn nicht das Ferment der Kommunalpolitik ist. Sie trägt entscheidend zur Identität, zum Gesicht einer Stadt bei, und wenn wir uns fragen, was wir von der Kunst haben, so hat der Kritiker Günther Rühle in einem Plädoyer für das Stadttheater und seine Notwendigkeit die Frage vor kurzem mit dem Hinweis darauf zu beantworten versucht, daß sich im Theater ein Sinn ausbilden lasse, für den es sonst nur wenig Schulung gebe: der im Alltag meist verdeckte Sinn für die dramatische Struktur des Lebens.

Von der bildenden Kunst hat Peter Iden kürzlich in Marburg gesagt, daß sie einen Begriff davon gebe, daß es neben der praktischen Realität unseres Lebens immer noch andere Wirklichkeiten gibt, anders aufgebaut und gegliedert und dennoch: Wirklichkeit. Wenn wir uns diese Erfahrungen erhalten wollen – und wo anders als in der Großstadt könnte der Ort dafür sein –, so müssen wir ja sagen zu einer mäzenatischen Förderung der Kunst durch die öffentliche Hand.

Ich bin mir natürlich im klaren darüber, daß hier ein Zielkonflikt besteht. Die finanziellen Ressourcen unserer Stadt sind nicht unerschöpflich, und der Kämmerer hat in seiner Haushaltsrede deutlich gemacht, welche Folgen das Steueränderungsgesetz 1979 für die kommunalen Finanzen gehabt hat. Museen, Theater, Sportstätten, sie alle können nicht kostendeckend arbeiten. Sie werden uns auch nach ihrer Fertigstellung Geld kosten, Geld aus Steuermitteln.

Wollten wir kostendeckende Eintrittspreise für alle diese Institutionen verlangen, so stünde ein großer Teil der Frankfurter Bevölkerung draußen. Die wenigsten wären in der Lage, rund hundert Mark für einen Theaterplatz aufzubringen. Das gilt übrigens nicht nur für die von mir genannten

Institute, sondern bekanntlich auch für den Verkehrsverbund, das heißt für Bus- und S-Bahn-Preise.

Ich wäre fast geneigt zu sagen, daß wir hier schon ein Stück Sozialpolitik verwirklichen, und zwar in dem Sinne der Teilhabe möglichst vieler an dem sozialen und kulturellen Angebot der Großstadt.

Wir alle machen uns manchmal nicht klar, in welchem Umfang die Gemeinde inzwischen Vorsorgeeinrichtungen zur Verfügung stellt.

Von Sidney Webb, einem der Gründer des britischen Sozialismus, gibt es jene ergötzliche Schilderung einer englischen Stadt am Ende des vorigen Jahrhunderts. Da geht ein individualistisch und jeder öffentlichen Daseinsvorsorge gegenüber kritisch eingestellter Stadtrat auf dem städtischen Trottoir spazieren, das von städtischem Licht beleuchtet und von städtischen Besen mit städtischem Wasser gereinigt wird; er sieht auf der städtischen Uhr am städtischen Markt, daß es noch zu früh ist, um seine Kinder zu treffen, die von der städtischen Schule kommen, welche neben dem städtischen Spital liegt. Da benützt er das staatliche Telegraphensystem, um ihnen mitzuteilen, nicht durch den städtischen Park zu gehen, sondern die städtische Tramway zu benützen, um sich mit ihnen im städtischen Lesesaal, nahe dem städtischen Museum und der städtischen Kunstgalerie, zu treffen, wo er einige staatliche Publikationen nachsehen möchte, um sich für seine nächste Rede im städtischen Rathaus vorzubereiten, in der er gegen eine Erhöhung der kommunalen Steuern zu sprechen gedenkt.

Diese Geschichte illustriert eine auch heute weitverbreitete Einstellung vieler Bürger. Sie erwarten alles von der Gemeinde. Selbsthilfe im sozialen Bereich und privates Mäzenatentum, einst Tugenden gerade in Frankfurt – ich erinnere hier nur beispielhaft an die Rothschildschen karitativen Einrichtungen und die Städelsche Stiftung –, werden kaum noch geübt.

Man erwartet Daseinsvorsorge durch die öffentliche Hand auch dort, wo freie Träger diese Aufgaben sparsamer und leistungsgerechter erfüllen könnten. Die freie Organisation sollte im Zweifelsfall stets den Vortritt vor dem Beamtenapparat haben. Dieses von Friedrich Naumann formulierte Postulat einer liberalen Sozialpolitik gilt für alle Bereiche öffentlicher Leistungen.

Das Prinzip der Subsidiarität der öffentlichen Hand erlaubt es, die vorhandenen Mittel des Sozialetats auf soziale Brennpunkte zu konzentrieren, wie etwa Hilfen für Pflegekinder, Hilfen für Jugendliche in Stadtteilen mit unzureichender sozialer Infrastruktur, für kinderreiche Familien oder zur Integration ausländischer Mitbürger. Nur so ist es möglich, die Funktion Frankfurts als eines Ortes der sozialen Integration zu erhalten.

Wenn wir hier über die Zukunft des Gebildes Großstadt nachdenken, so ist es notwendig, sich auch einige Gedanken über die Bevölkerungsstruktur unserer Stadt zu machen. Verkehrsplanung und Wohnraumversorgung haben – wie wir in der Vergangenheit gesehen haben – direkten Einfluß auf die Zusammensetzung unserer Bevölkerung.

In seiner Begründung des Aufstellungsbeschlusses für Seckbach Nord hat Stadtrat Dr. Küppers eine Entwicklung dargestellt, die er mit der prägnanten Formulierung umriß, die Stadt Frankfurt sei dabei, zur Stadt der vier großen A's zu werden: Arme, Alte, Ausländer und Auszubildende. Daß es eine solche Entwicklung gibt, ist nicht zu leugnen. Während einerseits die aktive Wohnbevölkerung die Innenstadt verläßt – der Wanderungsverlust betrug in den letzten zehn Jahren 44400 –, wächst der Anteil der Ausländer. Mehr als 120000 offiziell registrierte Ausländer von 640000 Einwohnern belegen dies höchst anschaulich.

Die Abwanderung der aktiven Wohnbevölkerung aus der City ist keine Frankfurter Einzelerscheinung. Sie ist in anderen Ballungsräumen der Bundesrepublik ebenfalls zu beobachten, wenngleich nicht mit der für Frankfurt typischen Intensität. Wenn Kulturkritiker daraus auf das Ende der großen Metropolen schließen, so halte ich das für eine voreilige Schlußfolgerung.

Denn auch diese Entwicklung hat historische Vorläufer,

ohne daß der schon damals vorausgesagte Tod der Großstadt wirklich eingetreten ist. Wenn wir heute Hogarths »Gin Lane« betrachten, Disraelis »Sybil« oder Zolas »Bauch von Paris« lesen, so werden wir finden, daß die sozialen Gegensätze in der Stadt und die soziale Deformierung einzelner Stadtteile im London des 18. und im Paris des 19. Jahrhunderts größer waren als heute.

Ich möchte mit dieser Feststellung die Gefahren nicht verniedlichen, und das Beispiel New Yorks zeigt uns anschaulich, daß ganze Stadtteile in der Tat funktionsunfähig werden können und absterben. Doch ist diese Entwicklung nicht zwangsläufig. Auch hier dürfen wir eine sichtbar werdende soziale Desorganisation nicht resignierend hinnehmen, vielmehr müssen wir nach rationalen Lösungen suchen.

In der Ausländerpolitik wird es in Zukunft notwendig sein, von der bisher vorherrschend arbeitsmarktpolitischen Orientierung Abschied zu nehmen. Wir werden die integrativen Maßnahmen, vor allem für Kinder und Jugendliche im Bereich der Vorschule, der Schule und der beruflichen Bildung, erheblich intensivieren müssen.

Dabei werden wir zwischen jenen ausländischen Arbeitnehmern zu unterscheiden haben, die auf Dauer unsere Mitbürger sein werden, und jenen, die eine Rückkehr in ihr Heimatland beabsichtigen. Gerade für die letzteren ist es notwendig, daß sie nicht von den kulturellen Wurzeln ihres Herkunftslandes abgeschnitten werden. Daraus folgt, daß wir für diese Personengruppe ein zweisprachiges Bildungsangebot aufrechterhalten müssen.

Bei der Sanierung von Gebieten mit einem hohen ausländischen Bevölkerungsanteil wird es darauf ankommen, die Sozialstruktur möglichst zu erhalten und die gewachsenen Beziehungen nicht zu zerstören.

Der Frankfurter Soziologe Alexander Mitscherlich hat vor einigen Jahren in seinem berühmt gewordenen Buch »die Unwirtlichkeit unserer Städte« beschworen. Das Erscheinen dieses Buches fiel in die Zeit jener ungeplanten Strukturveränderungen der deutschen Nachkriegsstädte, die ihren Bewohnern ein wachsendes Gefühl der Entfremdung und Unbehaustheit vermittelten.

Ich bin der Auffassung, daß diese Epoche der Stadtgeschichte ihrem Ende entgegengeht. Wie der menschenfeindliche Funktionalismus in der Nachfolge der Bauhaus-Architektur inzwischen überwunden wird, so auch jene Vorstellung von der Stadt als bloßem Wirtschafts- und Dienstleistungszentrum, die die Nachkriegszeit beherrschte. Wir müssen uns wieder darauf besinnen, daß die Stadt mehr ist als eine Ansammlung von Menschen, Gebäuden und Verkehrswegen. Die Stadt ist eine weltgeschichtliche Idee. Sie ist ein kultureller Organismus, den in seiner Funktionsfähigkeit zu bewahren unsere vornehmste Aufgabe sein muß. Dies erfordert von uns rationales Denken und Handeln.

Denn noch immer gilt, was Karl Mannheim 1933 über unsere Zukunft sagte: »Unsere gegenwärtige Gesellschaftsordnung muß zusammenbrechen, wenn die rationale Menschenbeherrschung und Selbstbeherrschung nicht mit der technischen Entwicklung Schritt hält.«

Ich bin sicher, daß Frankfurt am Main nicht am Ende ist, sondern vor einer großen Zukunft steht, wenn wir dies nur mit aller Kraft wollen.

Kommunalpolitischer Situationsbericht für 1979 vor der Stadtverordnetenversammlung von Frankfurt am Main am 13. Dezember 1979

Das Gymnasium – eine demokratische Bildungseinrichtung

Hundertfünfundzwanzig Jahre sind eine lange Zeit. Nicht nur in der Geschichte einer so traditionsreichen Schule wie der Liebig-Schule, sondern auch in der Geschichte unseres Volkes. Im Jahre 1855 lebte Deutschland noch nach der auf dem Wiener Kongreß geschaffenen Ordnung; die Reichseinigung lag noch in ferner Zukunft. Nach zwei Weltkriegen, der Zerstörung des Deutschen Reiches und der Teilung unseres Vaterlandes ist es schwer, besonders für junge Menschen, sich dieses Jahr 1855 – das Gründungsjahr der Liebig-Schule – zu vergegenwärtigen.

Anders als unsere französischen und englischen Nachbarn leben wir nicht in einer geschichtlichen Tradition, da es kein Kontinuum in der deutschen Geschichte gibt. Tradition und Kontinuität verknüpfen sich für uns deshalb viel mehr als für andere Völker mit einzelnen Institutionen.

So stellt das Jubiläum einer Schule eben jene geschichtliche Kontinuität her, die wir im öffentlichen Leben so bitter vermissen. Die Erinnerung an die Ursprünge hilft uns, jene kulturelle und geistige Identität zu bewahren, zu der das deutsche Gymnasium mit seiner humanistischen Tradition so viel beigetragen hat. Die Geschichte der Liebig-Schule ist – mit ihren Höhen und Tiefen – eine typische Geschichte. In ihr spiegelt sich die Entwicklung jener »späten Nation« wider, als die wir Deutsche so oft apostrophiert werden.

Sozusagen verordnet von der kurhessischen Regierung im Jahre 1855, wurde die damalige Bürgerschule zu einem geistigen Zentrum der zunächst selbständigen, später in der Stadt Frankfurt aufgegangenen Gemeinde Bockenheim. Zu Beginn ein ungeliebtes Kind, wurde die Schule doch bald von den Bürgern angenommen und mit einem heute kaum mehr vorstellbaren Idealismus auf- und ausgebaut. Der Bienenkorb als gemeinsames Wappen der Stadt Bockenheim und der neuen Schule war nicht nur Zeichen für die enge Verflechtung des kleinen Gemeinwesens mit der Schule, sondern auch Symbol für den Geist eines strebsamen, auf die Praxis gerichteten Fleißes, der sich in liberaler Gesittung ausdrückte.

1877 – das seit 1866 preußische Kurhessen und Frankfurt waren inzwischen Teil des neugegründeten Reiches – erwarb die Schule den Rang einer Realschule. Das heißt, die »reale«, auf die Bewährung im praktischen Leben, in Handel, Gewerbe und Industrie ausgerichtete Bildung erhielt gleichen Rang neben der humanistischen. In den folgenden Jahren kamen die modernen Fremdsprachen und eine vorbildliche naturwissenschaftliche Bildung hinzu, was der Schule, die seit 1898 den Namen des großen Chemikers Justus von Liebig trug, den Ruf als eine der modernsten und fortschrittlichsten Schulen weit über die Stadtgrenzen Frankfurts hinaus einbrachte.

Die Liebig-Schule war während ihres hundertfünfundzwanzigjährigen Bestehens immer eine offene Schule, die das humanistische Erbe nicht nur verwaltete, sondern es für die technisch-industrielle Welt praktisch nutzbar zu machen suchte. Der Vorwurf, den man gerade in jüngster Zeit vielen Gymnasien gemacht hat, nämlich Standesschulen zu sein, traf auf die Liebig-Schule nie zu. Das wissenschaftliche und pädagogische Selbstverständnis sowie ihre Einbindung in die soziale Struktur Bockenheims haben diese Schule von Anfang an zu einer Schule für alle gemacht. Dies ist sie bis heute geblieben. Es war deshalb für Kollegium und Elternschaft der Liebig-Schule eine Selbstverständlichkeit, sich der bildungspolitischen Auseinandersetzung um den Wert des Gymnasiums in einer demokratischen Gesellschaft zu stellen. Geschichte und Entwicklung ihrer Schule waren die besten Argumente. Bildung hat hier nie der Konservierung von Statussymbolen gedient. Sie war immer Einübung eines nachdenklichen Umgangs mit den Phänomenen der eigenen Kultur. Deshalb kann ich mir die Zukunft unserer freiheitlichen Ordnung auch nicht ohne das Fortwirken des Gymnasiums vorstellen.

Kritik an diesem Bildungsinstitut war in den letzten Jahren wohlfeil. Ein Hemmnis auf dem Wege zur demokratischen Bildungsgesellschaft, ein vordemokratisches, vorindustrielles Relikt, wurde seine gesellschafts- und bildungspolitische Überständigkeit von den verschiedensten Bildungsreformen beschworen. Dies hat sich inzwischen geändert. Die hemmungslose Verwerfung ist nachdenklicheren Tönen gewichen, wie sie sich bei Hans Paul Bahrdt im Augustheft des »Merkur« finden. Auch viele Kritiker räumen heute ein, daß der vom Gymnasium vermittelte humanistische Bildungskanon wesentlich für die Vermittlung einer politischen Bildung in der Demokratie ist. Und auch der andere Vorwurf, daß das Bildungsideal des deutschen Gymnasiums keine adäquate Antwort mehr auf eine sich zunehmend differenzierende, arbeitsteilige Gesellschaft sei, hat viel von seinem bildungsreformerischen Impetus eingebüßt.

Auch viele Kritiker des Gymnasiums sehen heute, daß diese Institution mit ihrem auf Humboldt zurückgehenden Bildungsideal, den Geist an wenigen Gegenständen möglichst vielseitig auszubilden, sehr wohl eine adäquate Antwort auf die Herausforderung unserer technischen Zivilisation darstellt. Der Pädagoge Hartmut von Hentig hat kürzlich zu Recht davon gesprochen, daß Bildung nie im Wissen alles Wißbaren oder auch nur Wissenswerten bestanden hat. Bildung hatte immer etwas mit der Auswahl von Erkenntnissen und Erkenntnismethoden, die für die Kultur der Epoche bedeutungsvoll waren, zu tun.

Gerade in einer Zeit, in der übertriebene Spezialisierung zu Aufsplitterung und Zusammenhanglosigkeit im Bereich der Bildung geführt haben, ist es notwendig, das verlorengegangene »geistige Band« wiederherzustellen. Für diese Aufgabe, den Zerfall unserer Gesellschaft in getrennte, einander verständnislos gegenüberstehende Kulturen aufzuhalten, ist das deutsche Gymnasium – so meine ich – noch immer am besten gerüstet. Ich möchte nicht falsch verstanden werden: Dies ist kein Plädoyer für oder gegen eine bestimmte Schulform; dies ist ein Plädoyer für ein Bildungsideal, das ich persönlich im Gymnasium am besten aufgehoben glaube. Dies heißt nicht, die Entwicklung anderer Schulformen abzuschneiden, doch glaube ich, daß wir es uns nicht leisten können, das Bewährte ohne Not aufzugeben.

Manche unserer Bildungsreformer haben in der Vergangenheit die Ausbildung eines platten *common sense* für wichtiger gehalten als literarisches Wissen oder, wie Botho Strauß es in seinem letzten Roman ausgedrückt hat: »Statt Geschichte und Entziffern von Kulturen lernen sie vernünftig fernzusehen.«

Ich halte dies für einen Irrweg. Eine demokratische Kultur bedarf zum Überleben des Wissens um ihre Ursprünge. Wer dies leugnet, leugnet das Wesen der Kultur. Wir werden deshalb auch in Zukunft dafür eintreten, daß das Gymnasium gleichberechtigt neben anderen Schulformen ein wesentlicher Bestandteil unseres Bildungssystems bleibt. Ziel einer an Wahlfreiheit und Elternwillen orientierten Bildungspolitik muß es sein, die Vielfalt unseres Schulwesens zu erhalten und ein bedarfsgerechtes, gegliedertes, die Durchlässigkeit förderndes System schulischer Einrichtungen zur Verfügung zu stellen.

Nur eine solche Politik ist unserem Verständnis von Freiheit vereinbar.

Rede anläßlich des hundertfünfundzwanzigjährigen Bestehens der Liebig-Schule am 18. Oktober 1980 in Frankfurt am Main.

Frankfurt – ein Wintermärchen
(frei nach Heinrich Heine)

Im fröhlichen Fastnachtsmonat war's,
die Tage wurden schon heller,
vom Römerberg schallte ein kräftig »Helau«,
da saß ich im Römerkeller.

Und als ich dem letzten Glas Ebbelwoi
so recht auf den Grund geblickt,
da merkt' ich, wie mir ein älterer Herr
ganz sacht auf die Schulter getippt.

Und als ich näher hingeschaut,
da kam ich in große Nöte:
denn vor mir stand im Reisekleid
der alte Geheimrat von Goethe!

»Herr Wallmann«, sagte er zu mir,
»Ihr solltet Euch was schämen,
Ihr sitzt hier unten beim Ebbelwoi
statt Euch um die Stadt zu grämen!

Denn was aus der geworden ist,
seit ich nicht hier gewesen,
das hab' ich zu meinem großen Verdruß
in der Frankfurter Rundschau gelesen.

Die Stadt ist ein Babel, die Menschen sind krank,
die Häuser wachsen zum Himmel,
die Fuhrwerke machen zu viel Gestank,
in den Straßen ein Völkergewimmel.

Ich hör', die Leute wohnen schon
im Taunus statt in Frankfurt,
und in der Rundschau las ich gar,
man nenne die Stadt jetzt ›Krankfurt‹!«

»Herr von Goethe«, sagt' ich, »mit allem Respekt,
Ihr lest wohl die falsche Zeitung!
Ihr solltet Euch umschau'n in der Stadt,
und zwar mit der richt'gen Begleitung!

Ich kenne die Weise, ich kenne den Text,
ich kenn' auch die Herren Verfasser,
sie gießen in unseren Frankfurter Wein
ihr garstig' politisches Wasser!

Ich zeig' Euch, habt Ihr noch so viel Zeit,
die Stadt in *neuem* Gewande –
ist alles erst fertig, so wird sie gewiß
die schönste im Hessenlande.«

Wir traten hinaus auf den Römerberg,
der einst die Kaiser gesehen,
und der alte Geheimrat berichtete mir,
was zu *seiner* Zeit hier geschehen.

Er vermißte die Häuser, die einst er gekannt,
den »Stern«, den »Greifen«, die »Waage«,
und warum wir nicht längst sie neu aufgebaut,
kam seine gestrenge Frage.

»Herr von Goethe«, bemerkt' ich, »gemach, gemach,
gut Ding will haben Weile,
doch wenn Ihr kommt das nächste Mal,
dann steht die historische Zeile!«

Über'n Paulsplatz nahmen wir unseren Weg,
es vermischte sich Neues mit Altem,
und Herr von Goethe fragte gespannt,
wie wir's mit der Hauptwache halten.

Ich zeigte sie ihm in alter Pracht,
und was wir darunter gestaltet,
und U-Bahn und S-Bahn – er war sehr erstaunt,
daß Pferd und Wagen veraltet.

Die Freßgass' war dem alten Herrn
ein gar zu großes Vergnügen,
er war von den Fenstern und was da zu seh'n
fast gar nicht wegzukriegen.

»Da kenn' ich«, rief er, »doch meine Stadt,
gut wirtschaften konnt' sie schon immer!
In Weimar haben wir leider davon,
noch immer keinen Schimmer ...«

So kamen wir schließlich zum Alten Haus,
das Goethe noch niemals geschauet,
das Ganze erschien ihm doch sehr modern
und nach seiner Zeit gebauet.

Doch als er sein eigenes Denkmal sah,
da rief er sichtlich beweget:
»Ich seh', daß Ihr auf Tradition
auch heut' noch einiges gebet!«

»Das alles hat Frankfurter Bürgersinn
in wenigen Jahren errichtet
und damit die Stadt gesund gemacht«,
so habe ich Goethe berichtet.

Der alte Herr sah mich freundlich an
– er wurde zunehmend heiter –
und klopfte auf die Schulter mir:
»Dann macht mal in Frankfurt so weiter!«

Gedicht zu Fastnacht 1981
(3. März 1981)

Heinz Herbert Karry – ein vorbildlicher Demokrat und ein großer Patriot

Als am Montag früh (11. Mai 1981) über den Rundfunk die Ermordung unserers Mitbürgers, des Staatsministers Heinz Herbert Karry bekannt wurde, da verbreitete sich die schlimme Nachricht wie ein Lauffeuer durch die ganze Stadt. In den Straßen, in Geschäften und am Arbeitsplatz konnte man es geradezu körperlich spüren, wie aufgewühlt die Menschen reagierten: ungläubiges Entsetzen, Sprachlosigkeit, Niedergeschlagenheit und Trauer. Wir alle wissen: nicht nur die Menschen in unserer Stadt waren erschüttert. Im ganzen Land und wohl auch darüber hinaus bewegte viele Trauer um den Tod dieses Mannes und Abscheu gegenüber der gemeinen heimtükkischen Tat.

Wir wissen auch, daß der Tod eines Menschen immer Leid und Not bedeutet. Aber der Tod eines Menschen, den wir kennen, der uns nahesteht, trifft uns doch tiefer. Wir fühlen uns selbst dem Schicksal mit ausgeliefert, wenn einer für immer von uns gehen muß, der mit uns lebte und zu uns gehörte.

Der Staatsminister Heinz Herbert Karry war einer von uns, und das empfanden die Menschen Frankfurts. Er war und fühlte sich immer als Bürger unserer Stadt – im besten Sinne des Wortes. Denn auch in dieser großen Stadt, in der es natürlich auch Anonymität und Einsamkeit gibt, lebt doch das Gefühl für Gemeinschaft und Zusammengehörigkeit. Frankfurt am Main war die Vaterstadt Heinz Herbert Karrys. Er war dafür dankbar, und er war darauf stolz. Er hing mit Liebe an seinem Frankfurt am Main, er lebte in seiner und für seine Stadt, auch als er längst über ihre Grenzen hinaus Verantwortung zu tragen hatte.

Wir, seine Mitbürger, wußten das. Für seine Treue und Liebe zu dieser Stadt will ich heute im Namen der Bürger danken. Im Magistrat hatte er viele Jahre die Geschicke Frankfurts mitgestaltet. Und als Minister fühlte er sich weiter in einer besonderen Pflicht gegenüber seiner Stadt. Vor uns Frankfurtern steht in dieser schweren Stunde nicht nur der Politiker, der stellvertretende Ministerpräsident, vor uns steht vor allem der Frankfurter Bürger Heinz Herbert Karry, der im Stadtteil Bornheim aufwuchs und im Stadtteil Seckbach seit zwanzig Jahren gelebt hat. Vor uns, seinen Mitbürgern, steht der Mann, der sich uns allen, und besonders den kleinen Leuten, verbunden und verpflichtet wußte. Und sie hatten ihn gern, respektierten seine Leistung, empfanden ihn als einen der ihren.

Heinz Herbert Karry sprach die Sprache der Menschen dieser Stadt, und es war bezeichnend für ihn, daß es ihm fast wichtiger war, daß auf seinem sechzigsten Geburtstag seine Klassenkameraden aus der Helmholtz-Schule und sein alter Lehrer anwesend waren, als die vielen Vertreter von Staat und Gesellschaft. Heinz Herbert Karry hatte nie die Verbindung zu jenen Menschen verloren, denen er sich zugehörig empfand und aus deren Freundschaft er die Kraft für seine Arbeit schöpfte. Es war deshalb selbstverständlich, daß er seinen sechzigsten Geburtstag im Kaisersaal des Frankfurter Römers beging, und es ist ebenso selbstverständlich, daß wir heute in der Frankfurter Paulskirche von ihm Abschied nehmen.

Zu einem langen Gespräch war ich mit ihm zum letzten Mal am 25. März 1981 zusammengekommen. Und wie so oft sprachen wir über das Spannungsverhältnis von Staat und Individuum, das auch in der Demokratie besteht. Wozu ist der Staat da? Worauf gründet sich seine Existenznotwendigkeit und -berechtigung? Natürlich stand Heinz Herbert Karry von seiner ganzen grundsätzlichen Einstellung her jedem überhöhten Staatsverständnis fern. Aber zu dem demokratischen, liberalen, sozialverpflichteten Staatswesen bekannte er sich voller Leidenschaft, wenn ihm auch, wie jedem Nachdenklichen, ein Rest an Zweifeln blieb, weil es ja in der Verwirklichung des

Staates zum Schluß auf den Menschen mit all seinen Chancen und Unzulänglichkeiten ankommt. Und er hatte ja ganz persönlich bitterste Erfahrungen mit einer Staatsgewalt machen müssen, die Menschlichkeit und Menschenwürde zynisch verachtete und Menschen in ihrer physischen Existenz brutal zerstörte. Diese eigenen Erfahrungen haben Heinz Herbert Karry geprägt und für sein ganzes Leben Spuren hinterlassen. Aber er hatte durch Not und existentielle Gefahr zugleich eine innere Freiheit gewonnen, unbequeme Dinge auszusprechen und unbefangen über Fragen nachzudenken, vor denen sich andere fürchteten. Diese innere Freiheit bewahrte ihn vor der Anfechtung, der demokratische Politiker allzuleicht ausgesetzt sind, der Anfechtung nämlich, nicht zu führen, um unbequemen oder gar unpopulären Entscheidungen aus dem Weg zu gehen.

Als Parlamentarier, Stadtrat und Minister hat er immer Entscheidungen getroffen, ist er unbequemen Wahrheiten nicht ausgewichen. Hinter seinem humorvollen Wesen verbarg sich ein nachdenklicher, an die Vernunft glaubender Mann, der aber auch um die Grenzen der menschlichen Einsichtsfähigkeit wußte. In den letzten Jahren ging es ihm vor allem darum, die Zukunft unseres Gemeinwesens und seiner Menschen ideell und materiell zu sichern. Für Heinz Herbert Karry war der Staat, so bekannte er mir, das, was Hermann Ehlers einmal so formuliert hat: »eine Notordnung um der Menschen willen«, und er sah seine Aufgabe darin, diese Notordnung intakt zu halten. Er hatte Verständnis für politische Gegnerschaft um der Sache willen. Völlig unverständlich war ihm Feindschaft, die die moralische Integrität des anderen in Zweifel zog. Daß die Redlichkeit seiner Motive von manchen bezweifelt wurde, hat ihn tief getroffen und verletzt. Heinz Herbert Karry hat die Last der Verantwortung, die ihm sein Staatsamt aufbürdete, gerne getragen, aber er hat sie auch persönlich stark empfunden. Er wußte, daß Politik ein langsames Bohren von harten Brettern mit Leidenschaft und Augenmaß ist, wie Max Weber dies einmal formuliert hat, und er besaß jene

Festigkeit des Herzens, die auch dem Scheitern aller Hoffnungen gewachsen ist.

Max Weber schließt seine Betrachtungen über »Politik als Beruf« mit dem Satz: »Nur wer sicher ist, daß er daran nicht zerbricht, wenn die Welt, von seinem Standpunkt aus gesehen, zu dumm oder zu gemein ist für das, was er ihr bieten will, daß er all demgegenüber: dennoch! zu sagen vermag, nur der hat den Beruf zur Politik.«

Heinz Herbert Karry hatte diese Berufung zur Politik. Wir trauern um unseren Mitbürger Heinz Herbert Karry. Er war eine bedeutende Persönlichkeit, ein vorbildlicher Demokrat und ein großer Patriot.

Rede anläßlich des Staatsaktes zum Tode von Heinz Herbert Karry am 15. Mai 1981 in der Paulskirche zu Frankfurt am Main

Die Katharinenkirche – ein geistiges und geistliches Zentrum Frankfurts

Am 20. Februar 1981 wird die Katharinenkirche dreihundert Jahre alt. Nach dem Wiederaufbau und der Neueinweihung 1954 gedenken wir heute in dem renovierten Kirchenraum voller Dankbarkeit aller derer, die Gottes Wort hier verkündet und gehört haben; und wir denken an die Menschen, die in ihrem Leben hier Trost, Zuspruch und Gottes Wort empfangen haben.

Die »Frankfurter Allgemeine Zeitung« berichtet heute in einem eindrucksvollen Artikel, was diese evangelisch-lutherische Kirche über die Jahrhunderte hinweg für Frankfurt am Main bedeutet hat.

Was Kirche einst für unsere Städte bedeutete, sehen wir schon auf alten Stichen etwa von Frankfurt und Köln, von Mainz oder Aachen. Wer sich über Land den Städten näherte, den grüßten aus der Ferne als erstes die Kirchtürme. Die Kirche beherrschte als Mittelpunkt nicht nur optisch die Stadt. Sie war der Mittelpunkt des geistigen und gesellschaftlichen Lebens. Dieser architektonische Ausdruck eines gesellschaftlichen Zustandes verschwand erst in den Industriestädten des 19. Jahrhunderts. An die Stelle der alten Dome traten als Wahrzeichen jene viktorianischen Eisenkonstruktionen, die als Bahnhof oder Fabrikhallen Ausdruck eines neuen, von Technik und Kommunikation bestimmten Zeitalters waren. Fährt man heute nach Frankfurt ein – ob mit der Bahn oder mit dem Wagen –, so sind es die Bürohochhäuser und der Fernmeldeturm, die die Skyline der Stadt bilden. Ausdruck einer Zeit, in der jene im 19. Jahrhundert begonnene Entwicklung zu Rationalismus und Massenproduktion einen neuen Höhepunkt erlebt.

Doch gerade dieser so offensichtlich sich im Stadtbild dokumentierende Triumph einer nicht mehr von der Kirche bestimmten Zeit braucht diese Kirche. Wir erleben das täglich hier und in den anderen großen Städten unseres Landes. Der schwindende Glaube an die persönliche Unsterblichkeit hat bei vielen Menschen einem oft unbewußten Gefühl der Sinnlosigkeit des individuellen Lebens Platz gemacht. Er hat im Gegenschlag eine Leidenschaft hervorgerufen, dieses Leben mit unendlichen Erlebnissen zu füllen, ohne doch die darin zum Ausdruck kommende Leere überwinden zu können.

Es war ein Irrglaube anzunehmen, die modernen Menschen könnten ohne die Kirche auskommen. Das Ideal der Aufklärung, nämlich Befreiung des Menschen aus der selbstverschuldeten Unmündigkeit, ist nicht gleichzusetzen mit Bindungslosigkeit. Wer den ethischen Charakter dieses Ideals auf den naturwissenschaftlich-technischen Fortschritt reduziert, tut dem Menschen keinen Dienst. Er verkennt seine Bedürfnisse und zerstört auch dieses Ideal der Aufklärung.

Die Kirche in unserer Gesellschaft und die Kirche in unserer Stadt sind keine Museumsstücke. Das gilt in ganz besonderer Weise für die Katharinenkirche. Gerade diese Kirche war immer in das Leben der sie umgebenden Stadt integriert. Als die erste evangelische Hauptkirche Frankfurts stand sie zusammen mit dem auch nach der Reformation katholisch gebliebenen Kaiserdom für das tolerante Miteinander von Konfessionen und Glaubensbekenntnissen in einer Zeit, als dies noch nicht selbstverständlich war. In dieser Kirche wirkte Georg Philipp Telemann, hier wurde Frankfurts größter Sohn Johann Wolfgang von Goethe getauft, hier stand Friedrich Stoltze vor dem Traualtar.

Doch nicht nur deshalb, weil diese Kirche Teil des historischen Frankfurt ist, hat die Stadt bei der Renovierung geholfen. Wir haben dies getan, weil wir überzeugt sind, daß in einer Zeit, die den Menschen mehr als früher fordert, seine Einbindung in eine umfassende geistige Lebensordnung noch notwendiger ist als in früheren Jahrhunderten. Die Katharinenkirche und ihre Gemeinde haben über Jahrhunderte hinweg die

Fähigkeit besessen, die geistigen Strömungen der Zeit aufzunehmen und dem Wohl der Menschen in dieser Stadt und damit auch der Stadt selbst dienstbar zu machen. Dies ist eine Aufgabe, die dieser Gemeinde immer noch gestellt ist.

Ich weiß, daß das Verhältnis zwischen Kirche und Staat heute nicht unproblematisch ist. Denn Vertreter der Kirche äußern sich zunehmend zu Fragen, die zu entscheiden Aufgabe der parlamentarisch verantwortlichen Politiker ist. Wo sie dies aus seelsorgerischer Überzeugung um der ihnen anvertrauten Menschen willen tun, habe ich das immer respektiert und werde es auch weiter so halten. Wo die Kirche jedoch politisch Partei ergreift und sich einen parteipolitischen Standpunkt zu eigen macht, muß sie sich gefallen lassen, daß ihre Stellungnahmen auch parteipolitisch gewertet werden. Ich weiß, daß eine Abgrenzung oft schwierig ist. Dennoch glaube ich, daß die Kirche auf Dauer nur dann gehört und ihre Meinung respektiert wird, wenn sie sich darauf beschränkt, zu den Grundfragen des menschlichen und gesellschaftlichen Miteinander Stellung zu nehmen. Gerade weil die Menschen in einer von technischen Zwängen bestimmten Welt immer stärker nach dem Sinn des Lebens fragen, ist die Kirche heute stärker, als es das Stadtbild unserer Großstädte zeigt.

Doch diese Stärke ist nicht mehr die Stärke einer Volkskirche, die sich in großen Kirchenbauten ausdrückt, sondern sie ist die Stärke von Gottes Wort, das den Menschen auf ihre Fragen Antwort gibt, auf Fragen, die trotz allen technischen Fortschritts drängender geworden sind denn je. Ich wünsche der Gemeinde der Katharinenkirche, daß sie auch in den kommenden Jahren das bleibt, was sie seit dreihundert Jahren in unserer Stadt war – ein Zentrum des geistlichen wie geistigen Lebens.

Rede zur Dreihundert-Jahr-Feier der Katharinenkirche am 20. Februar 1981 in der Katharinenkirche zu Frankfurt am Main.

Hundert Jahre Metallgesellschaft zu Frankfurt

Seit ihrer Gründung vor hundert Jahren hat sich die Metallgesellschaft nicht nur zu einem großen internationalen Unternehmen entwickelt, sie nimmt auch einen bedeutenden Platz im öffentlichen Leben Frankfurts ein. Ich denke dabei weniger an den kaufmännischen Erfolg eines Unternehmens, das den Namen Frankfurts um die Welt getragen hat, sondern vielmehr an jene sozialen und kulturellen Institutionen, die die Stadt dem Firmengründer Wilhelm Merton verdankt und die einen Teil jenes typisch Frankfurterischen, bürgerlich-weltoffenen Geistes ausmachen, der für diese Stadt prägend geworden ist. Mit der Gründung des Instituts für Gemeinwohl, der Akademie für Sozial- und Handelswissenschaften und schließlich der Frankfurter Universität hat Wilhelm Merton, und mit ihm die Metallgesellschaft, dieser Stadt ein Erbe hinterlassen, für das wir unseren Dank abstatten möchten. Es ist heute in einer Zeit, da Bildung Staatsaufgabe ist und von einer anonymen Bürokratie verwaltet wird, nur schwer vorstellbar, wie es *einem* Mann gelingen konnte, die berühmtesten Wirtschafts- und Sozialwissenschaftler der damaligen Zeit für die Gründung der Akademie für Sozial- und Handelswissenschaften zu interessieren und an Frankfurt zu binden.

Die Namen Lujo Brentano, Gustav Schmoller und Max Weber sind ein Ausweis für den Geist jenes Mannes, der neben dem Aufbau und der Leitung eines Weltunternehmens Zeit fand, sich um das öffentliche Leben einer Gemeinde zu kümmern, die ihm Heimat geworden war. Der Weltbürger Wilhelm Merton war Frankfurter im Goetheschen Sinne, im

Sinne eines aus dieser Stadt hinaus In-die-Welt-Wirkens. Dieser Geist verband ihn auch mit Oberbürgermeister Franz Adickes, ein Verhältnis, das schließlich ein Stück Frankfurter Stadtgeschichte geworden ist. Dem Zusammenwirken dieser beiden Persönlichkeiten, ihrer Hochachtung voreinander und ihrer Freundschaft verdankt Frankfurt am Main seine Universität. Durch alle Schwierigkeiten hindurch, wie sie bei so großen Zielsetzungen nicht ausbleiben konnten und wie sie uns noch heute aus dem Briefwechsel zwischen Merton und Adikkes deutlich entgegentreten, bleibt das Verhältnis dieser beiden überragenden Persönlichkeiten ein Beispiel für jene in Deutschland so seltene Symbiose zwischen Politik und Wirtschaft. In Dankbarkeit gedenken wir jener beiden Männer. Frankfurt hat die Verdienste der Familie Merton um diese Stadt nicht vergessen; ich betone das gerade, weil sie zusammen mit vielen anderen während der Hitler-Barbarei ihre Vaterstadt verlassen mußte.

Noch auf etwas möchte ich eingehen, was mich an diesem Tage besonders bewegt und was die Vergangenheit wie die Zukunft dieser Firma, unserer Stadt und unseres Landes gleichermaßen betrifft: Wenn wir heute auf das Jahr der Gründung der Metallgesellschaft, auf das Jahr 1881, zurückblicken, so blicken wir auf eine Zeit, die ihrer selbst sicher war. Jung, wie die Gründer, war auch das neue Reich, und Optimismus war ein Kennzeichen dieser Gründerepoche. Man glaubte an den Erfolg des freien Unternehmertums, an seine Fähigkeit, durch seine Arbeit die Lebensbedingungen aller Menschen zu verbessern.

Im Geburtsjahr der Metallgesellschaft fuhr die erste elektrische Straßenbahn durch Berlin. Dampfturbinen trieben große Schiffe über die Weltmeere, das europäische Eisenbahnnetz wurde immer dichter, und in London träumte Cecil Rhodes von einer Eisenbahnverbindung zwischen dem Kap der Guten Hoffnung und Kairo. Das technische Können und die damit verbundene Arbeitsleistung waren beispiellos. Pioniergeist und Fortschrittsglaube verbanden sich zu dem, was wir heute das heroische Zeitalter des Kapitalismus nennen, und die Veränderung der Lebensbedingungen ging einher mit einem stetig steigenden Wohlstand.

Und heute, 1981? Deutschland – ein Jammertal? überschrieb kürzlich eine große deutsche Zeitung einen Artikel über die innere Verfassung von Staat und Gesellschaft. Der Fortschrittsoptimismus ist einer kaum noch rational erklärbaren Technologie-Feindlichkeit gewichen. So klagte der Verband deutscher Elektrotechniker kürzlich darüber, daß hervorragend Begabte sich immer mehr von Naturwissenschaft und Technik abwenden und junge Ingenieure sich die Frage stellen, ob eine Arbeit auf den Gebieten der Spitzentechnologie »gesellschaftlich erwünscht« sei. Drei Viertel der Abiturienten in Nordrhein-Westfalen bekommen in den drei Oberstufenjahren keinen Unterricht mehr in Physik und Chemie, und jeder zehnte Studienplatz für Ingenieure kann nicht mehr besetzt werden.

Während die Arbeitslosenzahlen steigen, werden von der Industrie Tausende qualifizierter junger Techniker gesucht. Und während wir im Jahre 1881 mit unserer wirtschaftlichen Expansion unsere Konkurrenten auf den Weltmärkten in Bedrängnis brachten, beschwören wir heute angstvoll die japanische Herausforderung. Doch statt über eigene Versäumnisse nachzudenken, geht das gefährliche Wort von den Importkontrollen um. Es ist hier nicht Raum für eine wirtschaftspolitische Analyse. Doch soviel sei gesagt: Nur wenn wir bürokratische Hemmnisse, beispielsweise auf den Gebieten des Wohnungsbaus und der Verkabelungstechnik, überwinden, nur wenn es uns gelingt, der noch immer bedeutenden deutschen Atomindustrie auch Anlagemöglichkeiten im eigenen Lande zu verschaffen, und wir den Mut haben, das Problem der Energiesicherung zu lösen, wird es möglich sein, daß wir die politische und wirtschaftliche Krise in unserem Lande überwinden. Nicht protektionistischer Schutz vor einer Herausforderung, sondern nur ihre Annahme wird uns unsere wirtschaftliche Spitzenstellung erhalten.

Doch dafür ist es notwendig, sich auf jene Tugenden und Werte zu besinnen, die die Metallgesellschaft in einhundert

Jahren zu einem Weltunternehmen werden ließen und die es ihr ermöglichten, zwei verlorene Kriege wirtschaftlich zu überwinden. Die deutsche Wirtschaft gleicht – wie es vor kurzem die »Frankfurter Allgemeine« formuliert hat – heute einem gefesselten Riesen, und wir müssen uns entscheiden, ob wir unsere wirtschaftliche und politische Zukunft noch einmal, wie 1881 und 1949, der Initiative eines freien Unternehmertums anvertrauen wollen, oder ob wir einem bürokratisch gelenkten Nullwachstum den Vorzug geben. Für mich ist diese Entscheidung klar.

Jakob Burckhardt hat einmal gesagt: »Das Verharren würde zur Erstarrung und zum Tode führen; nur in der Bewegung ist Leben.« Die Wahrheit dieses Satzes beweisen hundert Jahre Metallgesellschaft, hundert Jahre freies Unternehmertum.

Rede zum hundertjährigen Bestehen der Metallgesellschaft am 16. Mai 1981 in Frankfurt am Main

Die Stiftung Allgemeiner Almosenkasten: ein Werk christlicher Nächstenliebe

Vor vierhundertfünfzig Jahren, am Sonntag Laetare, dem 15. März 1531, nahm der »Gemeine Kasten der Hausarmen allhie zu Frankfurt am Main« seine Tätigkeit als Stiftung für das Armenwesen auf. Damit wurde der Grundstein für eine Stiftung gelegt, die über Jahrhunderte hinweg segensreich in unserer Stadt gewirkt hat und die zu den großen – auch über die Grenzen Frankfurts hinaus bekanntgewordenen – Stiftungen dieser Stadt zählt.

Es fällt uns heute schwer, trotz vielerlei historischer Zeugnisse, eine Zeit in unsere Erinnerung zurückzurufen, die mit Begriffen wie Spätmittelalter und Reformationszeit nur ungenau beschrieben werden kann. Es war eine Zeit des Umbruchs, eine Zeit des Wertwandels, eine Zeit der neuen geistigen Orientierung. Das Lebensgefühl der Menschen war wohl noch mittelalterlich, bestimmt von dem Glauben, daß jeder einen unverrückbar festen Platz in der göttlichen Weltordnung habe, daß dieser Platz jedem ein für allemal zugewiesen sei und Armut oder Reichtum damit Teil eines unveränderlichen Schicksals. Naturkatastrophen und Krankheiten waren unabwendbare Schicksalsschläge, deren Folgen man allenfalls mildern, die man jedoch nicht zu beherrschen vermochte. Alle Geschehnisse im Leben des Menschen hatten viel schärfer umrissene äußere Formen als heute. Zwischen Leid und Freude, zwischen Unheil und Glück war der Abstand größer als für uns. Alles, was man erlebte, erlebte man unmittelbar. Für Elend und Gebrechen gab es weniger Linderung als heutzutage, sie kamen wuchtiger und quälender. Ehre und Reichtum wurden inbrünstiger genossen. Sie unterschieden sich auch schärfer als heute von Armut und Ausgestoßenheit. Das Bild der Städte und Dörfer war bunter, das Leben praller. Auch das Elend wurde öffentlich zur Schau gestellt. Aussätzige und Bettler hielten Umzüge, um durch die Darstellung ihres Elends die Herzen der Reichen zu bewegen. Mildtätigkeit war eine Sache der Kirchen und Klöster, eine Sache privater Barmherzigkeit.

Doch das Neue hatte sich schon Bahn gebrochen. Kaiser Karl V. herrschte zwar noch über ein Reich, in dem die Sonne nicht unterging, aber die Menschen in diesem Reich hatten nicht mehr einen Glauben. Die Reformation hatte die Einheit des Christentums zerstört und an die Stelle einer alles umfassenden christlichen Kirche den Anspruch des mündigen Christenmenschen auf seinen eigenen Weg zu Gott gesetzt.

Es ist wohl kein Zufall, daß der Allgemeine Almosenkasten in einer Zeit entstanden ist, in der auch Frankfurt sich der neuen Lehre zuwandte und damit die kirchliche Übung des Almosens verlorenging. Die mittelalterlichen Stifte und Klöster verloren erst ihren geistigen Einfluß und später auch ihre materiellen Möglichkeiten der Hilfe. Sollten in einer Zeit der sozialen Unruhe die Armen nicht ihrem Schicksal überlassen werden, so mußten neue Möglichkeiten privater und öffentlicher Wohltätigkeit geschaffen werden. An die Stelle des kirchlichen Almosens trat die christliche Nächstenliebe des freien Stadtbürgers.

Frankfurt hat in seiner Geschichte das Glück gehabt, daß in allen Jahrhunderten kluge, weitschauende und auch begüterte Mitbürger durch große Stiftungen neue soziale und kulturelle Einrichtungen geschaffen haben. Daraus hat die Entwicklung der Stadt immer wieder neue Anstöße erhalten; Anstöße, die ein wesentliches Stück öffentlichen Lebens unserer Stadt ausmachen.

Die Stadt Frankfurt ist stolz auf diese Stiftungstradition und die Bürger, deren Namen mit ihr verbunden ist. Die Geschichte der Stiftungen Frankfurts ist ein Stück Frankfurter Stadtgeschichte und zugleich Ausdruck des liberalen und sozialen Bürgergeistes in der alten Reichsstadt.

In einer Zeit des Umbruchs und des sozialen Wandels, in der kirchliche Wohlfahrtspflege nicht mehr und staatliche Wohlfahrtspflege noch nicht für einen sozialen Ausgleich sorgten, waren es Frankfurter Bürger, die »Freigebigkeit übten, damit dieselbe zum Vorbild diene«, wie es die Gründungsväter der Fuggerei in Augsburg formulierten. Der Gründung des Allgemeinen Almosenkastens geht eine fast hundertjährige Entstehungszeit voraus.

1428 stiftete der »Meister in den sieben freien Künsten und Lehrer in der Arznei« Johann Wisebeder von Idstein das für die damalige Zeit beträchtliche Kapital von dreitausendzweihundert Gulden unter der ausdrücklichen Bedingung, daß hiervon vom Rat der Stadt Frankfurt am Main Geld, Getreide und Kleidung an »hausarme« Leute, die ohne ihr Verschulden in Not geraten seien, verteilt werden. Im Laufe der Jahre kamen verschiedene Stiftungen Frankfurter Bürger hinzu, aus denen besonders die der Familie Holzhausen, des Kaufmanns Jakob Heller und des Jakob zu Schwanau herausragten. Vermehrt wurde das Vermögen der Stiftung durch die Besitztümer der Beginen sowie des Vermögens von Handwerksbruderschaften.

Schließlich wurde dem Allgemeinen Almosenkasten der seit dem 13. Jahrhundert als Spital für Aussätzige bestehende Gutleuthof übertragen. Außerdem wurden 1531 alle sonstigen weltlichen milden Stiftungen dem Vermögen der Stiftung des Johann Wisebeder von Idstein hinzugefügt und auf dieser Grundlage der Allgemeine Almosenkasten in Frankfurt am Main gegründet.

Die Stiftung hatte von Anfang an dank der Großzügigkeit Frankfurter Bürger erheblichen Grundbesitz, so das Hofgut in Nieder-Erlenbach, das sich noch heute im Eigentum des Allgemeinen Almosenkastens befindet.

Mit Zinsen, Naturalien und den Einnahmen aus den in der Stadt aufgestellten Opferstöcken war der Allgemeine Almosenkasten sehr schnell in der Lage, die gesamte Armenpflege in der Stadt zu übernehmen. Hierzu gehörte nicht nur das bereits erwähnte Spital für Aussätzige, sondern auch die Unterbringung von Geisteskranken, die Versorgung von Waisen und Obdachlosen und die Kranken- und Siechenpflege für arme Bürger. Auch die mit der neuen Lehre nach Frankfurt gekommenen evangelischen Pfarrer erhielten Zuschüsse zu ihren Gehältern aus dem Allgemeinen Almosenkasten. Daneben hatte er mancherlei Dienste für die Kirche vorzunehmen, insbesondere die Eintragungen von Taufen, Trauungen und der Sterbefälle in die Kirchenbücher, wofür die entsprechenden Gebühren wiederum in den Almosenkasten flossen.

Es wundert uns nicht, daß diese vielgestaltigen Aufgaben nur in Friedenszeiten aus den Erträgnissen finanziert werden konnten. Lange Kriege und wirtschaftlicher Niedergang wie zur Zeit des Dreißigjährigen Krieges und der auf ihn folgenden habsburgisch-französischen Kriegswirren überforderten den Allgemeinen Almosenkasten. Dennoch gelang es ihm auch in dieser Zeit, die drängendste Not zu lindern. Seit 1679 wurde ihm zudem die Sorge für Waisenkinder und Obdachlose von der neu gegründeten »Stiftung Waisenhaus« abgenommen.

Es ist hier nicht der Platz, auf Schwierigkeiten und Reformversuche einzugehen, wie sie bei einer so ehrwürdigen Stiftung im Laufe der Jahrhunderte immer wieder vorkommen. Doch kann man ganz allgemein sagen, daß sich Wesen und Aufgabe der Stiftung im Laufe des 19. Jahrhunderts entscheidend wandelten. Nachdem bereits der Fürstprimas Karl von Dahlberg in der kurzen Zeit als Großherzog von Frankfurt die Armenpflege in städtische Regie übernommen hatte, wurde sie 1883 mit Erlaß der neuen Armenordnung endgültig zur gemeindlichen Aufgabe.

Der Almosenkasten mußte sich darauf beschränken, seine immer noch beträchtlichen Überschüsse an die städtische Verwaltung für Fürsorgezwecke abzuführen. Doch sollte er zu Beginn dieses Jahrhunderts noch einmal von entscheidender Bedeutung für die gesamtstädtische Entwicklung sein. Sein reicher Grundbesitz ermöglichte der Stadt zusammen mit dem Grundbesitz der anderen Stiftungen eine moderne Stadtentwicklungspolitik, ohne die damit so oft einhergehende Grundstücksspekulation. Viele Vorhaben der Stadterweiterung geschahen auf Stiftungsgelände: Der Hauptbahnhof entstand auf den Gutleuthof-Ländereien, der Flugplatz Rebstock auf Besitz des Katharinen- und Weißfrauenstiftes, der Osthafen auf dem Areal der dem Heilig-Geist-Hospital gehörenden Riederhöfe. Auch die Autostraße nach Wiesbaden konnte in wirtschaftlich schwieriger Zeit zwischen den beiden Weltkriegen nur gebaut werden, weil der Almosenkasten Tauschgelände in Sossenheim zur Verfügung stellte. Auch nach dem Zweiten Weltkrieg haben die Frankfurter Stiftungen große Teile ihres Grundbesitzes für Wohnungsbau und öffentliche Einrichtungen zur Verfügung gestellt. Wenn wir heute auf dem Gebiet des Wohnungsbaus besser dastehen als manche andere Großstadt, so haben wir das nicht zuletzt der großen Tradition der Frankfurter Stiftungen zu verdanken. Gerade die Ereignisse der letzten Wochen machen deutlich, welch hervorragende soziale Aufgaben die Frankfurter Stiftungen hier erfüllt haben.

Doch noch einmal zurück zur Geschichte des Almosenkastens. Dank seines Grund- und Wertpapiervermögens konnte er die Inflation der zwanziger und die große Krise der dreißiger Jahre ohne größere Schäden überstehen. Erst der Zweite Weltkrieg traf auch den Allgemeinen Almosenkasten hart. Mit der Zerstörung vieler Stiftungsgebäude in den letzten Kriegsjahren sank ein Vermögen in Schutt und Asche, das in Jahrhunderten pfleglich bewahrt und betreut worden war. Erst im Jahre 1952 konnte der Almosenkasten dem Fürsorgeamt wieder einen Unterstützungsbetrag in Höhe von einundfünfzigtausend Mark zur Verfügung stellen. Diese Summe wuchs in den folgenden Jahren kontinuierlich und erreichte im vergangenen Jahr mit 821 362 Mark einen vorläufigen Höchststand.

Noch immer wie vor vierhundertfünfzig Jahren ist es der Zweck dieser mildtätigen Stiftung, »Arme und Notleidende unter den hiesigen Bürgern und Einwohnern, soweit sie nicht in anderer Weise versorgt werden, und soweit seine jährlichen Einnahmen es zulassen, zu unterstützen«. Daneben ist der Almosenkasten nach wie vor ein wichtiges Instrument der städtischen Grundstückspolitik. So wurde zum Beispiel in den letzten Jahren ein größeres Appartementhaus für Schwestern auf einem stiftungseigenen Grundstück für das städtische Krankenhaus Höchst errichtet. Dennoch bleibt gerade in unseren Tagen die Frage zu beantworten, ob eine mildtätige Stiftung wie der Allgemeine Almosenkasten in unserer Welt der staatlichen Sozialhilfe und angesichts eines städtischen Sozialetats in Höhe von rund fünfhundertundvier Millionen Mark noch eine eigenständige Bedeutung hat.

Ich habe zu Beginn meiner Ausführungen versucht, ein wenig jene Zeit zu beschwören, in der diese Stiftung entstanden ist.

Eine solche Schilderung fordert naturgemäß den Vergleich zu unserer geregelten, verwalteten, aber dadurch auch anonymen Welt heraus. Die Bettelvögte, die die Bettler im Mittelalter aus der Stadt trieben, sind verschwunden, und die Armen, vom Allgemeinen Almosenkasten Unterstützten, müssen auch kein Armenzeichen mehr tragen, wie dies in früheren Jahrhunderten der Fall war. Unsere Zeit ist humaner geworden; sie achtet die Würde auch jener, die wir, oft ungenau, als die »sozial Schwachen« bezeichnen. Dennoch ist damit – und ich bitte mich nicht falsch zu verstehen – ein Verlust im menschlichen wie im gesellschaftlichen Bereich zu beklagen. Denn die nach staatlich verordneten Regelsätzen vom Sozialamt gezahlte Sozialhilfe atmet nicht jenen Geist christlicher Nächstenliebe, der zwischen dem Gebenden und dem Nehmenden eine persönliche Beziehung herstellte; eine Beziehung der Mitmenschlichkeit und des gegenüber dem Nächsten Verantwortlich-Sein.

Professor Hans Liermann, der 1976 verstorbene »große alte Mann« des deutschen Stiftungswesens, hat dies einmal im Vergleich mit Wirtschaftsunternehmen so ausgedrückt: »Eine moderne Aktiengesellschaft mag wirtschaftlich hundertmal bedeutender sein als eine Stiftung. Aber sie kann sich an Würde nicht mit einer alten Spitalstiftung messen, deren Gründung in mittelalterliche Zeiten zurückreicht.«

Gerade weil diese Lebenswärme und Lebensfülle, die typisch war für jene Gründungszeit des Almosenkastens, heute weitgehend verlorengegangen ist und Sozialpolitik leider nur zu oft anonyme Verwaltungstätigkeit ist, bilden die vorhandenen Stiftungen so etwas wie eine bürgernahe Alternative zur staatlichen Kultur- und Sozialpolitik. Sie können noch immer Pionierleistungen erbringen, Anregungen geben, neue Wege aufzeigen und beweisen, daß es andere, oft bessere, weil unbürokratische Möglichkeiten gibt, Lücken im öffentlichen Leben einer Stadt auszufüllen. Natürlich müssen sich auch die Stiftungen dem gesellschaftlichen Wandlungsprozeß und den veränderten sozialen Wertvorstellungen anpassen. Doch gibt es trotz aller staatlichen Daseinsvorsorge auf sozialem wie kulturellem Gebiet noch genügend Freiräume, wo private Stiftertätigkeit Aufgaben zum Besten der Allgemeinheit übernehmen kann.

Ich nenne hier beispielhaft: den Schutz wertvollen Kulturgutes im Rahmen der Altstadtsanierung; die Übernahme von Aufgaben auf dem Gebiet des Naturschutzes durch Ankauf entsprechender Grundstücke; die Hilfe für drogen- und alkoholabhängige Menschen; oder die Wiedereingliederung von Strafentlassenen in die Gesellschaft. Gerade diese Aufgaben erfordern persönliches Engagement und menschliche Zuwendung. Verhaltensweisen, die man bei privaten Stiftern eher finden wird als in der staatlichen Verwaltung. Privaten Stiftungen eröffnet sich damit die Möglichkeit, in unsere egalitär-demokratische Gesellschaft ein wenig von jener farbigen Individualität zu bringen, die trotz aller sozialen Ungleichheit dem Leben in früheren Jahrhunderten Wärme und Fülle gab.

Auch in unserer Zeit ist der Stiftungsgedanke nicht überholt. Traditionsreiche Einrichtungen wie der Allgemeine Almosenkasten stehen dafür. Ich möchte deshalb als Oberbürgermeister und für den Magistrat dieser Stadt mit dem Bekenntnis schließen, daß die Stiftungen in Frankfurt am Main in uns immer gute Freunde finden werden, Freunde, die sich bewußt sind, was diese Stadt der Stiftungstätigkeit ihrer Bürger in den vergangenen Jahrhunderten bis heute verdankt. Wir sind stolz auf diese Tradition, von der der

Allgemeine Almosenkasten ein ganz wesentlicher Teil ist. Gott segne dieses Werk auch weiterhin.

Rede anläßlich des vierhundertfünfzigjährigen Bestehens der Stiftung Allgemeiner Almosenkasten am 15. März 1981 in Frankfurt am Main

Die Bewahrung kommunaler Freiheiten im Geiste des Freiherrn vom Stein

Es ist immer schwierig, die richtigen Worte zu finden, wenn man einen Preis oder eine Auszeichnung erhält. Denn allzu leicht verfällt der so Geehrte in klischeehafte Formulierungen, die bei solcher Gelegenheit natürlich gern gehört werden: Daß man zu viel gelobt sei, daß andere es ebenso oder noch mehr verdient hätten. Dies gilt wohl für jeden Preisträger, für jeden Ausgezeichneten, wenn er sich nicht selbst als das Maß aller Dinge sieht.

Deshalb darf ich ganz einfach sagen, ich freue mich sehr, daß die Stiftung F.V.S. mir den Freiherr-vom-Stein-Preis zuerkannt hat. Diese Auszeichnung ist für mich eine große Ehre, denn sie bedeutet nicht nur eine persönliche Auszeichnung meiner in Frankfurt am Main geleisteten Arbeit, sondern auch eine Würdigung der Kommunalpolitik schlechthin.

Ich stehe hier in einer großen Tradition. Vor mir haben diesen Preis unter anderen die großen Bürgermeister Wilhelm Kaisen und Dr. Herbert Weichmann erhalten. Diese Namen verpflichten, denn sie stehen für die Wiedererrichtung eines demokratischen Gemeindelebens nach dem Kriege. Mit diesen Namen verbinden wir auch heute noch Städtefreiheit und bürgerliche Mitverantwortung, so wie sie der Namensgeber dieses Preises einst erstrebt und in großen Teilen auch verwirklicht hat.

Der Reichsfreiherr vom Stein ist fraglos eine der wichtigsten Persönlichkeiten der an großen Gestalten wahrlich nicht armen preußisch-deutschen Geschichte. Wie so viele der großen Reformer, Scharnhorst und Clausewitz, Gneisenau und Boyen, war er kein Preuße von Geburt. Und doch hat er der politischen Kultur dieses Landes das gegeben, was Preußen dann im 19. Jahrhundert befähigte, zur deutschen Führungsmacht und zum Einiger des deutschen Volkes zu werden. Ohne den Freiherrn vom Stein, ohne die preußischen Reformen von 1807 bis 1813 wäre auch ein Mann wie Bismarck nicht in der Lage gewesen, Preußens »deutsche Sendung« zu vollbringen. Denn nur weil Preußen durch diese Reformen der modernste und in manchen Bereichen auch einer der demokratischsten deutschen Teilstaaten war, konnte er zum Vorbild für all diejenigen werden, die ein einiges deutsches Vaterland erstrebten.

Das Ziel der Steinschen Reformen ist am kürzesten und besten in dem Immediatbericht der Minister Schroetter und Stein vom November 1808 ausgedrückt, in dem es schlicht heißt: die Bürgerschaft bekomme die ungeteilte Verwaltung ihres Gemeinwesens, die ganze Einwirkung des Staates beschränke sich auf die bloße Aufsicht, daß nichts gegen den Zweck des Staates vorgenommen werde und die bestehenden Gesetze befolgt würden.

Denn dies, die Verantwortung der Bürger für ihre Angelegenheiten, sollte die neue Quelle preußischer Stärke nach der Niederlage von Jena und Auerstedt werden. An jenem Tag waren ein feudaler Staat und ein feudales Heer einem modernen Nationalstaat unterlegen. Einem Nationalstaat, der trotz aller Verirrungen seit 1789 auf die Mitwirkung seiner Bürger gesetzt hatte. Und Stein wie die anderen preußischen Reformer erkannten, was Tocqueville einige Jahre später auf seinen Reisen durch Amerika feststellen sollte und was er in seinem Buch über die Demokratie in Amerika wie folgt beschrieb:

»Und doch ruht die Kraft der freien Völker in der Gemeinde. Die Gemeindeeinrichtungen sind für die Freiheit, was die Volksschulen für die Wissenschaften sind; sie machen sie dem Volke zugänglich; sie wecken in ihm den Geschmack an ihrem freiheitlichen Gebrauch und gewöhnen es daran. Ohne Gemeindeeinrichtungen kann sich ein Volk eine freie Regierung geben, aber den Geist der Freiheit besitzt es nicht.«

Dies ist auch heute noch politisches Allgemeingut. Artikel 28, Absatz 2 unseres Grundgesetzes bestimmt:

»Den Gemeinden muß das Recht gewährleistet sein, alle Angelegenheiten der örtlichen Gemeinschaft im Rahmen der Gesetze in eigener Verantwortung zu regeln.«

Und in ihrer Antwort auf eine Große Anfrage betreffend die Lage der Städte, Gemeinden und Kreise stellte die Bundesregierung am 22. Juli 1974 fest:

»Die Bundesregierung bekennt sich zu dieser Verpflichtung nicht nur aus Respekt vor der Verfassung und nicht nur in Anerkennung der bewährten Tradition der kommunalen Selbstverwaltung in Deutschland, sie ist vielmehr auch der Auffassung, daß die demokratische Praxis der kommunalen Selbstverwaltung eine unerläßliche Voraussetzung für den demokratischen Geist im deutschen Volk ist.«

So die Theorie. Die Wirklichkeit sieht leider anders aus. Es läßt sich nicht übersehen, daß in den letzten Jahren eine schleichende Aushöhlung des Selbstverwaltungsrechts der Gemeinden stattgefunden hat. Übrigens nicht nur praktisch, sondern in zunehmendem Maße auch theoretisch begründet, worauf ich noch zu sprechen kommen werde. Der in Deutschland schon immer besonders ausgeprägte Regelungsperfektionismus der Bundes- und Landesgesetzgeber hat nahezu alle Bereiche des menschlichen Daseins inzwischen in Gesetzesform gegossen und damit den Gestaltungsraum der Kommunen erheblich eingeschränkt.

Ich darf beispielhaft nur auf die in den letzten Jahren erlassenen Gesetze verweisen, die ursprünglich freiwillige kommunale Selbstverwaltungsaufgaben reglementieren: Das Weiterbildungsgesetz, das Kindergartengesetz, das Rettungsdienstgesetz, das Sportförderungsgesetz, das Denkmalschutzgesetz.

Doch dieser Regelungsperfektionismus erschöpft sich nicht nur darin, neue Lebensbereiche zu erfassen, er vermehrt die Regelungen auch in den bereits gesetzlich geregelten Bereichen. Sie alle kennen die gern zitierten Beispiele: 1969 hatte das Bundesgesetzblatt einen Umfang von 1300 Seiten, 1976 waren es bereits 3884 Seiten. Es sei nicht verschwiegen, daß aufgrund vielfach geäußerter Kritik der Umfang inzwischen langsam zurückgeht.

1977 gab es zum Mehrwertsteuergesetz bereits 580 Erlasse, Verfügungen und klärende Schreiben; nicht mitgerechnet die Regelungen der Länder und der Oberfinanzdirektion. 1967 mußten für eine Baugenehmigung 48 Gesetze und Verordnungen beachtet werden. 1982 sind es 225. Für das Baugenehmigungsverfahren in Hessen sind 553 Vorschriften einschlägig. Ich glaube, daß aus diesen Zahlen deutlich wird, warum Baugenehmigungen – für den Bürger oft unverständlich – so lange auf sich warten lassen.

Lassen Sie mich noch einige weitere Beispiele nennen: Das Kraftwerk Stade wurde 1968 auf 30000 Blatt DIN A4 beantragt. 1980 waren für Grafenrheinfeld 240000 Seiten erforderlich. Um ein zinsverbilligtes Existenzdarlehen zu erhalten, muß ein junger Selbständiger etwa 60 Formulare ausfüllen, und ein Lebensmittel-Einzelhändler hatte 1977 ca. 220 Gesetze zu beachten. In den Jahren von 1970 bis 1977 wurden vom Bund 68 Gesetze verabschiedet, die in den Gemeinden unmittelbar oder mittelbar zu 2468 Stellenneuschaffungen führten.

Ich denke, diese Zahlen machen eindrucksvoll deutlich, in welchem Umfang Lebensbereiche heute reglementiert werden. Hand in Hand mit dieser Entwicklung geht eine staatliche Detailplanung, die immer mehr Aufgaben von der Kommune auf den Staat überträgt und die Kommune dann am »goldenen Zügel« der »Zweckzuweisungen« hält. Schätzungen besagen, daß eine Kommune heute zu 80 bis 90% mit vom Staat übertragenen Aufgaben befaßt ist. Auch im Bereich der Gemeindefinanzen hat sich trotz der Realsteuergarantie des Grundgesetzes eine für die Gemeinden negative Entwicklung vollzogen. Mit dem Wegfall der Lohnsummensteuer hat der Bundesgesetzgeber eine Realsteuer beseitigt und damit erheblich in die Finanzautonomie der Gemeinden eingegriffen. Allein für Frankfurt am Main hat dies einen Verlust von 750 Millionen in drei Jahren verursacht.

Es gibt aber noch eine andere Entwicklung, die die gemeindliche Selbstverwaltung in immer stärkerem Maße berührt und die mein Kollege Manfred Rommel einmal die »Inbesitznahme der Politik durch die Rechtsprechung« genannt hat. Es liegt mir gewiß fern, an dieser Stelle Richterschelte zu üben oder Vorwürfe an die Dritte Gewalt zu richten, denn in vielen Fällen ist der Gesetzgeber durch ungenau formulierte Gesetze, Gesetzeslücken und sogenannte unbestimmte Rechtsbegriffe selbst schuld an dieser Entwicklung. Doch muß ich leider feststellen, daß die Gerichte in immer weiteren Bereichen die Gestaltungsfreiheit der Gemeinden einschränken. Ich bin mit meinem Kollegen Rommel der Meinung, daß der Rechtsschutz von Interessen Einzelner überzogen und dagegen der Rechtsschutz für das Interesse der Allgemeinheit unzulänglich ist.

Wir nähern uns einem Punkt, an dem man von einer Art Bürgerrecht auf Blockierung öffentlicher Maßnahmen sprechen kann. Und ich glaube, daß die Summe all dieser durchaus berechtigten Einzelinteressen nicht das Gemeinwohl ist. Vieles, was im Interesse des Gemeinwohls notwendig ist, unterbleibt oder wird auf die lange Bank geschoben, weil Einzelinteressen dagegenstehen.

Das Ergebnis all dieser Entwicklungen ist eine Aushöhlung der Organisationshoheit, der Personalhoheit, der Finanzhoheit und der Planungshoheit der Gemeinden. Die zunehmende gesetzgeberische Steuerung der kommunalen Selbstverwaltung führt diese immer stärker in die Lage einer gesetzesabhängigen Verwaltung, die den lokalen Selbstentscheidungsraum beschneidet.

Leider findet diese Tendenz zunehmend auch eine theoretische Fundierung, wenn nämlich von anerkannten Verfassungsrechtlern die kommunale Ebene als bloße Funktion im Rahmen eines arbeitsteilig organisierten modernen Leistungsstaates begriffen wird. Dies führt weit weg von den Vorstellungen des Freiherrn vom Stein, denn es muß zwangsläufig zur Folge haben, daß das Engagement des einzelnen Bürgers für seine Gemeinde nachläßt. Kein Bürger neigt dazu, sich dort zu engagieren, wo kein Entscheidungsfreiraum mehr besteht. Der demokratische Geist schwindet mit der gemeindlichen Freiheit.

Ich denke, wir dürfen diese Entwicklung nicht länger widerspruchslos hinnehmen. Unsere Staatsgesetzgebung und Verwaltungspraxis haben sich in den letzten Jahren zu sehr vom Prinzip des Mißtrauens und nicht vom Prinzip des Vertrauens leiten lassen. Demokratie und gemeindliche Selbstverwaltung setzen aber auf das Vertrauen in die Vernunft und Verantwortung der Mehrheit der Bürger. Und eine Demokratie kann nicht bestehen, wenn sie – ich darf hier noch einmal meinen Kollegen Rommel zitieren – »Moral durch Vorschriften ersetzt, sondern nur dann, wenn es ihr gelingt, eine politische Kultur zu entwickeln«.

Eben dies war die Grundlage des Steinschen Reformwerkes, das uns die repräsentative Demokratie auf örtlicher Ebene beschert hat. Wir sollten diese repräsentative Demokratie wieder funktionsfähig machen, indem wir statt auf Kontrollen, Vorschriften und Reglementierungen auf die Vernunft der Bürgerschaft setzen. Dies wäre auch eine Rückkehr zu den Ideen der preußischen Reformer – und daß wir dies nicht nur bei feierlichen Gelegenheiten aussprechen, sondern auch danach handeln, ist mein Wunsch an diesem Tage.

Rede anläßlich der Entgegennahme des Freiherr-vom-Stein-Preises am 25. November 1982 in Frankfurt am Main

Der Staat als Friedensordnung

Die Lage der Justiz im demokratischen Staat

Während der Beratungen im Hessischen Landtag (1967) über den Haushalt des Justizministers sind vorwiegend drei Fragen behandelt worden, nämlich die Errichtung eines Rechtspflegeministeriums, der dreistufige Gerichtsaufbau in allen Gerichtszweigen und die Forderung, den Richtern die ihrem hohen Amte entsprechende Stellung zu verschaffen.

In der Vergangenheit war man sich weitgehend darin einig, daß diese Probleme unbedingt gelöst werden müßten. Trotzdem ist man damit bislang noch nicht recht vorangekommen, und wohl deshalb hat Ministerpräsident Georg August Zinn in seiner letzten Regierungserklärung diese Fragen wiederum angeschnitten. Zum Teil können diese Aufgaben allerdings nur vom Bundesgesetzgeber gelöst werden. Aber auch über diese nicht in unsere Zuständigkeit fallenden Probleme und Fragen müssen wir miteinander sprechen, denn zu Recht hat der Herr Ministerpräsident auf einer Tagung in Weinheim im März 1951 erklärt, die Länder trügen auch für die nicht in ihre unmittelbare Zuständigkeit fallenden Angelegenheiten der Justiz Verantwortung. Die Länder hätten nämlich nicht nur die größere praktische Erfahrung mit der Rechtspflege, sondern auch die Möglichkeit der Gesetzesinitiative über den Bundesrat.

Die Reform der Justiz ist bisher in allen Parlamenten vorwiegend unter rein organisatorischen Gesichtspunkten behandelt worden. Damit ist aber der Dritten Gewalt noch nicht entscheidend geholfen. Es ist deswegen zu begrüßen, daß Ministerpräsident Zinn in der Regierungserklärung auch ein Thema, das nicht auf bloße formale Maßnahmen zielt, angesprochen hat und das für die Ausgewogenheit und für das

Funktionieren unseres demokratischen Staatswesens von entscheidender Bedeutung ist, die Forderung nämlich, daß den Richtern die ihrem hohen Amt entsprechende Stellung eingeräumt werde. Diesen ihnen zukommenden Rang besitzen Richter und Staatsanwälte heute offenbar noch nicht. Als Ursache dafür hat der Herr Ministerpräsident in seiner bereits erwähnten Rede in Weinheim die Justiz- und Rechtskrise genannt.

Daß sich die Dritte Gewalt auch heute noch in einer gewissen Krise befindet, wird niemand bestreiten können, denn gegenüber der Justiz sind Vorbehalte und Unbehagen bei vielen spürbar.

Wenn wir der Dritten Gewalt im Interesse einer freiheitlichen Gesellschafts- und Staatsordnung den ihr gebührenden Rang verschaffen wollen, müssen wir zunächst die Ursachen dieses Unbehagens ergründen und sie auf ihre Stichhaltigkeit überprüfen.

Hauptsächlich rühren die Vorbehalte gegenüber der Justiz wohl daher, daß ihr vorgeworfen wird, vor und nach 1933 in besonderer Weise und mehr als die beiden anderen Gewalten versagt zu haben. Diese Auffassung hat bereits den Parlamentarischen Rat in seinen Entscheidungen beeinflußt. Insbesondere Georg August Zinn und auch Heinrich von Brentano haben auf die verhängnisvolle Rolle der Justiz vor und nach 1933 hingewiesen, und noch vor wenigen Monaten hat der damalige Berliner Justizsenator Kirsch darauf aufmerksam gemacht, daß aus diesem Grunde nach dem Willen des Parlamentarischen Rates die Dritte Gewalt zunächst eingeschränkt worden sei. Man habe allerdings die feste Absicht gehabt, der Justiz dann wieder ihre vollen Rechte einzuräumen, wenn sie ihre Vertrauenswürdigkeit bewiesen habe. Dieser Zeitpunkt sei jetzt gekommen.

Bei ruhiger und distanzierter Betrachtung und Überlegung muß man aber gegenüber derartigen Vorbehalten und gegenüber derartigen Erwägungen ernste Zweifel haben, insbesondere angesichts der Tatsache, daß ja nicht nur die Justiz, sondern auch die beiden anderen Gewalten Verantwortung an der Entwicklung in jenen Jahren getragen haben und daß den beiden anderen Gewalten von Anfang an volle Entfaltungsmöglichkeit gewährt worden ist.

Nur wenn also festgestellt werden kann, daß dieses Odium der Justiz zu Unrecht anhaftet, darf man hoffen, daß schon bald dieser Justiz der ihr angemessene Rang zuteil werden wird.

Umgekehrt soll aber – um die Akzente richtig zu setzen – auch nicht zugunsten unserer Richter und Staatsanwälte ein billiges Pauschalurteil abgegeben werden. Auch Richter und Staatsanwälte unterliegen Irrtümern und treffen manchmal Fehlentscheidungen. Ebensowenig kann bestritten werden, daß eine Reihe von Richtern und Staatsanwälten in der Zeit der nationalsozialistischen Herrschaft furchtbares Unrecht verübt haben.

Um die besonderen Vorbehalte gegenüber der Justiz insgesamt rechtfertigen zu können, müßte allerdings feststehen, daß Richter und Staatsanwälte mehr und größeres Unrecht als die beiden anderen Gewalten begangen haben, und das ist nicht der Fall gewesen.

Um im übrigen das Verhalten wie auch das nichtbestreitbare Fehlverhalten von Richtern und Staatsanwälten würdigen zu können, muß man sich allerdings vergegenwärtigen, daß auch Juristen von den allgemeinen geistigen Strömungen ihrer Zeit und den daraus resultierenden Rechtsüberzeugungen abhängig sind. Deshalb sind auch Richter und Staatsanwälte nach dem Zusammenbruch des Kaiserreichs und während der nationalsozialistischen Diktatur in wahrhaft tragischer Weise so häufig nicht in der Lage gewesen, dem eigenen Gewissen und der Gerechtigkeit zu folgen und sich nicht der Macht zu beugen.

Seit dem vorigen Jahrhundert sind ganze Generationen von Juristen zum Positivismus erzogen worden, daß also formal richtig zustande gekommene Gesetze unter allen Umständen zu befolgen seien.

Der berühmte Rechtslehrer, Rechtsphilosoph und zeitweilige Reichsjustizminister der Weimarer Zeit, der Sozialdemokrat Gustav Radbruch, hat deswegen im Jahre 1949 wörtlich erklärt: »Der Positivismus hat in der Tat mit seiner Überzeugung ›Gesetz ist Gesetz‹ den deutschen Juristenstand wehrlos gemacht gegen Gesetze willkürlichen und verbrecherischen Inhalts.«

Und dabei handelt es sich um den gleichen Gustav Radbruch, der, bevor er zum Naturrechtler wurde, Positivist reinsten Wassers war. In der dritten Auflage seiner Rechtsphilosophie aus dem Jahre 1932 heißt es nämlich ganz anders: »Wir verachteten den Pfarrer, der gegen seine Überzeugung predigt, aber wir verehren den Richter, der sich durch sein widerstrebendes Rechtsgefühl in seiner Gesetzestreue nicht beirren läßt.«

Ja selbst den Befehlen eines dazu bevollmächtigten Paranoikers sei zu folgen. Man muß in diesem Zusammenhang auch an den großen Rechtslehrer Hans Kelsen erinnern, der vor der Nazidiktatur flüchten mußte. Er lehrte, daß der Anspruch einer Rechtsnorm an die Gesetzestreue des Richters auch dann bestehen bleibe, wenn die Norm im Widerspruch zum Sittengesetz stehe.

Es ist für mich erschütternd gewesen, noch im Jahre 1960 anläßlich eines Vortrages in Mainz das ungebrochene Bekenntnis dieses Mannes zum Positivismus zu hören, eines Mannes, der in der Zeit des Rassenwahns viele seiner Angehörigen im KZ verloren hat.

Das alles verdeutlicht, daß auch Rechtslehrer und die von ihnen ausgebildeten Richter und Staatsanwälte Kinder ihrer Zeit waren und sind. Die Mehrheit von ihnen hat sich nicht schuldiger gemacht als die beiden anderen Gewalten, denn alle waren in ihren Entscheidungen und Handlungen von den Rechtsüberzeugungen ihrer Zeit geprägt. Schon deswegen sind besondere Vorbehalte gegenüber der Justiz nicht berechtigt. Diese Einsicht muß sich allgemein durchsetzen, wenn die Forderung, die auch Ministerpräsident Zinn wieder erhoben hat, verwirklicht werden soll, nämlich der Dritten Gewalt den ihr gebührenden Rang zu verschaffen.

Um die Situation der Justiz richtig zu verstehen, muß aber auch ein anderes bedacht werden: Zu Recht hat Ministerpräsident Zinn in einer Rede zum Thema Justizreform davon gesprochen, daß der Justiz ein konservatives Element innewohne. Diese Tatsache darf jedoch nicht als Ausdruck einer parteipolitischen Einstellung verstanden werden, sondern ergibt sich aus den spezifischen Anforderungen, denen Richter und Staatsanwälte unterliegen.

Die judikative Tätigkeit muß einen Zug zum Bewahrenden haben. Neue Überzeugungen können von der Dritten Gewalt nur vorsichtig und behutsam als verbindlich anerkannt werden, weil zum Essentiellen der Justiz nicht nur das Auffinden materiellen Rechts, sondern auch die Wahrung des Rechtsfriedens gehört. Dieser Umstand führt die Justiz zwangsläufig dann in Konfliktsituationen, wenn Gesetz und Gerechtigkeit nicht mehr übereinstimmen. Deswegen ist die Justizkrise unserer Zeit lediglich der Ausdruck einer allgemeinen Rechtskrise.

Daran leiden wir in der Tat seit rund fünfzig Jahren, denn in dieser Zeit hat unser Volk nicht das Glück gehabt, ständig in gesicherten Ordnungsvorstellungen leben zu können. An die Stelle einer für unumstößlich gehaltenen Ordnung traten Chaos und brutale Gewalt. Die metaphysische Begründung unserer Rechtsordnung ging verloren. In ihrem Buch »Elemente totaler Herrschaft« erinnert uns deswegen Hannah Arendt an einen Satz Platos: »Nicht der Mensch, sondern ein Gott muß das Maß aller Dinge sein!« Sie verweist auf die Lehren der Geschichte, wonach die Menschen zum absoluten Bösen nicht nur fähig sind, sondern den Staat dazu auch noch, wie sie sagt, »auf höchst demokratische Weise, nämlich durch Mehrheitsbeschluß« legitimieren können.

Nachdem christliche Überzeugung nicht mehr als Maßstab für Recht und Unrecht allgemein anerkannt wurde, konnte, wie Max Güde einmal gesagt hat, nur noch mit leergewordenen Denkformen versucht werden, das Recht vom Unrecht zu unterscheiden.

Mit diesen Darlegungen soll weder begangenes Unrecht entschuldigt noch sollen die dafür Verantwortlichen reingewaschen werden. Es sollte nur deutlich gemacht werden, wie ungerecht es ist, allein der Justiz aus der Vergangenheit einen besonderen Vorwurf zu machen, der in Wahrheit nicht nur sie, sondern auch die beiden anderen Gewalten und uns alle trifft. Weder höhere Besoldung noch organisatorische Maßnahmen – obgleich auch sie Bedeutung haben – vermögen der Dritten Gewalt den ihr angemessenen Rang zurückzugeben. Voraussetzung dafür ist vielmehr die Erkenntnis, daß nicht allein die Justiz die Verantwortung für eine verhängnisvolle Entwicklung getragen hat. Wir alle – und nicht nur unser Volk – haben Anteil daran gehabt. Es ist uns nicht erlaubt, die Verantwortung dafür auf einen Berufsstand abzuwälzen.

Von der Justiz können wir allerdings nicht erwarten, daß sie sich selbst verteidigt. Jedenfalls fühlen sich die meisten unserer Richter und Staatsanwälte wegen ihres Berufes nicht dazu berechtigt, in eigener Sache öffentlich zu streiten. Sie sind von ihrem Amt her dazu verpflichtet, zu den Auseinandersetzungen unseres Alltags größere Distanz als andere zu wahren. Diese besondere Anforderung an die Dritte Gewalt darf ihr nicht zum Nachteil werden. Um so mehr müssen die Politiker für die rechte Einordnung unserer Justiz im allgemeinen Bewußtsein sorgen.

Erkennen wir nicht die Rechtskrise als die Ursache der Justizkrise, erkennen wir nicht die Unbegründetheit jeglicher besonderer Vorbehalte gegenüber der Dritten Gewalt, erkennen wir nicht die Notwendigkeit, der Justiz den ihr gebührenden Platz neben den beiden anderen Gewalten einzuräumen, weil nämlich anders unser Staat kein wirklich demokratischer und freiheitlicher Rechtsstaat sein kann, dann bedeutet das eine Bagatellisierung der Probleme, dann beweist das Unkenntnis der Tiefe der Erkrankung.

Die über uns gekommene Rechtskrise und damit die Justizkrise werden wir allein, weil wir den Willen dazu haben, nicht überwinden. Denn das Recht steht nicht zu unserer freien Disposition. Es bedarf vielmehr noch guter Weile, Zeit der Besinnung, in der wir gesunden und das verlorengegangene Verhältnis zum Recht wiederfinden können. Nachdem fast alles, was einmal für unumstößlich galt, für viele von uns fraglich geworden ist, werden wir noch eine Zeitlang auf dem

Wege bleiben müssen. Erst an seinem Ende wird der Auftrag, den das Volk der Dritten Gewalt gibt, inhaltlich wieder eindeutig bestimmt sein. Erst dann wird die Rechtskrise, die die große Krankheit unserer Zeit ist, überwunden sein.

Rede vor dem Hessischen Landtag am 27. April 1967

Die Spionageaffäre Guillaume

Die erste Frage, die seit Bekanntwerden des spektakulären Agentenfalles Guillaume über allem stand, lautete: Haben die Regierenden von SPD und FDP bei Einstellung und Weiterbeschäftigung Guillaumes das Gesamtinteresse dieses Staates, unserer Bundesrepublik Deutschland, beachtet? Haben sie im Bewußtsein ihrer Pflicht gegenüber dem Gemeinwesen gehandelt oder haben sie Parteiinteresse an die Stelle des Staatsinteresses gesetzt?

Die Öffentlichkeit war und ist tief betroffen. Die Frage, wie eine derartige Spionageaffäre in einer Zeit angeblicher Entspannung und Normalisierung geschehen konnte, ist auch heute nicht verstummt. Sie hat mit bewirkt, daß die Chancen, die zur vertrauensvollen Zusammenarbeit von Staaten mit gegensätzlichen Gesellschaftsordnungen führen könnten, inzwischen sehr viel nüchterner beurteilt werden.

Der Rücktritt Willy Brandts machte den Fall zum spektakulären Ereignis. Und noch mehr schockierte die Begründung, die der frühere Kanzler für seinen Rücktritt gab. Sein Wort, ein deutscher Bundeskanzler lasse sich nicht erpressen, rief Ratlosigkeit, Fragen, Zweifel, Vermutungen hervor. In seinem Buch »Über den Tag hinaus« wiederholte er einen anderen Satz: »Nach den Erfahrungen im Fall Guillaume war ich für Verhandlungen mit der DDR und vielleicht darüber hinaus nicht mehr unbefangen genug.«

Damit wurden Spekulationen über die Bedeutung Guillaumes geradezu herausgefordert. Und was meint Brandt mit seiner Erklärung, er übernehme die politische und persönliche Verantwortung für Fahrlässigkeiten im Zusammenhang mit der Spionageaffäre? Willy Brandt ist nicht mehr Bundeskanzler. Ob er freiwillig zurückgetreten ist oder ob er zum Rücktritt gezwungen wurde, mag dahingestellt bleiben. Aber nahezu ein Jahr nach seinem Rücktritt ist keine dieser Fragen wirklich schlüssig beantwortet. Auch nach Ende des Untersuchungsverfahrens läßt sich keine Feststellung darüber treffen, ob Willy Brandt in irgendeiner Weise persönliche Verantwortung im Zusammenhang mit der Agentenaffäre trägt oder ob er gar persönlich in irgendeiner Weise schuldig geworden ist. Und auch seine ebenso peinlichen wie deplazierten Bemerkungen über das »anständige Deutschland«, das angeblich hinter ihm stehe, oder über den »Säulenheiligen«, der er nie gewesen sei, können uns nicht weiterhelfen.

Abgesehen davon muß festgehalten werden – und dieser Vorwurf ist in seiner Tragweite schlimm genug –: die Reaktion der Regierung auf den Fall Guillaume ist die Folge schweren Versagens der Staatsführung der sogenannten soziallliberalen Koalition. Sie ist nicht in der Lage gewesen, mit einer schweren Krise ehrlich und offen fertig zu werden. Im Gegenteil, sie hat bis in den Untersuchungsausschuß hinein zu vertuschen und Schönfärberei zu treiben versucht.

Ruft man sich bei dieser Gelegenheit die gestelzten Regierungserklärungen der Jahre 1969 und 1972 in Erinnerung, in denen von mehr Demokratie und mehr Offenheit, von Bürgernähe und Transparenz die Rede war, so ist in dieser Spionageaffäre in erschütternder Weise das Auseinanderfallen von Anspruch und Wirklichkeit dieser mit so großem moralischen Pathos angetretenen Regierung sichtbar geworden.

Wir wissen, daß der Agent für seine kommunistischen Auftraggeber von größter Wichtigkeit war. Welchen konkreten Schaden der Agent angerichtet hat, können wir dagegen nur ahnen. Was hat Guillaume beispielsweise während der Verhandlungen über die sogenannten Ostverträge an seine Auftraggeber verraten? Wann wurden Moskau und Ost-Berlin über welche Absichten und Vorstellungen Bonns informiert? Welches Zusammenspiel hat es anläßlich der Gespräche und Verhandlungen im Zuge der sogenannten Entspannungs- und

Friedenspolitik tatsächlich gegeben? Diese und andere Fragen stellen sich seit der Affäre Guillaume. Warum schweigt die Bundesregierung dazu? Fürchtet sie die möglichen Rechtsfolgen für ihre Ostvertragspolitik, wenn sie Antworten auf diese Fragen erteilen wird?

Nicht allein die CDU/CSU-Opposition, das ganze Volk hat Anspruch auf rückhaltlose Aufklärung dieses skandalösen Falles und seiner Hintergründe.

Meine Damen und Herren, die erste Frage dieser Agentenaffäre lautete, wie es zur Einstellung Guillaumes in das Kanzleramt kommen konnte. Die Beweisaufnahme hat ergeben, daß schon bei der Einstellung Guillaumes in unvertretbarer Weise Partei vor Staatsinteresse rangierte; denn ohne seine Mitgliedschaft in der SPD hätte der Agent nie eine Chance gehabt, in das Bundeskanzleramt zu kommen.

Nach den Zeugenaussagen steht weiterhin fest, daß der damalige Kanzleramtschef Horst Ehmke Guillaume auch wegen der schwerwiegenden Hinweise auf seine Spionagetätigkeit zugunsten Ost-Berlins keinesfalls hätte in das Kanzleramt berufen dürfen.

Am Anfang des Einstellungsverfahrens stand die nachdrückliche Empfehlung und Unterstützung Guillaumes durch den heutigen SPD-Bundestagsabgeordneten und früheren Ministerialdirektor im Bundeskanzleramt Dr. Ehrenberg. Das frühere SPD-Vorstandsmitglied des Frankfurter Unterbezirks verhalf dem früheren Frankfurter SPD-Geschäftsführer Guillaume zu einem Posten im Kanzleramt.

Die Bedenkenlosigkeit dieser SPD-Parteibuchpolitik wird im Fall Guillaume besonders sichtbar. Für eine bestimmte Position wurde nicht etwa ein qualifizierter Bewerber gesucht; vielmehr wollte man einem ungeeigneten SPD-Genossen eine Beschäftigung im Kanzleramt verschaffen. Die Aussage Dr. Ehrenbergs vor dem Ausschuß beweist das überdeutlich: »Er hatte sich generell um eine Tätigkeit beworben, ohne nun ausdrücklich zu sagen, diese Funktion haben zu wollen. Sie war gar nicht bekannt. Diese Funktion ist dann, wenn man so will, neu eingerichtet worden.«

Die Einstellung selbst hat Dr. Ehmke zu verantworten. Er entschied sie persönlich, bevor der Personalreferent den Bewerber Guillaume auch nur gesehen hatte. Erst danach wurde das förmliche Einstellungsverfahren in Gang gesetzt. Die Beweisaufnahme hat ergeben, daß dieses Verfahren nur zum Schein durchgeführt wurde; denn in der Personalakte Guillaumes befindet sich unter dem Datum vom 11. November 1969 ein schriftlicher Vermerk Dr. Ehrenbergs, der die Wahrheit preisgibt: »Heute bei Minister Ehmke vorgestellt. Einstellung ab 1. Januar 1970 wie besprochen.« Das folgende Verfahren war also nur eine Farce. Dies ist von allen Beteiligten offenbar auch so empfunden worden. So hat der Ministerialdirektor im Bundeskanzleramt Dr. Kern ausgesagt, nach der Vorstellung Guillaumes bei ihm habe sich für ihn die Angelegenheit so dargestellt, daß Guillaume eingestellt werden solle.

Woher nehmen die Sozialdemokraten eigentlich den Mut, angesichts dieser unbestreitbaren Tatbestände zu behaupten, die Einstellung des Agenten sei nach sachlichen Gesichtspunkten entschieden worden? Wie will der frühere Kanzleramtschef Dr. Ehmke rechtfertigen, daß der damals fast dreiundvierzigjährige Bewerber Günter Guillaume für seine Einstellung im Bundeskanzleramt im Zentrum der deutschen Regierung nur zwei Zeugnisse über seine Funktionärstätigkeit bei der SPD Frankfurt am Main und eine sachlich unbedeutende Arbeitsbescheinigung über eine knapp viermonatige Beschäftigung in einem Baubüro in der Nähe Frankfurts vorlegen mußte? Wie will Dr. Ehmke verantworten, daß Guillaume keinerlei weitere Nachweise beruflicher Qualifikation oder Ausbildung einzureichen hatte? Wie konnte Dr. Ehmke einen Mann in eine BAT-II-a-Stelle berufen – und das entspricht ja der Position eines Regierungsrates –, der nicht einmal sein Volksschulabschlußzeugnis beibringen mußte und der niemals eine Gehilfen- oder Gesellenprüfung abgelegt hatte?

Dieser Bewerber, dem die primitivsten Voraussetzungen für eine Referententätigkeit fehlten, wurde von demselben Dr. Ehmke in das Kanzleramt geholt, der im Jahre 1969 nach dem Regierungswechsel mit sogenannten Entpflichtungserklärungen qualifizierte Beamte wider das Gesetz aus ihren Positionen hinausgedrängt hatte.

Dieses Untersuchungsverfahren hat erwiesen, daß Dr. Ehmke die Verantwortung für die Einstellung Guillaumes trägt. Sie beruht auf schweren Dienstpflichtverletzungen des früheren Kanzleramtschefs. Diese Dienstpflichtverletzungen sind nicht etwa unbewußt oder fahrlässig geschehen. Dr. Ehmke hat sich vielmehr vorsätzlich über die eindeutigen Bestimmungen des Bundesangestelltentarifs hinweggesetzt. Darauf machte ihn der Personalrat des Kanzleramts bereits Anfang Dezember 1969 in einem einstimmigen Votum nachdrücklich aufmerksam. Der Personalrat wies darauf hin, daß Guillaume jede fachliche Voraussetzung, Fähigkeit und Erfahrung für die vorgesehene Verwendung in der wirtschaftspolitischen Abteilung des Bundeskanzleramts fehle. Mit unüberhörbarer Deutlichkeit teilte er Ehmke mit, Guillaume solle offenbar nur mit Rücksicht auf seine parteipolitische Funktionärstätigkeit eingestellt werden.

Es ist einfach unbegreiflich, daß Dr. Ehmke den Spion trotzdem einstellte. Aber nicht nur wegen der offenkundig fehlenden fachlichen Eignung, auch aus anderen Gründen durfte es nie zur Einstellung Guillaumes kommen; denn bereits im Dezember 1969 lagen Dr. Ehmke zuverlässige und schwerwiegende Meldungen darüber vor, daß Guillaume ein von Ost-Berlin eingeschleuster Agent war, daß ein Günter Guillaume vom Ost-Berliner Verlag Volk und Wissen der Agententätigkeit in West-Berlin und in der Bundesrepublik verdächtig sei. In einer Meldung wurde sogar darauf hingewiesen, daß Guillaume in die Bundesrepublik geflüchtet sein solle. Die Zuverlässigkeit der Quellen war ausdrücklich bestätigt worden.

Der Präsident des Bundesnachrichtendienstes, der von einer Meldung über Guillaume wußte, teilte Dr. Ehmke am 23. Dezember 1969 mit, schon die BND-Meldung allein gebe Veranlassung, eine gründliche Hintergrundüberprüfung durch den Verfassungsschutz vorzunehmen und die Frage zu prüfen, ob Guillaume anstatt im Bundeskanzleramt nicht an anderer Stelle verwendet werden solle. Aus den Zeugenaussagen wie auch aus den Akten ergibt sich zweifelsfrei, daß das Bundeskanzleramt und insbesondere Minister Ehmke von beiden Meldungen über Guillaume Kenntnis hatten.

Die Einstellung wurde also in Kenntnis der Tatsache vorgenommen, daß es zwei voneinander unabhängige gravierende nachrichtendienstliche Hinweise gegen ihn gab. Allein dieser Umstand mußte für jeden objektiven und pflichtbewußten Beamten selbstverständliche Veranlassung sein, wegen des besonders hohen, nicht vertretbaren Sicherheitsrisikos für die Bundesrepublik Deutschland die Einstellung Guillaumes in das Kanzleramt abzulehnen.

Zumindest eine Erwägung dieser Art kommt auch in einem handschriftlichen Vermerk des damaligen Staatssekretärs Egon Bahr zum Ausdruck. In einer an Minister Ehmke gerichteten handschriftlichen Notiz heißt es wörtlich: »Selbst wenn Sie [Dr. Ehmke] einen positiven Eindruck haben, bleibt ein gewisses Sicherheitsrisiko gerade hier.«

Nun hat sich Dr. Ehmke vor dem Ausschuß und auch vor der Öffentlichkeit mehrfach energisch gegen den Vorwurf gewandt, er habe im Falle Guillaume die Sicherheitsanforderungen gröblich verletzt. Er sagte, er habe zur Überprüfung mehr getan, als erforderlich gewesen sei. Er meinte außerdem, für derartige Sicherheitsentscheidungen seien letztlich die Sicherheitsdienste und vor allem das Bundesamt für Verfassungsschutz verantwortlich; auf deren Votum habe er sich verlassen müssen. Außerdem habe er mit Guillaume im Januar 1970 ein eingehendes Gespräch geführt, und dabei habe er ihn mit den beiden Meldungen über die frühere Agententätigkeit konfrontiert. Anschließend habe sich Guillaume sogar noch schriftlich zu den gegen ihn erhobenen Vorwürfen äußern müssen, aber auch dabei sei nichts Belastendes herausgekommen. Er, Ehmke, sei deswegen geradezu verpflichtet gewesen, Guillaume in das Kanzleramt einzustellen. Wörtlich hat Dr. Ehmke vor dem Ausschuß erklärt: »Ein so klares Urteil des Verfassungsschutzamtes hätte mich sicher dem Vorwurf der Willkür ausgesetzt, wenn ich nach einem solchen Urteil der zuständigen Behörde trotzdem den Mann aus Sicherheitsgründen nicht eingestellt hätte.«

Dr. Ehmke hat bis jetzt offenbar noch gar nicht bemerkt, wie sehr er sich mit seinen eigenen Darlegungen belastet hat. Es ist ja schon merkwürdig genug, daß Ehmke so entscheidend auf die eigenen Aussagen Guillaumes abgestellt und hinzugefügt hat, bei dem Gespräch sei nichts Belastendes herausgekommen. Wenn Guillaume, wie wir inzwischen wissen, tatsächlich Spion war, wie konnte Dr. Ehmke eigentlich erwarten, daß sich ihm der Agent selbst offenbaren würde? Sollte sich Dr. Ehmke darüber nicht im klaren gewesen sein? Man fragt sich auch unwillkürlich, warum sich der Chef des Bundeskanzleramtes zumindest zweimal persönlich mit dem Präsidenten des Bundesnachrichtendienstes wegen eines Bewerbers für eine BAT-II-a-Stelle in Verbindung gesetzt hat, eine Stelle, die, wie wir immer wieder gehört haben, doch gar nicht von großer Bedeutung sei.

Aber auch anderes bleibt merkwürdig und überführt Dr. Ehmke:

1. Nach den im Jahre 1969/70 geltenden Bestimmungen war eindeutig und ausschließlich das Kanzleramt für die Sicherheitsüberprüfung zuständig. Wie will sich Ehmke angesichts dieser Rechtslage von seiner Verantwortung befreien?

2. Dr. Ehmke behauptet, für ihn sei das Urteil des Verfassungsschutzes und auch des BND bei Sicherheitsüberprüfungen letztlich maßgeblich gewesen. Er hat in diesem Zusammenhang von Attesten von Amts- und von Hausärzten gesprochen. Diese Aussage steht aber mit anderen Bekundungen Ehmkes in der gleichen Zeugenvernehmung in einem tiefen inneren Widerspruch. Ehmke bezeichnete nämlich den Zustand des Kanzleramtes im Zeitpunkt des Regierungswechsels, den Zustand des Bundesnachrichtendienstes und die Zusammenarbeit der Dienste insgesamt als »ungenügend bis schlecht in sicherheitsmäßiger Hinsicht«. Über den BND sagte er an anderer Stelle, General Gehlen habe den Dienst in einem »teilweise desolaten Zustand« hinterlassen. Dr. Ehmke muß sich fragen lassen, wenn er als Chef des Kanzleramtes 1969/70

derartige Vorbehalte gegen die Dienste und gegen ihre Kooperationsfähigkeit hatte, wie er eigentlich den Voten aus diesen Behörden plötzlich so großes Vertrauen entgegenbringen konnte.

3. Daß Dr. Ehmke die Zuständigkeit und letzte Verantwortlichkeit der Nachrichtendienste angenommen und für sich habe gelten lassen, ist auch aus einem anderen Grunde wenig glaubhaft. Denn er kann nicht vergessen machen, daß er bei anderer Gelegenheit ständig seine eigene Kompetenz für Sicherheitsfragen behauptet hat. Wie hätte er sonst eigentlich Urteile über Zustand, Leistungsfähigkeit und Unvermögen der Nachrichtendienste abgeben können?

4. Wie will Dr. Ehmke eigentlich verständlich machen, daß er sich bei der Sicherheitsüberprüfung Guillaumes selbst so ungewöhnlich engagierte, wenn andererseits die alleinige Zuständigkeit von Verfassungsschutz und BND in solchen Fällen gegeben sein soll?

5. Wie ernst will der Jurist Ehmke mit seiner Behauptung genommen werden, nach dem Votum des Verfassungsschutzes wäre es ein Akt der Willkür gewesen, Guillaume aus Sicherheitsgründen nicht in das Bundeskanzleramt einzustellen? Dieses Argument müßte zu der absurden Konsequenz führen, daß Bewerber, gegen die keine Sicherheitsbedenken vorliegen, einen Rechtsanspruch auf Übernahme in das Kanzleramt hätten.

6. Mit dem Verfassungsschutzamt war das Kanzleramt der Auffassung, auch nach Einstellung Guillaumes müßten Nachforschungen über dessen Tätigkeit in Mitteldeutschland vor der Übersiedlung in die Bundesrepublik Deutschland angestellt werden. Auch das Kanzleramt war demnach der Überzeugung, daß es angesichts der nachrichtendienstlichen Hinweise noch weiterer Aufklärungen bedürfe. Wie kann Dr. Ehmke angesichts dieser Tatsache behaupten, die Einstellung Guillaumes habe nach den vorgenommenen Prüfungen keinerlei Sicherheitsrisiko mehr bedeutet?

7. Dem früheren Kanzleramtschef kann gewiß nicht vorgeworfen werden, daß er sich in der Angelegenheit Guillaumes

nicht genügend eingeschaltet habe. Im Gegenteil: Sein Engagement für einen Bewerber, der angeblich eine gar nicht bedeutende und gar nicht herausgehobene Position einnehmen sollte, ist höchst erstaunlich. Er ließ sich diesen Bewerber vorstellen und entschied über die Bewerbung persönlich, bevor das Personalreferat überhaupt unterrichtet worden war. Als Sicherheitsbedenken auftauchten, ließ er sich laufend informieren. Er schaltete sich selbst in den Vorgang ein. Wegen eines Bewerbers für eine BAT-II-a-Stelle nahm er mehrfach mit dem Präsidenten des Bundesnachrichtendienstes persönlich Kontakt auf. Er führte eine persönliche Befragung des Bewerbers durch. Meine Damen und Herren, wie soll das in Übereinstimmung gebracht werden mit der Aussage, zuständig seien für alles Bundesnachrichtendienst und Bundesamt für Verfassungsschutz gewesen?

8. Der so ungewöhnliche persönliche Einsatz Ehmkes für Guillaume fordert noch mehr Fragen heraus, wenn man sich neben den schwerwiegenden Verdachtshinweisen noch einmal Vorbildung und vorangegangene berufliche Tätigkeit in Erinnerung ruft. Ehmke engagierte sich für einen Bewerber, der außer dem Volksschulabschluß keinerlei Vorbildung aufzuweisen hatte, dessen Volksschulabschlußzeugnis man nicht einmal kannte, der keinerlei Nachweise über seine berufliche Ausbildung vorgelegt hatte und der in den unterschiedlichsten Berufen tätig gewesen sein will: zum Beispiel als Fotograf, als technischer Redakteur, als Kaffeestubenbesitzer, als Geschäftsführer einer Gemischtwarenhandlung, als Inhaber eines Schreibbüros, als Angestellter in einem Schulbuchverlag und als Mitarbeiter in einem Baubüro. Von diesem Bewerber gab es lediglich positive Aussagen wegen seiner Funktionärstätigkeit für die Sozialdemokratische Partei in Frankfurt am Main. Für eine Referentenposition im Bundeskanzleramt konnte ein Bewerber kaum weniger geeignet sein, als es Guillaume war. Diesem Bewerber galten die großen Aktivitäten des früheren Kanzleramtschefs, und das unmittelbar nach Übernahme der Regie-

rungsverantwortung durch SPD und FDP, zu einem Zeitpunkt also, wo doch ein Chef des Bundeskanzleramtes ganz gewiß besonders belastet war.

9. Von besonderem Interesse ist in diesem Zusammenhang ein Brief, den Dr. Ehmke an Bundesminister Leber nach der Befragung Guillaumes und nach dessen schriftlicher Stellungnahme richtete. In diesem Brief ist folgender Satz Ehmkes sehr aufschlußreich: »Seine [Guillaumes] Angaben über seinen beruflichen Werdegang in der DDR, zu seiner dortigen politischen Tätigkeit und zu den Verdachtsmomenten selbst waren wenig ergiebig.«

Ehmke gab damit selbst zu, daß die Sicherheitsbedenken gegen Guillaume noch nicht ausgeräumt werden konnten. Die Bitte an Minister Leber, für die Vertrauenswürdigkeit Guillaumes gutzustehen, ist der offenkundige Versuch, sich eine Rückversicherung zu schaffen.

Sie ist nur verständlich, weil Ehmke offenbar fest entschlossen war, Guillaume ohne Rücksicht auf die bestehenden Sicherheitsbedenken einzustellen.

10. Diesem Schreiben war ein Gespräch zwischen Ehmke und Leber vorangegangen. Die Schilderung dieses Gesprächsverlaufs durch Ehmke und Leber ist ebenfalls besonders aufschlußreich. Nach Ehmkes Darstellung wurde er von Minister Leber auf die Angelegenheit Guillaume angesprochen. Dabei habe er, Ehmke, Leber gegenüber erklärt, gegen Guillaume lägen Sicherheitsbedenken vor. So die Aussage Ehmkes. Dessen – Lebers – Antwort auf diese Mitteilung hat Ehmke vor dem Ausschuß geschildert. Nach Ehmkes Darstellung soll Leber gesagt haben: »Also ich werde sagen, ich kenne den Mann sehr lange, ja, und er hat dann ungefähr im Sinne das gleiche gesagt, was er auch nach der Verhaftung von Herrn Guillaume gesagt hat: Er würde für den Mann sich die Hand abhacken lassen. Ich weiß nicht, wie er es formuliert hat. Mir gegenüber hat er damals gesagt, den kenne er seit Jahren, kennt seine demokratische Gesinnung, kann für ihn gutstehen. Dazu habe ich gesagt: Lieber Georg, es mag sein, nur: diese Sicherheitsüberprüfung muß durchgeführt werden. Das einzige, was

du machen kannst, ist: Gib doch eine formelle Stellungnahme zu den Akten.«

Minister Leber hat den Inhalt dieses Gespräches ganz anders wiedergegeben. Auch auf zusätzliches Befragen hat er nachdrücklich betont, er sei mit keinem Wort von Dr. Ehmke über Sicherheitsbedenken gegen Guillaume informiert worden. Ehmke habe lediglich gesagt, bei dem laufenden Einstellungsverfahren werde an Guillaume – so die wörtliche Formulierung Lebers – herumgemäkelt. Er, Leber, habe auch nie erklärt, er lege für Guillaume die Hand ins Feuer. Und schließlich habe nicht er Ehmke, sondern Ehmke habe ihn, Leber, um eine Äußerung zugunsten Guillaumes gebeten.

Diese Widersprüche sind beachtlich. Sie beweisen die wirklichen Absichten, die Dr. Ehmke mit seinen Aussagen verfolgt. Er versucht den Eindruck zu erwecken, Minister Leber habe von sich aus zugunsten Guillaumes interveniert und habe die ihm von Ehmke mitgeteilten Sicherheitsbedenken auszuräumen versucht. Leber ist nach Ehmkes Schilderung derjenige gewesen, der alles versucht hat, Guillaume trotz schwerer Spionageverdachtshinweise eine Einstellung im Bundeskanzleramt zu verschaffen. Auch dieses Verhalten von Dr. Ehmke macht klar, worum es ihm ging und worum es ihm geht. Er will andere, den Bundesnachrichtendienst, das Bundesamt für Verfassungsschutz, den Zeugen Hermenau, die beiden Präsidenten der Dienste, den Zeugen Leber, in die Verantwortung ziehen.

Sich selbst aber will er als den in dieser Sache übermäßig bemühten, allen Spuren nachgehenden und alle Risiken ausschließenden Chef des Bundeskanzleramts von aller Verantwortung freizeichnen. Er versucht zudem immer wieder, vom Untersuchungsgegenstand und von seiner eigenen Rolle abzulenken, indem er diffamierende Pauschalurteile über den Zustand der Nachrichtendienste und über das Bundeskanzleramt, als er es übernahm, abgibt. Er attackiert Dritte persönlich in der Öffentlichkeit und in seinen Zeugenaussagen. Er behauptet, Journalisten hätten zweifelhafte und unzulässige Dienste für den Bundesnachrichtendienst ausgeübt, ohne

Namen zu nennen. Er wirft dem Nachrichtendienst generell vor, unzulässige Inlandsaufklärung vor allem gegen SPD-Politiker betrieben zu haben, ohne die Vorwürfe auch nur im Ansatz zu konkretisieren. Und dabei ist dem Zeugen Ehmke wohl bekannt, daß schon aus Sicherheitsgründen ein Gegenbeweis in der Öffentlichkeit nicht erbracht werden kann.

Bei Berücksichtigung dieser Fakten verkehren sich die ungewöhnlichen Einflußnahmen und Aktivitäten des früheren Bundesministers und Chefs des Kanzleramtes Dr. Ehmke bei der Einstellung Guillaumes in das Gegenteil von Sorgfalt und Pflichtbewußtsein. Sie beweisen, daß Ehmke Guillaume unter allen Umständen in das Bundeskanzleramt einstellen, einen Parteifunktionär der SPD fördern wollte und bereit war, dabei alle Sicherheitserfordernisse hintanzustellen. Herr Dr. Ehmke, haben Sie sich eigentlich gefragt, welchen Schaden Sie angerichtet haben? Dürfen Sie die Leistungsfähigkeit der für die Sicherheit der Bundesrepublik Deutschland lebenswichtigen Nachrichtendienste schmälern, indem sie deren Beamte pauschal denunzieren und diffamieren, weil Sie meinen, sich damit reinwaschen zu können? Dr. Ehmke hat durch sein Verhalten der Bundesrepublik Deutschland großen Schaden zugefügt. Er hat große Schuld auf sich geladen.

In diesem parlamentarischen Untersuchungsverfahren geht es auch um die Klärung der Frage, warum der Spion nach dem bekanntgewordenen schweren Verdacht vom Mai 1973 weiterhin in seiner Position verbleiben durfte, und zwar als Persönlicher Referent des Kanzlers.

Als dank der guten Arbeit der Beamten der Spionageabwehr die schweren Verdachtsgründe gegen Guillaume zusammengetragen worden waren, wurden der damalige Innenminister Genscher, der Chef des Kanzleramtes Grabert, der SPD-Fraktionsvorsitzende Wehner ebenso wie der Verfassungsschutzpräsident Dr. Nollau über den Fall unterrichtet. Aber niemand von ihnen hat von Mai 1973 bis zur Verhaftung Guillaumes am 24. April 1974 irgend etwas getan, um den Agenten aus der unmittelbaren Umgebung des Kanzlers zu entfernen oder ihm doch wenigstens den Zugang zu Akten und

Informationen zu beschränken. Guillaume behielt vielmehr weiterhin ungeschmälerte Informationsmöglichkeiten. Die Frage lautete deswegen: Wer ist dafür verantwortlich, wer hatte welche Kenntnisse über den Umfang des Spionageverdachts, und wer hätte daraus die entsprechende Konsequenz zu ziehen gehabt? Es war eine zentrale Aufgabe des Untersuchungsausschusses, diese Frage zu klären, aber ich muß bekennen, das ist nur unvollständig gelungen.

Am Ende der Untersuchungstätigkeit stehen wir vor einer Fülle widersprüchlicher Zeugenaussagen. Ich muß sagen, es ist einfach unglaublich, in welchem Umfange verantwortliche Politiker und hohe Beamte einander widersprochen haben, statt rückhaltlos und ohne Selbstgerechtigkeit ihren Teil der Verantwortung zu übernehmen. Ihre Glaubwürdigkeit wäre gewachsen, ja, sie hätten menschliche Haltung und Größe bewiesen, wenn sie sich zu ihrem Tun oder Unterlassen bekannt hätten. Unser Gemeinwesen braucht Männer und Frauen dieser Haltung. Statt dessen bestimmten Verschleierungs- und Vertuschungsversuche führender Sozialdemokraten mehr als einmal dieses Untersuchungsverfahren.

Die Widersprüche zwischen Brandt und Genscher, Genscher und Nollau, Nollau und Wehner, Nollau und Kinkel, Ehmke und Leber, um nur die wichtigsten Zeugen zu nennen, sind unbefriedigend, ja sie sind bedrückend. Nach der Beweisaufnahme steht fest, daß in erster Linie der Präsident des Bundesamtes für Verfassungsschutz, Dr. Nollau, dafür verantwortlich ist, daß Guillaume in seiner Position verblieb. Seine Empfehlungen hatten zur Folge, daß der Spion weiterhin als Persönlicher Referent des Bundeskanzlers ungehindert Zugang zu Akten und Informationen behielt und sich während des Kanzlerurlaubs in Norwegen Einblick in streng geheime NATO-Dokumente verschaffen konnte.

Ich kann nicht verstehen, daß Dr. Arndt auch den Präsidenten des Verfassungsschutzamtes mit einem solchen Persilschein versehen hat, weil dieses nun wirklich auf Grund der objektiven Beweisergebnisse einfach unmöglich ist.

Was ich soeben erläutert habe, beweist allein schon das

schwere Versagen des Verfassungsschutzpräsidenten. Er ist mitschuldig geworden, daß der Spion noch fast ein ganzes Jahr lang Informationen sammeln und wahrscheinlich an seine kommunistischen Auftraggeber weitergeben konnte. Er ist mitverantwortlich dafür, daß der Bundeskanzler zurücktreten mußte und die Bundesrepublik in eine tiefe Krise gestürzt hat. Er hat zu vertreten, daß Nachrichten, die für die Sicherheit der Bundesrepublik Deutschland von großer Wichtigkeit sind, immer schwerer zu beschaffen sind, daß die Nachrichtendienste verunsichert sind und daß unsere Verbündeten immer weniger Vertrauen in die Zuverlässigkeit der Geheimhaltung von Informationen durch die verantwortlichen Organe der Bundesrepublik Deutschland haben. Wie viele gravierende Fehler soll der oberste Chef des Verfassungsschutzamtes eigentlich noch begehen, um sich zu disqualifizieren? Dieser Mann hätte längst aus seinem Amt entfernt werden müssen.

Damit stellt sich die nächste Frage: Wer hält, wer stützt diesen Verfassungsschutzpräsidenten trotz seines eklatanten pflichtwidrigen Versagens, seiner schweren Fehler? Welche Gründe sind dafür maßgeblich? Verhindert Herbert Wehner die Abberufung Nollaus? Bei der Prüfung dieser Frage darf nicht unberücksichtigt bleiben, daß Wehner seit langem der große Gönner Dr. Nollaus ist. Beide sind seit vielen Jahren eng miteinander verbunden, und Nollau informiert den Fraktionschef der SPD regelmäßig über alle sicherheitsbedeutsamen Vorgänge. Ungeachtet aller formellen Zuständigkeiten ist unbestreitbar, daß Dr. Nollau dem SPD-Fraktionschef Wehner seine Berufung zum Präsidenten des Bundesamtes für Verfassungsschutz verdankt.

Wir wissen außerdem: Es ist typisch für Herbert Wehner, daß er seine Schützlinge selbst in unerträglich gewordenen Situationen hält und schützt. Als Wienand vor der Öffentlichkeit bereits wegen unbestreitbar falscher Behauptungen entlarvt war, ließ ihn der Fraktionschef Wehner nicht fallen – im Gegenteil, er stellte sich demonstrativ vor ihn und setzte durch, daß die SPD-Bundestagsfraktion ihrem Geschäftsführer damals das Vertrauen aussprach.

Die bereits nach Bekanntwerden der ersten Fakten geäußerte Vermutung, daß Herbert Wehner an der Behandlung der Spionageaffäre nicht ganz unbeteiligt war, ist durch die Beweiserhebung erheblich gestärkt worden. Dafür spricht als erstes die Tatsache, daß der Abgeordnete Wehner in seiner ersten Vernehmung zunächst falsche Angaben über seine Kenntnisse hinsichtlich Person und Funktion Guillaumes machte. Auf die Frage des Abgeordneten Gerster, ob er beim ersten Gespräch mit Nollau gewußt habe, wer Guillaume ist, hat Wehner eindeutig erklärt: »Nein, das war mir nicht bewußt, wer Guillaume ist.«

Kurz darauf stellte der Abgeordnete Burkhard Hirsch die gleiche Frage noch einmal. Sie lautete: »Ich darf noch einmal fragen, ob über die Funktion gesprochen worden ist oder Sie vielleicht beide stillschweigend davon ausgingen, daß die unstreitig ist, bekannt ist.« Der Zeuge Wehner darauf: »Für mich gab es da keine Frage, weil ich wußte: Das ist einer der Referenten.«

Dr. Hirsch: »Sie wußten, daß es einer der Referenten ist? Der Name war Ihnen also bekannt?« Der Zeuge Wehner darauf: »Ja.«

Die Frage drängt sich auf, welches Interesse Wehner daran hatte, seine genauen Kenntnisse über den Spion zu verbergen.

Ein weiterer Vorgang belastet Wehner und Nollau in schwerster Weise. Beide haben ausgesagt, Nollau habe den SPD-Fraktionsvorsitzenden nur mit ein, zwei hingeworfenen Sätzen en passant über den Verdachtsfall informiert, und der SPD-Fraktionsvorsitzende Wehner soll sich damit zufriedengegeben haben. Das soll in drei Besprechungen – am 4. Juni 1973, im September 1973 und im Februar 1974 – in gleicher Art und Weise im wesentlichen vor sich gegangen sein. Die Gespräche sollen jeweils etwa eine Stunde gedauert haben. Man muß sich fragen, was so wichtig war, eine Stunde lang besprochen zu werden, während die Information über den unter schwerstem Spionageverdacht stehenden Guillaume mit ein, zwei hingeworfenen Sätzen en passant abgetan wurde.

Wehner und Nollau haben ausgesagt, daß seit Ende 1950,

also etwa fünfzehn Jahre lang, nach einem Ost-Berliner Agenten in der SPD gefahndet wurde. Alle Bemühungen waren erfolglos geblieben. Nun aber hatte man, wie sich Dr. Nollau gegenüber Wehner ausgedrückt haben will, den lang Gesuchten. Man glaubte, ihn zu haben. Über diese Erkenntnis wollen der Abgeordnete Wehner und Präsident Dr. Nollau nur wenig, nur diese kurzen Sätze gesprochen haben?

Nollau und Wehner haben immer wieder auf die Feststellung Wert gelegt, daß der SPD-Fraktionsvorsitzende in seiner Eigenschaft als Sicherheitsbeauftragter der SPD informiert worden sei. Wie pflegt in einer solchen Situation die Unterrichtung stattzufinden? Wie reagiert der Sicherheitsbeauftragte einer Partei, was sagt er, was tut er, wenn er erfährt, daß der vermutliche, lang gesuchte Agent in der unmittelbaren Nähe des Parteivorsitzenden arbeitet, der inzwischen zum Bundeskanzler aufgestiegen ist, der in besonderer Weise durch eine solche Agententätigkeit gefährdet wird? Findet eine Information über einen derart alarmierenden Vorgang wirklich mit ein, zwei hingeworfenen Sätzen statt? Ist es wahrscheinlich, ist es glaubwürdig, daß der Sicherheitsbeauftragte eine dermaßen knappe Mitteilung lediglich zur Kenntnis nimmt?

Man mag die Darstellung beider Zeugen noch so fein erklären und interpretieren: ihre Behauptungen über Art und Umfang der Unterrichtung Wehners widersprechen allen Lebenserfahrungen. Diese Aussagen sind deswegen unglaubwürdig, und sie sind erkennbar nur zu dem Zweck gemacht, den Ausschuß und die Öffentlichkeit über den wirklichen Geschehensablauf zu täuschen.

Schließlich hat Nollau den Eindruck hervorzurufen versucht, er habe Wehner vor der Unterrichtung des Innenministers Genscher – die fand ja am 29. Mai 1973 statt – gar nicht informieren können. Wehner sei nämlich in dieser Zeit auf dem Wege zu Honecker nach Ost-Berlin gewesen. Dabei stellte es Dr. Nollau so dar, als sei er selbst erst am 28. Mai 1973 bei einem Gespräch von den leitenden Beamten seiner Behörde über den Spionageverdacht unterrichtet worden. Aus den Akten ergibt sich indessen, daß der Verfassungsschutzpräsident wahrscheinlich schon am 23. Mai, spätestens am 25. Mai durch Vorlage der Akten Kenntnis von der Agentenaffäre erhalten hatte. Das mußte er in seiner weiteren Vernehmung auch zugeben; er hat es zugegeben. Es war ihm also durchaus möglich, den SPD-Fraktionsvorsitzenden vor seiner Reise zu Honecker und vor der Unterrichtung Genschers zu informieren. Warum versuchte Dr. Nollau, dem Ausschuß zu suggerieren, eine frühere Unterrichtung Wehners sei objektiv einfach unmöglich gewesen? Warum gab er nicht den tatsächlichen Zeitpunkt seiner eigenen Kenntnisnahme von Anfang an zu?

Ein weiterer Umstand ist wichtig. Nollau unterrichtete Genscher nur unvollkommen. Er nannte lediglich zwei von insgesamt dreißig Verdachtsgründen gegen Guillaume. Er übergab während der Besprechung am 29. Mai 1973 nicht die Akten des Verfassungsschutzes, in der die dreißig Punkte, Verdachtsmomente detailliert zusammengetragen waren. Er trug an Hand eines kleinen Merkzettels vor, obwohl er die Akte in seiner Aktentasche bei sich führte. Das hatte zur Folge, daß Minister Genscher den Verdacht zwar ernst nahm, aber nicht überzeugt wurde, daß Guillaume tatsächlich auch Agent Ost-Berlins war. Und: Dr. Nollau gab dem Innenminister den völlig unverständlichen Rat, er sollte den Bundeskanzler Willy Brandt, der doch durch den Spion in besonderer Weise gefährdet war, über diesen gravierenden Verdacht nicht informieren. Wer soll eigentlich glauben, daß Dr. Nollau angesichts der schwerwiegenden Konsequenzen, die sich für die Regierung aus diesem Fall zumindest ergeben konnten, dies alles aus eigenem Antrieb tat? Sollte der vorsichtige Dr. Nollau das alles auf eigene Verantwortung getan haben? – Alles spricht dafür, daß er sein Verhalten und die an Minister Genscher gegebenen Empfehlungen vorher mit einem Dritten abgesprochen hatte. Der Verdacht richtet sich gegen den SPD-Fraktionsvorsitzenden Herbert Wehner.

Warum wurde Herbert Wehner unterrichtet, während der Bundeskanzler nach der Empfehlung Dr. Nollaus von der Kenntnis über den Agenten ausgeschlossen bleiben sollte? Warum sprach Herbert Wehner, der ja als Sicherheitsbeauftragter seiner Partei informiert worden war, seinen Parteivorsitzenden Brandt in der Folgezeit nicht ein einziges Mal auf diesen schwerwiegenden Verdachtsfall an? Sein möglicher Einwand, er habe ja gewußt, daß Brandt informiert wurde, nämlich durch den damaligen Innenminister Genscher, kann nicht überzeugen und ist deswegen nicht sehr glaubwürdig. Dazu waren die Gefahren für den Regierungschef selbst und für die Koalition insgesamt zu groß.

Sowohl für den Fraktionsvorsitzenden Herbert Wehner als auch für den Präsidenten Dr. Nollau hat das Untersuchungsverfahren also keine Entlastung gebracht. Im Gegenteil, ihre Aussagen sind in wesentlichen Punkten unglaubwürdig. Der Fraktionsvorsitzende der SPD, der stärksten Regierungsfraktion, muß sich fragen lassen, ob er meint, dem Staatsinteresse noch gerecht werden zu können. Seine Vertrauenswürdigkeit ist durch dieses Verfahren erneut schwer erschüttert worden.

Dieser Untersuchungsausschuß hat trotz der Unzulänglichkeit seiner Mittel und trotz bedenkenloser Vertuschungsversuche wichtiger Zeugen wichtige Erkenntnisse zutage gefördert. Er hat offenbart, mit welcher Skrupellosigkeit führende SPD-Politiker das Interesse ihrer Partei mit dem Interesse unseres Staates gleichgesetzt haben. Er hat nachgewiesen, daß der Präsident des Verfassungsschutzes eklatant versagte, schwerste Fehlentscheidungen traf, seinen Dienstvorgesetzten vorsätzlich nur unvollkommen informierte und trotzdem in seinem Amt gehalten wird. Das ist ein Zeichen dafür, wie groß der Einfluß Herbert Wehners immer noch ist, mit dessen Protektion Dr. Nollau überhaupt an die Spitze des Kölner Amtes aufsteigen konnte.

Der Untersuchungsausschuß hat gerade die wirkliche Rolle Herbert Wehners offenkundig werden lassen. Wehner war seit Mai 1973 nach meiner Überzeugung die zentrale Figur bei der Behandlung der Spionageaffäre, bei der das Staatsinteresse der Bundesrepublik Deutschland mißachtet worden ist.

Vor allem aber hat das Untersuchungsverfahren eines verdeutlicht: Die Bundesregierung kann nicht mehr das Vertrauen der Bürger beanspruchen. Unter der Führung der SPD ist sie einem schleichenden Verfall ausgesetzt. Dadurch wird sie immer mehr unfähig zum Handeln. Selbst nach dem Kanzlerwechsel von Brandt zu Schmidt hat dieser Vorwurf nichts von seinem Gewicht verloren, denn auch die jetzige Bundesregierung ist, wie man sieht, nicht in der Lage, in dieser Spionageaffäre rundum reinen Tisch zu machen. Sie läßt die verantwortlichen Beamten in ihren Positionen, und letztlich ist diese Regierung zu schwach, um die Nachrichtendienste vor den zerstörerischen Angriffen führender Sozialdemokraten zu schützen.

In den vergangenen Wochen haben der SPD-Vorsitzende Willy Brandt und einer seiner Stellvertreter, der Ministerpräsident Kühn von Nordrhein-Westfalen, von der Unregierbarkeit unseres Landes gesprochen. Dieser parlamentarische Untersuchungsausschuß hat auch zu diesem Thema Aufklärung gebracht. Seit 1949 hat keine Regierung der Bundesrepublik Deutschland so sehr das Interesse unseres Staates verletzt und so eklatant versagt wie die Regierungen Willy Brandt und Helmut Schmidt. Spätestens seit der Spionageaffäre Guillaume wissen unsere Bürger, daß unser Land eine bessere Regierung braucht.

Rede (Auszug) vor dem Deutschen Bundestag am 27. Februar 1975

Verständigung zwischen Polen und Deutschland

Die CDU/CSU-Fraktion hat die uns heute zur Entscheidung vorgelegten Vereinbarungen der Bundesregierung mit der Regierung der Volksrepublik Polen vom 9. Oktober 1975 gründlichst geprüft. Wir haben dies allerdings nach unseren Erfahrungen mit der sogenannten neuen Ostpolitik seit 1969 mit der gebotenen Skepsis getan. Für uns lautet die entscheidende Frage, ob diese Vereinbarungen geeignet sind, Ausgleich und Verständigung zwischen der Bundesrepublik Deutschland und der Volksrepublik Polen zu entwickeln, zu fördern und zu vertiefen.

Außenminister Genscher hat gesagt, eigentlich müßte die heutige Tagesordnung heißen: das deutsch-polnische Verhältnis. Wir, die Christlichen Demokraten und die Christlich-Sozialen, treten seit Bestehen der Bundesrepublik Deutschland für einen dauerhaften Ausgleich und eine zukunftsgerichtete Verständigung zwischen Polen und Deutschland ein; denn wir wissen, daß das Verhältnis dieser beiden Völker immer noch – dreißig Jahre nach Ende des Zweiten Weltkriegs! – belastet ist. Diese Belastungen wollen wir überwinden. Wir wünschen eine Zusammenarbeit, die beiden Seiten und damit dem Frieden in Europa dient.

Dazu ist es nötig, daß beide Seiten Verständnis füreinander haben. Wir verstehen, daß Polen in gesicherten Grenzen leben will. Wir haben das in der Erklärung zum Warschauer Vertrag am 4. Dezember 1970 klar zum Ausdruck gebracht.

Darum erwarten auch wir Verständnis, vor allem für unsere Forderung, die Einheit Deutschlands zurückzugewinnen. Dieses Verständnis erhoffen wir gerade vom polnischen Volk, das nach über hundertjähriger Teilung am Ende des Ersten Weltkrieges seine Einheit im Zeichen des Selbstbestimmungsrechtes wiedergefunden hat. Gerade Polen müßte deshalb verstehen, daß endgültige Regelungen über Deutschland als Ganzes nicht getroffen werden können, solange die Deutschlandfrage nicht im Sinne des Selbstbestimmungsrechtes gelöst ist.

Polen soll wissen, daß die Respektierung des Selbstbestimmungsrechtes auch für die Deutschen das entscheidende Problem ist. Über alle anderen Fragen mag verhandelt werden. Dabei kann für Polen nicht belanglos sein, daß die Bundesrepublik Deutschland klar und unzweideutig auf die Anwendung jedweder Gewalt verzichtet hat und daß dieser Gewaltverzicht gerade von den Vertriebenen in vollem Umfange mitgetragen wird.

Verständnis für den anderen, sagte ich, ist Voraussetzung für einen dauerhaften Ausgleich. Darum wird es Verständigung zwischen Polen und Deutschland nur geben, wenn wir ehrlich miteinander sprechen. Vereinbarungen zwischen Polen und Deutschland müssen auf Klarheit und Wahrheit beruhen. Sie müssen ausgewogen den beiderseitigen Interessen dienen. Diese Grundsätze hat die Bundesregierung schon beim Abschluß des Warschauer Vertrages vom Dezember 1970 – übrigens auch bei Abschluß des Moskauer Vertrages – nicht beachtet. Sie hat damals einen Vertrag ausgehandelt, der nachher beide Seiten enttäuscht hat. Das um so mehr, als im ostpolitischen Überschwang Erwartungen und Hoffnungen geweckt wurden, die einfach nicht erfüllt werden konnten.

Der entscheidende Fehler beim Warschauer Vertrag war, daß die Bundesregierung darauf verzichtet hat, das wichtigste deutsche Anliegen, nämlich die Ausreisemöglichkeit für die Deutschen unter polnischer Herrschaft, im Vertrag selbst zu regeln, und daß sich die Bundesregierung mit der schwachen Form einer einseitigen und nicht sehr klar formulierten polnischen Erklärung zufriedengab – der sogenannten »Information« –, der Zusage, daß alle ausreisewilligen Deutschen zu uns ausreisen dürfen, wenn sie es beantragen. Dies geschah in Kenntnis der schwerwiegenden Gegensätze über die Zahlen, über den Umfang der ausreisewilligen Deutschen. Die Folgen dieser Versäumnisse kennen wir alle, und sie haben die deutsch-polnischen Beziehungen seit 1970, Herr Außenminister Genscher, eben nicht fruchtbar entwickelt, sondern erneut schwer belastet.

Aber aus den Fehlern beim Abschluß des Warschauer Vertrages hat die Bundesregierung offenbar wenig gelernt. Sie ist hier in der Kontinuität, wie der Bundeskanzler Schmidt in seiner Regierungserklärung bereits angekündigt hat, sie ist in der Nachfolge der Regierung Brandt geblieben, in einer ostpolitischen Kontinuität – wir müssen es sagen – des Nachgebens und der Schwäche. Sicherlich, Außenminister Genscher bemüht sich um einen realistischeren Kurs in der Ostpolitik. Wir verfolgen das aufmerksam, auch mit Hoffnungen. Aber um so enttäuschter sind wir, daß auch den neuen Vereinbarungen mit Polen jene Ausgewogenheit und Klarheit fehlt, die wir im beiderseitigen Interesse, ganz besonders im Interesse der betroffenen Deutschen für nötig halten.

Am Anfang unserer Beziehungen zur Volksrepublik Polen muß Aufrichtigkeit stehen. Deswegen hat die CDU/CSU-Fraktion erklärt, welche Grundsätze bei der Regelung der Beziehungen mit Polen beachtet werden müssen, um ein tragfähiges Fundament für Ausgleich und Verständigung zu schaffen.

1. Den Deutschen in den Gebieten jenseits von Oder und Neiße muß nach verbindlich vereinbarten Kriterien die Ausreisemöglichkeit offengehalten werden.

2. Denjenigen Deutschen, die in ihrer Heimat bleiben wollen, muß jedenfalls ein Mindestmaß der elementaren Menschen- und Gruppenrechte garantiert werden.

3. Die verabredeten Leistungen müssen für beide Seiten rechtsverbindlich sein, und sie müssen gleichen rechtlichen Rang haben.

4. Leistungen und Gegenleistungen müssen von beiden Vertragspartnern Zug um Zug, das heißt über einen gleichen Zeitraum, erbracht werden.

Diesen Grundsätzen werden die Abmachungen, die wir

heute beraten, nicht gerecht. Ich will das nur an wenigen Beispielen verdeutlichen.

Der Bundesaußenminister hat bereits darauf hingewiesen, daß wir einen Finanzkredit in Höhe von einer Milliarde Mark gewähren. Die erste Rate von dreihundertvierzig Millionen Mark haben wir bereits gezahlt, die zweite und dritte Rate sollen in diesem und im nächsten Jahr überwiesen werden. Der Zinssatz beträgt zweieinhalb Prozent. Die Rückzahlung soll in zwanzig gleichen Raten erfolgen, beginnend 1980, endend am 15. November 1999. Für die Bundesrepublik Deutschland fallen angesichts dieser günstigen Zinsbedingungen noch Zinssubventionen in Höhe von etwa neunhundertfünfzig Millionen Mark an. Die Bundesregierung verpflichtet sich außerdem, unmittelbar nach der angestrebten Ratifikation des Abkommens zur Abgeltung angeblich bestehender Renten- und Unfallversicherungsansprüche pauschal 1,3 Milliarden Mark zu zahlen. Wir wollen also 2,3 Milliarden Mark zahlen, und wir werden außerdem fast eine Milliarde Mark an Zinskosten zu tragen haben.

Worin soll nun die Gegenleistung Polens bestehen? In der Gewährung der Ausreise für 120000 bis 125000 Deutsche aus den Oder-Neiße-Gebieten bis zum Jahre 1979. Eines ist sicherlich unstreitig: Das Recht auf Freizügigkeit haben nach der allgemeinen Menschenrechtserklärung der Vereinten Nationen, nach den Menschenrechtspakten und den feierlichen KSZE-Erklärungen alle Menschen in dieser Welt. Nicht wir verletzen die Menschenrechte, wenn wir darauf hinweisen, daß das Menschenrecht auf Freizügigkeit vielen unserer Landsleute in Polen heute noch vorenthalten wird. Und nicht nur das. Sie werden mit ihren Angehörigen vielfältigen Schikanen ausgesetzt. Sie verloren in den vergangenen Jahren ihren Arbeitsplatz, andere mußten ihr Studium aufgeben, viele bekamen nicht einmal Fürsorgeunterstützung. Wer von Aussöhnung spricht, darf diese Wahrheit nicht unterschlagen, so wie wir das Unrecht nicht leugnen, das im deutschen Namen geschehen ist.

In dieser Debatte muß eine weitere Tatsache erwähnt werden. Die polnische Regierung hat leider die von ihr 1970 in der von mir bereits erwähnten »Information« übernommene Verpflichtung, nämlich Deutsche, die dieses wollen, in die Bundesrepublik ausreisen zu lassen, nur zu einem geringen Teil und nur äußerst willkürlich erfüllt. Die Zahl der Aussiedler, die seit 1970 zu uns kommen konnten, spricht eine deutliche Sprache.

Ich nenne nur ein paar Zahlen. Im Jahre 1975, im vergangenen Jahr, kamen 7041 Deutsche zu uns in die Bundesrepublik. Von ihnen kamen aber nur 5133, wie die Polen sagen, »legal«. 1908 Menschen sind »illegal« gekommen, das heißt, nicht mit einer Ausreisegenehmigung, sondern sie sind von Besuchen nicht zurückgekehrt oder geflohen. Im Durchschnitt mußten die Menschen, die »legal« ausreisen durften, fünfmal einen Ausreiseantrag stellen, ehe sie die Genehmigung zur Ausreise erhielten. In den letzten drei Jahren sind 23771 Menschen, Deutsche, zu uns in die Bundesrepublik übergesiedelt. Aber auch davon nur 17222 mit polnischer Ausreisegenehmigung. Die anderen, 6549, kamen nach polnischer Auffassung »illegal«. Dies ist die bittere, die traurige Wahrheit. Wenn wir miteinander reden, müssen wir diese Wahrheit selbst sagen, wie auch Wahrheit entgegennehmen. Nur dann werden wir Ausgleich und Verständigung erreichen.

Beim Besuch des polnischen Außenministers Olszowski in Bonn wurde am 7. Dezember 1973 eine nach Aussage von Staatsminister Moersch zwischen der deutschen und der polnischen Delegation abgestimmte Erklärung veröffentlicht. In ihr wurde mitgeteilt, daß zunächst im Jahre 1974 50000 Menschen die Aussiedlung nach Deutschland gestattet werde. Auch diese Zusage blieb unerfüllt. Es konnten nur 7827 Menschen zu uns kommen.

Warum sind, meine Damen und Herren, die von der Bundesrepublik Deutschland zu erbringenden Leistungen in förmlichen völkerrechtlichen Verträgen festgeschrieben, während die in Aussicht gestellten Ausreisen nur in einem Protokoll festgehalten wurden? Warum sollen die deutschen Zahlungen an Polen innerhalb von zwei Jahren erfolgen, während sich die polnische Gegenleistung, Gewährung der Ausreise für 120000 bis 125000 Menschen, über den doppelten Zeitraum von vier Jahren, nämlich bis 1979, erstrecken soll?

Wieder wird versucht, mit Hoffnungen und Erwartungen die tatsächlich bestehenden schweren Mängel der Vereinbarungen zuzudecken. Denn die Regierung weiß ganz genau, daß wir und unsere Mitbürger die Frage stellen, was denn eigentlich mit denjenigen wird, die bis 1979 nicht ausreisen dürfen. Die Bundesregierung antwortet darauf, indem sie die Behauptung aufgestellt hat, es gebe eine Offenhaltungsklausel im Ausreiseprotokoll. Aber diese klare, eindeutige Regelung fehlt. Es wird lediglich festgestellt, daß auch ab 1979 Ausreiseanträge gestellt werden können. Es kommt nicht darauf an, daß Anträge gestellt werden dürfen, sondern daß sie auch genehmigt werden. Daran hat es in den vergangenen Jahren gefehlt.

Wenn die Bundesregierung nun behauptet, nach dem Ausreiseprotokoll sei die Möglichkeit zur Ausreise für Deutsche auch nach 1979 gesichert, so muß ich sagen, daß sich diese Aussage vom Wortlaut her nicht begründen läßt. Wenn die Bundesregierung sagt, die Formulierung bedeute eine Offenhaltungsklausel, so kommt es doch zunächst darauf an, ob auch die polnische Seite dies so versteht.

Im übrigen gibt es Anzeichen dafür, daß Polen der Meinung ist, nach vier Jahren sei das Ausreiseproblem erledigt. So hat der polnische Vize-Außenminister Czyrek vor wenigen Tagen einer Delegation der Jungen Union des Saarlandes erklärt, auch nach Ablauf der vier Jahre werde es die Möglichkeit zu Einzelausreisen geben. Das ist sicherlich nicht eine Offenhaltung, wie wir und auch die Bundesregierung sie fordern müssen.

Hierher gehört auch das Problem der Zahlen, die Frage, wie viele Deutsche wirklich ausreisen möchten. Ich habe den Eindruck, daß neuerdings aus den Reihen der SPD damit ein Spiel getrieben wird – ich muß es so hart formulieren –, das unverantwortlich ist. Bekannt ist, daß beim Deutschen Roten Kreuz die Namen von 280000 Menschen registriert sind, die Interesse an der Ausreise in die Bundesrepublik Deutschland bekundet haben. Andere Zahlen stehen uns nicht zur Verfügung; davon haben wir also auszugehen. Polen hat diese Zahlen auch nicht entkräftet. Seit Dezember 1974 befinden sich die vollständigen Rot-Kreuz-Listen in Warschau. Die damals in der »Information«, der polnischen Erklärung vom Dezember 1970, vereinbarte polnische Stellungnahme zu diesen Listen steht bis heute aus. Deswegen haben wir auf diese Zahlen hingewiesen, und deswegen hat es der Außenminister noch in der ersten Lesung zu diesen Vereinbarungen im November des vergangenen Jahres getan.

Es liegt gewiß nicht im Interesse der ausreisewilligen Deutschen, wenn nun Vertreter der SPD fast freudestrahlend der Öffentlichkeit mitteilen, die wahre Zahl der Ausreisewilligen liege viel niedriger als 280000, und folglich sei das jetzt ausgehandelte Ausreiseprotokoll doch eigentlich ein recht großer Erfolg. Ich will diesen Streit nicht unnötig fortsetzen. Das ginge nur zu Lasten unserer betroffenen Landsleute. Nach unserem bisherigen Kenntnisstand beträgt die Zahl der Ausreisewilligen etwa 280000. Solange wir keine anderen konkreten Zahlen kennen, dient niemand den deutschen Interessen, der sie in Zweifel zieht. Natürlich kann es hier Veränderungen geben – wir bestreiten das nicht –, und zwar nach oben wie nach unten.

Eine Frage aber ist in diesem Zusammenhang doch von Wichtigkeit: Wie viele Menschen, die sich auf die Kriterien der polnischen Zusage von 1970, auf die »Information«, berufen und als Deutsche die Ausreise nach Deutschland verlangen könnten, gibt es eigentlich noch in den polnischen Herrschaftsbereichen? Die Bundesregierung hat diese Frage nie klar beantwortet. Ich frage: Hat die Bundesregierung wirklich alle Erkenntnismöglichkeiten ausgeschöpft, oder hat sie sich gescheut, an Polen unbequeme Fragen zu stellen? Dieses Problem kann man nicht mit leichter Hand vom Tisch wischen.

Ich möchte in diesem Zusammenhang an eine sehr gründliche Arbeit erinnern, die eine Arbeitsgruppe des Auswärtigen Ausschusses des Deutschen Bundestages unter dem Vorsitz des Sozialdemokraten Wenzel Jaksch im Jahre 1961 erarbeitet hat.

Es heißt dort: »In den polnisch verwalteten deutschen Ostgebieten leben gegenwärtig noch immer mehr als 1,2 Millionen Menschen, die von den Polen als Autochthone bezeichnet werden, da sie dort bodenständig und seit alters her beheimatet sind. Es handelt sich hier um Angehörige des ehemaligen Deutschen Reichs, die immer noch die deutsche Staatsangehörigkeit besitzen und sich zum weit überwiegenden Teil zum Deutschtum bekennen. Nach deutschem Recht sind sie deutsche Staatsbürger.«

Das war 1961. Seit 1961, bis einschließlich 1975, sind 170620 Aussiedler zu uns gekommen. Das heißt, die verbleibende Zahl der Deutschen muß noch beträchtlich sein, und es kann also durchaus noch sehr viele antragsberechtigte deutsche Ausreisewillige dort geben.

Diese Vermutung verstärkt unsere Forderung, daß der Wille der Menschen entscheidend sein muß, die hierherkommen wollen. Ihre Entscheidung muß frei sein und respektiert werden, und zwar in einer Formulierung, die dies unzweideutig feststellt. Sonst ist neuer Streit und schwerer Schaden für die deutsch-polnischen Beziehungen zu befürchten. Einer Entwicklung, wie wir sie in den letzten Jahren erlebt haben – mit schweren Belastungen für unser Verhältnis zu Polen und mit viel, viel menschlicher Tragik für die betroffenen Deutschen –, müssen wir jetzt vorbeugen. Das ist unsere menschliche, unsere humanitäre Verantwortung.

Nun sagt die Bundesregierung: Wenn das Rentenabkommen scheitert, wird 120000 Deutschen die Ausreise hierher versperrt. Ich meine, dieses Argument sollte die Bundesregierung besser nicht vorbringen. Grundlage der Ausreise ist und bleibt doch – so hat die Bundesregierung mehrfach in den Ausschüssen, hier im Parlament und heute wieder dargelegt – die »Information«, also die polnische Zusage aus dem Jahre 1970, wonach alle Deutschen ihr Recht auf Freizügigkeit wahrnehmen können. Sperrt Polen die Ausreise, weil die jetzt vorliegenden Vereinbarungen nicht zustande kommen, dann wäre das ein Lossagen von der damals übernommenen Verpflichtung. Ich will nicht glauben, daß dies die Absicht der polnischen Regierung ist.

Nach alledem stelle ich fest: Die von der Bundesregierung dem Deutschen Bundestag vorgelegten Vereinbarungen mit Polen stehen in der Kontinuität der unsoliden, von Aufgeben und Nachgeben gekennzeichneten Ostpolitik von Brandt und Bahr. Von ihr hat ein bekannter amerikanischer Wissenschaftler gesagt, sie verfolge minimale Ziele mit maximalen Konzessionen. Eine derartige Politik kann nicht zu dauerhafter Verständigung und zu einem Zuwachs an Vertrauen zwischen Polen und Deutschen führen, denn ihr fehlt es auch an Aufrichtigkeit gegenüber dem Vertragspartner. Daher tragen die neuen Vereinbarungen mit Polen ebenso wie seinerzeit das Warschauer Vertragswerk den Keim zu neuen Spannungen und zu neuem Mißtrauen in sich. Sie fördern nicht die Verständigung, sie belasten sie mit neuem Hader. Wir wollen weder eine Außenpolitik der Anbiederung noch eine Außenpolitik des Alles oder Nichts. Wir fordern ehrliche und klare Regelungen in unseren Beziehungen zu Polen, damit wirklich Verständigung und Ausgleich zwischen diesen beiden mitteleuropäischen Völkern möglich werden, die sich so viel geben können.

Diesem Ziel werden die jetzt vorgelegten Vereinbarungen nicht gerecht; und aus diesem Grunde lehnen wir sie ab.

Rede vor dem Deutschen Bundestag am 19. Februar 1976

Grundrechtsanspruch und Sicherheitsinteresse des Staats: der Fall Traube

Der sogenannte Fall Traube bewegt in diesen Wochen viele unserer Mitbürger. Sie empfinden oft Ratlosigkeit und Unbehagen. Und immer wieder wird die Frage gestellt, wie es zu dieser Abhöraffäre kommen konnte.

Solche Empfindungen der Ratlosigkeit und der Betroffenheit so vieler unserer Mitbürger sind ja nur zu verständlich. Denn auf der einen Seite empfinden sie sehr wohl die Ungeheuerlichkeit der Tatsache, daß in eine private Wohnung mit Billigung des Innenministers eingebrochen und eine Lauschanlage angebracht worden ist. Andererseits hören die Menschen, daß der davon betroffene Staatsbürger, eben jener Dr. Traube, Kontakte zu Angehörigen des Terrorismus gehabt habe. Ganz selbstverständlich werden damit Erinnerungen an Geschehnisse geweckt wie den OPEC-Überfall in Wien, an die grauenhaften Terroranschläge in Stockholm oder an die Ermordung des Berliner Kammergerichtspräsidenten Günter von Drenkmann.

Deswegen muß man es vielleicht begreifen, wenn einige meinen, daß angesichts solch furchtbarer Vorkommnisse in der Vergangenheit nun doch endlich mit aller Entschlossenheit und gegebenenfalls auch unter Hintanstellung von Grundrechten in unserer Verfassung gegen Menschen, die im Verdacht stehen, Kontakt zu Terroristen zu haben oder gar selbst an terroristischen Anschlägen beteiligt zu sein, vorgegangen werden muß. Aber die Bundesrepublik Deutschland ist ein Rechtsstaat. Deswegen dürfen wir alle uns die Sache nicht leichtmachen. Wir müssen alle Umstände gründlich erwägen, und dabei dürfen uns selbstverständlich nur rechtsstaatliche Erwägungen leiten.

Allerdings drängt sich in diesem Zusammenhang auch eine andere Frage auf, die Frage nämlich: Was wäre wohl geschehen, wenn in einer Regierung Kohl ein Innenminister Dregger genauso entschieden und gehandelt hätte wie Herr Maihofer?

Wie hätten die SPD und FDP in einer solchen Lage reagiert, und wie hätte sich dann wohl der Politiker Maihofer, auf den Oppositionsbänken befindlich, verhalten?

Ich will den sogenannten Fall Traube zunächst rechtlich und danach politisch untersuchen. Dazu ist es nötig, in aller Kürze den Sachverhalt darzustellen.

Mit Billigung des Innenministers, die allerdings, wie wir inzwischen erfahren haben, erst nachträglich unzweideutig ausgesprochen wurde, ist der Einbruch in eine private Wohnung angeordnet und eine geheime Abhöranlage, eine sogenannte »Wanze«, installiert worden. Dies geschah, obwohl der Bundesinnenminister am Tage vorher, nämlich am 1. März, auf einer Bundespressekonferenz ausdrücklich zugegeben hatte, daß zum Zeitpunkt dieser Anordnung keine gerichtsverwertbaren Beweise gegen Traube vorlagen, daß die legal durchgeführte Telefon- und Postüberwachung keinen konkreten Tatverdacht ergeben hatte und daß die Einleitung eines strafrechtlichen Ermittlungsverfahrens nicht zu rechtfertigen gewesen wäre.

Das hat der Innenminister nicht vom Standpunkt des »Danach« erklärt, sondern als jenen Standpunkt dargelegt, der vor und bei Anordnung dieser Maßnahme maßgeblich gewesen ist.

Es ist interessant, was der Innenminister zum Thema vor dem Innenausschuß ausgesagt hat. Friedrich Schäfer von der SPD-Fraktion hat dort folgende Frage an den Innenminister gestellt: »Offensichtlich haben Ihnen diese beiden Maßnahmen keine ausreichenden Erkenntnisse gebracht, und Sie haben nun überlegt, wie Sie zu neuen Erkenntnissen kommen können.«

Der Innenminister antwortete: »Es ist in der Tat richtig, Herr Schäfer, was Sie sagen, die laufende Post- und Telefonüberwachung hat uns einfach nicht weitergebracht in der zentralen Frage: Was für eine Art von Kontakten hat dieser Herr Traube mit diesen Terroristen?«

Einige Absätze weiter können wir dann als Aussage des Innenministers folgendes lesen: »Dennoch hatten wir nichts Handgreifliches, daß wir hätten sagen können: Das gibt uns Anlaß für die Einleitung eines polizeilichen Vorermittlungs- oder staatsanwaltschaftlichen Ermittlungsverfahrens.«

Die Aussage ist sehr wichtig. Denn daraus ergibt sich ganz eindeutig, daß jene äußerste Gefährdungslage nicht auf Grund von bestimmten Erkenntnissen angenommen werden konnte. Außerdem ist diese Aussage wichtig im Hinblick auf das, was Herr Maihofer zum Artikel 13 Absatz 3 des Grundgesetzes gesagt hat, nämlich: »Es bestand kein Anlaß (es war rechtlich nicht zulässig), etwa Mittel polizeilicher, staatsanwaltschaftlicher Art zur Gefahrenabwehr einzuleiten.« Es bestand demnach also lediglich ein allgemeiner Verdacht gegen Traube, daß dieser nämlich möglicherweise nicht nur zufällige Kontakte zu Terroristen hatte. Dies wurde allein darauf gestützt, daß er mit dem inzwischen als Terrorist ausgewiesenen Klein bekannt und mit diesem mehrfach zusammengetroffen war.

Ich will diese Tatsache und den sich daraus ergebenden Verdacht ganz gewiß ernst nehmen. Ich will hier gar nichts verharmlosen. Die Frage ist aber, ob ein solcher Verdacht, wie ich ihn eben noch einmal beschrieben habe, der nicht ein konkreter schwerwiegender Tatverdacht gewesen ist, sondern ein allgemeiner Verdacht, ausreicht, einen so schwerwiegenden Eingriff in das Grundrecht der Unverletzlichkeit der Wohnung zu rechtfertigen. Herr Maihofer hat gesagt, das sei möglich gewesen, und zwar aufgrund des Artikels 13 Absatz 3 des Grundgesetzes. Danach darf in der Tat in das Grundrecht der Unverletzlichkeit der Wohnung dann eingegriffen werden, wenn damit eine gemeine Gefahr oder eine Lebensgefahr für einzelne Personen abgewendet werden soll. Aber nach allem, was wir bisher wissen, ist ja zu diesem Zweck der Gefahrenabwehr gerade nicht in die Wohnung Traubes eingedrungen und eine Abhöranlage angebracht worden. Dieser sogenannte Lauschangriff wurde nicht durchgeführt, um eine Straftat zu verfolgen oder um eine unmittelbare Gefahr für die öffentliche Ordnung abzuwehren. Mit dem Einbruch in die Wohnung sollten vielmehr jene nachrichtendienstlichen Erkenntnisse gewonnen werden, die einen konkreten Tatverdacht überhaupt erst begründen konnten und begründen sollten.

Es ist ein entscheidender Unterschied, ob in das Grundrecht der Unverletzlichkeit der Wohnung eingegriffen wird, um eine gemeine Gefahr abzuwehren, oder ob damit erst herausgefunden werden soll, ob eine solche gemeine Gefahr überhaupt vorliegt. Die Frage spitzt sich unter juristischen Aspekten also auf einen Punkt zu: Ist der Einbruch in eine Wohnung und das geheime Anbringen eines Abhörgerätes ein verfassungsrechtlich zulässiges nachrichtendienstliches Mittel?

Nach meinem Verfassungsverständnis kann es darauf keine zustimmende Antwort geben. Obwohl der Innenminister sich, wie ich zugebe, subjektiv und auch objektiv in einer schwierigen Lage befunden hat, halte ich die getroffene Maßnahme deswegen für nicht begründet. Ich meine auch, er kann diese Auffassung, die ich hier vortrage, nicht mit leichter Hand beiseite schieben. Immerhin haben sich eine Reihe bedeutender Verfassungsrechtler zu diesem Thema geäußert, darunter Dürig, der von einem »fragwürdigen und bedenklichen« Vorgang spricht.

Selbst diejenigen, die zu einer anderen Bewertung kommen – wie der Innenminister –, muß doch nachdenklich stimmen, daß für den viel weniger einschneidenden Eingriff der Post- und Telefonüberwachung ein ganz bestimmtes, gesetzlich vorgeschriebenes Verfahren vorgesehen ist. Der Innenminister muß die Überwachung von dem dafür bestellten Gremium billigen lassen. Im Fall Traube ist eine solche Billigung nicht erfolgt, obwohl doch diese Maßnahme viel stärker in die persönliche Grundrechtssphäre eingreift als jene Überwachung nach dem Gesetz zu Artikel 10 des Grundgesetzes, also die Überwachung von Post und Telefon.

Nun hält Herr Maihofer dagegen, daß in dieser besonderen Situation, in dieser Ausnahmesituation des Falles Traube, das geheime Eindringen in dessen Wohnung wegen jenes Artikels

13 Absatz 3 des Grundgesetzes eben doch zulässig gewesen sei. Sicher, in diesem Absatz 3 ist eine Einschränkung gegenüber dem ersten Absatz vorgesehen. Artikel 13 des Grundgesetzes garantiert ja die Unverletzlichkeit der Wohnung. Eingriffe und Beschränkungen dieses Grundrechts der Unverletzlichkeit der Wohnung sind nach Absatz 3 dann zulässig, wenn sie zur Abwehr einer gemeinen Gefahr oder einer Lebensgefahr für einzelne Personen notwendig sind.

Hier wird eine Ausnahme von der Ausnahme gemacht. Darf ich daran erinnern, daß die Verfassungsväter nicht nur mit der Verfassung insgesamt, sondern mit den Grundrechten ganz besonders behutsam umgegangen sind und uns alle aufgefordert haben, besonders vorsichtig damit umzugehen. Deswegen ist in dieser Verfassung enthalten, daß der Wesensgehalt eines Grundrechts unter gar keinen Umständen eingeschränkt werden darf. Deswegen stellt das Grundgesetz fest, daß – wenn tatsächlich in einer Ausnahmesituation ein Eingriff erlaubt werden soll – diese Erlaubnis in einem förmlichen Gesetz vorgesehen sein muß.

Von dieser Ausnahme macht Absatz 3 des Artikels 13 des Grundgesetzes noch einmal eine Ausnahme, indem er sogar auf das Vorhandensein eines förmlichen Gesetzes verzichtet. Dieses allein macht bereits den Ausnahmecharakter von Artikel 13 Absatz 3 des Grundgesetzes sichtbar.

Deswegen sind ganz besonders strenge Anforderungen daran zu stellen, ob dieser Absatz 3 des Artikels 13 des Grundgesetzes für einen konkreten Fall Anwendung finden kann. Dazu hat Maihofer leider kein Wort gesagt. Er hat lediglich seine Rechtsauffassung vorgetragen, aber er hat nicht gesagt, warum er in dieser konkreten Situation gleichwohl meint, nach Maßgabe dieses Ausnahmetatbestands von Artikel 13 Absatz 3 des Grundgesetzes handeln zu dürfen. Eine solche Verletzung des Rechts auf Unverletzlichkeit der Wohnung ist nur unter ganz besonderen Umständen möglich, nämlich dann, wenn man eine gemeine Gefahr abwehren oder das Leben eines einzelnen Rechtsgenossen dadurch retten will. Aber zu diesem Zweck hat er nicht gehandelt. Er wollte keine gemeine Gefahr abwehren, sondern er wollte Erkenntnisse gewinnen. Dafür reicht Artikel 13 Absatz 3 des Grundgesetzes nicht aus.

Minister Maihofer sieht diese Problematik durchaus, deswegen greift er auf einen Rechtsgrund zurück. Er beruft sich auf den rechtfertigenden Notstand, den früheren übergesetzlichen Notstand. Er sei befugt gewesen, das geringere Rechtsgut der Unverletzlichkeit der Wohnung zu verletzen, um auf diese Weise das höhere Rechtsgut vieler Menschenleben schützen zu können. Aber auch in dieser Frage bleibt es bei dem, was ich vorher gesagt habe: Maihofer ging es nicht darum, hier eine Gefahr abzuwehren, sondern er wollte Erkenntnisse gewinnen. Schon deswegen kommt per definitionem ein übergesetzlicher Notstand nicht in Frage.

Aber selbst wenn man das nicht annehmen wollte, dann ist es doch so, daß Artikel 13 Absatz 3 des Grundgesetzes in sich selbst die einzige Rechtsgüterabwägung vornimmt, die eine Einschränkung dieses Grundrechts auch ohne förmliches Gesetz rechtfertigen könnte. Die einzig mögliche Güterabwägung ist also in der Verfassung selbst normiert. Deswegen ist es nicht gestattet, daneben zusätzlich auf einen anderen, einen allgemeinen Notstand rechtfertigender, übergesetzlicher Art zurückzugreifen.

Es ist deswegen gewiß kein Zufall, sondern bezeichnend, daß Minister Maihofer nicht einmal versucht hat, im nachhinein von den strafrechtlichen Ermittlungsbehörden, von einem Richter oder meinetwegen von einem Gremium des Parlaments die getroffene Maßnahme rechtlich oder wenigstens politisch rechtfertigen zu lassen. Darin, finde ich, kommt mindestens seine Ungewißheit hinsichtlich der Rechtsposition ganz deutlich zum Ausdruck.

Wenn er nachher sagen wollte, das alles war für uns ja bereits Gefahrenabwehr, dann hätte er allen Anlaß gehabt, anschließend zum Richter zu gehen, um das rechtfertigen zu lassen, was, mit seinem Gewissen und auf seine Anordnung, geschehen ist.

Fragen ergeben sich in vielerlei Hinsicht. Was die rechtliche

Seite anlangt, will ich es damit bewenden lassen. Es muß noch festgestellt werden, ob Herr Maihofer als Dienstherr des Verfassungsschutzes seine Pflichten tatsächlich erfüllt hat. Nach Auffassung des Bundeskanzlers kommt es für die Beurteilung des Verhaltens des Innenministers entscheidend darauf an, ob er während der ganzen Zeit Herr des Verfahrens gegen Traube war. Das setzt voraus, daß ihm bekannt gewesen ist, es solle eine Lauschoperation mittels eines Einbruchs in eine Wohnung durchgeführt werden. Denn nur dann hätte er diejenigen Rechtsüberlegungen und Güterabwägungen vornehmen können, die ihn jetzt als den Mann ausweisen würden, der die Entscheidungen auch tatsächlich getroffen hat, der also das Verfahren in seiner Hand hatte.

Der Einbruch in die Wohnung Traubes war ihm zum Zeitpunkt der Tat unbekannt. Das hat er, wenn auch nicht so deutlich, zum Ausdruck gebracht. Die leitenden Beamten des Bundesamts für Verfassungsschutz haben darüber vor dem Innenausschuß ausgesagt. Sie haben erklärt, daß ein Einbruch als nachrichtendienstliches Mittel mit dem Minister nie erörtert worden sei. Er könne also nicht behaupten, dies sei in der von ihm am 29. Dezember 1975 dem Staatssekretär Fröhlich mündlich übermittelten Weisung, nach dem OPEC-Überfall müsse im Fall Traube das Äußerste unternommen werden, enthalten gewesen. Er selbst bestreitet ja nicht, daß er von dem Einbruch in die Wohnung Traubes erst nachträglich, nämlich am 15. Januar 1976, Kenntnis erhalten hat.

Minister Maihofer konnte also gar nicht Herr dieses Verfahrens sein. Denn er wußte nichts von dem, was sich tatsächlich abspielte. Er hat daher auch nicht gehandelt und folglich auch nicht aufgrund einer zuvor überlegten Rechtsauffassung angeordnet, sondern er hat sich jetzt nachträglich zu rechtfertigen versucht.

In diese Diskussion gehört noch etwas: Herr Maihofer, seine Partei und die SPD haben in den letzten Jahren immer wieder den Eindruck zu erwecken versucht, ihnen gehe es mehr als CDU und CSU um die Sicherung der Grundrechte für den einzelnen Staatsbürger. Und wie oft sind wir, CDU und CSU, auch in diesem Hause verdächtigt worden, wir wollten den Polizeistaat!

Wir erinnern uns in diesem Zusammenhang auch an jene Zeitungsinserate aus dem letzten Landtagswahlkampf in Hessen. Damals gab es den Guillaume-Untersuchungsausschuß. Wir alle wissen noch, wie die Sozialdemokratische Partei die Union bezichtigt hat, wir wollten Gesinnungsschnüffelei. Auf der gleichen Linie liegt auch, daß Herr Maihofer und seine Freunde das Thema »Radikale im öffentlichen Dienst« sprachlich umfunktionierten und von sogenannten Berufsverboten sprachen und heute noch sprechen. Und schließlich ist es er selbst gewesen, der uns vorwarf, wir handelten nicht nach jenem Motto, das er so oft vorgetragen habe: *in dubio pro libertate*. In einem Gastkommentar in den »Harburger Anzeigen und Nachrichten« vom 13. Januar 1976 schreibt er: »Im Konflikt zwischen beiden Prinzipien, zwischen Freiheitsverbürgung und Sicherheitsgewährung, muß in unserem Rechtsstaat nach der ihm schon von seinem Vorzeichen ›freiheitlich‹ her eigenen Priorität die Antwort lauten: Im Zweifel für die Freiheit.«

Wenn man seiner Argumentation folgt, dann hat er die Priorität umgekehrt und nach dem Motto gehandelt: *in dubio pro securitate* – im Zweifelsfall für die Sicherheit. Wie will er jetzt vor seinen so pathetischen Erklärungen bestehen?

Interessant ist in diesem Zusammenhang auch eine Aussage des gegenwärtigen Parlamentarischen Staatssekretärs im Innenministerium, Andreas von Schoeler, laut »Frankfurter Rundschau« vom 3. September 1975: »Denn sicherlich ist ein Staat, der der Sicherheit die absolute Priorität einräumt, ein Polizeistaat.«

Nach den Erklärungen von Professor Maihofer vor der Presse, nach dem, was er im Innenausschuß gesagt hat, stand fest, daß es keine gerichtsverwertbaren Beweise gegen Dr. Traube gegeben hat, daß kein hinreichender konkreter Tatverdacht vorlag und daß es nach Überzeugung des Innenministers völlig abwegig war, ein strafrechtliches Ermittlungsverfahren einzuleiten. Herr Maihofer kann das drehen und wenden, wie er will, seine großen Worte von früher und seine jetzige Handlungsweise widersprechen sich eklatant.

Damit wird noch etwas sichtbar, nämlich daß diese Koalition nicht in der Lage ist, aus einem wirklich liberalen Grundverständnis unseren Staat mit seiner freiheitlichen Ordnung gegen die Feinde der Freiheit wirksam zu verteidigen. Was soll die deutsche Öffentlichkeit, was sollen insbesondere unsere Beamten, die zu loyaler Pflichterfüllung und Beachtung der Gesetze verpflichtet sind, eigentlich denken, wenn einerseits die Regierung behauptet, rechtmäßig gehandelt zu haben, andererseits aber Kollege Schäfer von der SPD-Fraktion erklärt, man müsse dem »Spiegel« dankbar sein, daß er die Überwachung von Herrn Traube und die dabei angewandten Praktiken in die Öffentlichkeit gebracht habe?

»Der Abhörskandal, den der ›Spiegel‹ enthüllen konnte, müßte eigentlich weitreichende Konsequenzen haben. Der Bundestag wird nicht umhin können, einen Untersuchungsausschuß einzusetzen, um die Hintergründe des Falles Traube aufzuklären. Die Abgeordneten haben nämlich die Pflicht, darauf zu achten, daß die in unserer Verfassung verankerten Grundrechte nicht verletzt werden. Es ist weiter anzunehmen, daß Bundesinnenminister Professor Maihofer und der Präsident des Bundesamtes für Verfassungsschutz Richard Meier in absehbarer Zeit ihre Posten werden aufgeben müssen, genau wie seinerzeit Franz Josef Strauß im Zusammenhang mit der ›Spiegel‹-Affäre.«

Das sind keine Aussagen eines Abgeordneten der CDU/CSU-Fraktion; das sind die ersten beiden Absätze einer Kolumne, die Conrad Ahlers von der SPD-Fraktion in der »Hamburger Morgenpost« am 28. Februar dieses Jahres veröffentlicht hat.

Frau Wieczorek-Zeul, die Juso-Vorsitzende, verlangte laut »dpa« vom 2. März den Rücktritt von Innenminister Maihofer. Sie sagte dabei, vordringlich müsse geprüft werden, ob das Vorgehen gegen Traube ein Eingriff sei oder eine neue Form des Berufsverbotes. Im übrigen müsse man erkennen, daß für die Koalitionsparteien SPD und FDP in ihrer Gesamtheit koalitionsinterne Rücksichten und Überlegungen wichtiger erschienen als die öffentliche Verurteilung rechtswidriger Praktiken.

An dieser Meldung, meine Damen und Herren, ist gewiß nicht nur die Rücktrittsforderung wichtig, sondern gerade das, was als koalitionsinterne Rücksichtnahme erklärt wird. Damit wird nämlich offen zugegeben, daß es der SPD und FDP im Augenblick gar nicht darum geht, in der Sache selbst zu dem Verhalten des Innenministers Stellung zu nehmen. Vielmehr wird vor allem in Krisenmanagement gemacht. Es geht darum, koste es, was es wolle, die Koalition zu retten. Genau in diese Richtung weisen auch die Erklärungen Herbert Wehners, die am 1. März von der SPD-Fraktion mitgeteilt wurden. Dabei wird nicht etwa festgestellt, daß sich der Innenminister rechtmäßig verhalten habe. Wehner formuliert vielmehr folgendermaßen: »Bei der Erörterung im Fraktionsvorstand sind alle in Frage kommenden und zur Klärung zu bringenden Punkte abgewogen worden. Worum es jetzt geht, ist die Frage, ob hier gegen geltendes Recht – und wenn ja, mit welcher Begründung – gehandelt worden ist.«

Das kann nur als Kritik am Innenminister verstanden werden. Wie eine Drohgebärde muß auch der folgende Satz verstanden werden: »Ich persönlich habe den Eindruck, daß der Innenminister und sicher viele mit ihm einen schweren Gang gehen, der sich lange hinziehen wird.«

Aber natürlich überwiegt zum Schluß die Koalitionserwägung: »Ich persönlich zweifle nicht an der Integrität des Kollegen Maihofer.«

Georg Schröder hat in der »Welt« zu Recht geschrieben, daß jetzt die Stunde der Wahrheit sei. Dieser Aufforderung wird man nicht dadurch gerecht, daß man ein bemerkenswert forsches Verhalten an den Tag legt. Ein Mann, der, wie Herr Maihofer, immer wieder selbstquälerische Nachdenklichkeit und ständig zur Schau getragenes Problembewußtsein zur wahren Voraussetzung liberalen Selbstverständnisses und Staatsverständnisses erklärt hat, muß in dieser Situation mehr sagen, muß mehr tun, als sich bloß in Selbstgerechtigkeit zu üben: Werner Maihofer muß jetzt erklären, ob alles das, was die Opposition zum Thema Verfassungsfeinde und zu ihrer wirksamen Bekämpfung gesagt hat, von ihm nach wie vor als Ausdruck nicht ausreichenden Grundgesetzverständnisses abgetan wird, oder ob er vielleicht durch die Erfahrungen seines Amtes zu neuen Einsichten gekommen ist.

Wir sehen – ich sage das noch einmal – die schwerwiegende, die ernste Situation, vor die sich alle Beteiligten in dieser Sache gestellt glaubten. Sie erleben jetzt, Herr Maihofer, daß derjenige, der Regierungsverantwortung trägt, in Konfliktsituationen geraten kann. Wir sagen das ohne Schadenfreude, weil Staatsinteresse für uns immer vor Parteiinteresse gegangen ist und gehen wird. Aber auch Herr Maihofer hätte bereits früher wissen müssen, daß es ein solches Spannungsverhältnis zwischen individuellem Grundrechtsanspruch und dem Sicherheitsinteresse des Staates geben kann und daß der Satz *in dubio pro libertate* einfach nicht ausreicht, Gefährdungen des freiheitlichen Rechtsstaates durch Verfassungsfeinde abzuwehren.

Ich möchte zum Schluß der Hoffnung Ausdruck geben, daß wenigstens jetzt SPD und FDP das Ausmaß der Herausforderung an den freiheitlichen Rechtsstaat begreifen. Es geht hier nicht darum, politisch Verantwortliche in einen Anklagezustand zu versetzen. Es geht schon gar nicht darum, loyale Beamte ins Abseits zu drängen. Für meine Freunde und für mich geht es allein darum, klarzumachen, daß es zwischen der Freiheit des Bürgers und dem handlungsfähigen Rechtsstaat keinen Widerspruch gibt. Freiheit ist nur dort gewährleistet, wo die Sicherheit des Einzelnen wie die des Staates gleichen Wert haben. Denn es gibt keine Freiheit ohne Sicherheit. Sicherheit des Staates ist kein Wert an sich; sie ist und bleibt für uns Mittel zur Erhaltung der Freiheit unserer Bürger.

Rede vor dem Deutschen Bundestag am 16. März 1977

Wir Deutschen bekennen uns zu unserer Vergangenheit

Der 9. November ist für uns immer ein schwerer Tag, in jedem Jahr erneut. Für unsere jüdischen wie für unsere nichtjüdischen Bürger. Wir erinnern uns an den 9. November 1938, an dem für alle Welt offenkundig und unübersehbar der Leidensweg der Juden begann – zuerst für die deutschen Juden, dann für so viele andere in vielen europäischen Ländern. Es dauerte bis in das Frühjahr 1945.

In der Nacht vom 9. zum 10. November 1938 hörte das Deutsche Reich endgültig auf, ein Rechtsstaat zu sein. Was viele in den Jahren zuvor seit 1933 nicht wahrhaben wollten, spätestens am 9. November 1938 konnte es keinen Zweifel mehr geben: Rechtsordnung und moralische Verpflichtung, Nächstenliebe und Achtung vor dem Mitmenschen, Toleranz und Respekt vor religiöser Überzeugung und vor den unabänderlichen Grundwerten des menschlichen Lebens wurden von Staats wegen außer Kraft gesetzt. Und wo sie weiter gelebt wurden, geschah dies in höchst persönlicher Verantwortung, bei denen nämlich, die von der unaufhebbaren Verpflichtung des Menschen für den anderen wußten, die niemand, kein Staat, keine noch so vermeintlich hohe Autorität aufheben kann.

Wo nicht mehr Demut vor der göttlichen Ordnung und damit vor der Unantastbarkeit des Lebens zu Hause sind, wo nicht mehr Ehrfurcht vor dem Glauben des Gläubigen und vor der Einmaligkeit jedes einzelnen Menschen vorhanden sind, da ist der Weg frei für Haß und Erniedrigung des anderen, da sind Synagogenbrände, Zerstörungen von Hab und Gut des Mitmenschen, da ist der Mord an Männern und Frauen, an

Kindern und Greisen möglich geworden. Bergen-Belsen und Mauthausen, Buchenwald und Dachau, Treblinka und Auschwitz sind deswegen keine Zufälligkeiten. Sie sind das konsequente Ergebnis der haßerfüllten Verrohung des Menschen und der Verhöhnung von Liebe und Toleranz, Gerechtigkeit und aller nur denkbaren Werte menschlichen Lebens durch den Nationalsozialismus.

An dieser Wahrheit führt kein Weg vorbei, gerade für uns Deutsche nicht, in deren Namen das grauenhafte Unrecht geschah. Wir können deshalb heute unsere noch lebenden jüdischen Mitbürger nur um Verzeihung dafür bitten, was von Deutschen in deutschem Namen verübt wurde. Gerade in Frankfurt haben die nationalsozialistischen Untaten im Geistes- und Wirtschaftsleben Furchtbares angerichtet. Die jüdische Gemeinde zählte in der Stadt vor 1933 etwa neunundzwanzigtausend Mitbürger. Einige davon haben den Namen Frankfurts und Deutschlands in alle Welt getragen. Ich möchte in diesem Zusammenhang an den Gründer der liberalen »Frankfurter Zeitung«, Leopold Sonnemann, an die Maler Moritz Oppenheim und Philipp Veith erinnern, an den Arbeitsrechtler Hugo Sinszheimer, an den Soziologen Franz Oppenheimer und den berühmten Arzt Paul Ehrlich.

Nicht nur im Geistesleben haben jüdische Mitbürger der Stadt Frankfurt zu großem Ansehen verholfen. Die Namen Rothschild und Casella sprechen für die großen Leistungen Frankfurter Juden in der deutschen Wirtschaft. Dies sind nur wenige Frankfurter Beispiele.

Das volle Ausmaß dieser Katastrophe auch für unser Volk wird erst deutlich, wenn wir uns vor Augen führen, in welchem Umfang deutsches Geistesleben zugleich jüdisches Geistesleben war. Albert Einstein und Sigmund Freud, Stefan Zweig und Arthur Schnitzler, Max Reinhardt und Arnold Schönberg haben dazu beigetragen, daß unser Volk das Beiwort der Dichter und Denker erhielt. Wir haben es bis heute nicht vermocht, den durch zwölf Jahre Hitler-Barbarei verursachten Verlust an geistiger Substanz zu verwinden. Uns, die nichtjüdischen Deutschen, müssen an diesem Tag des Gedenkens und der Mahnung in ganz besonderer Weise Zweifel und innere Not quälen. Denn wir haben ja kein Recht, unsere nationale und historische Identität aufzugeben. Und das gilt auch für die, die persönlich nicht schuldig geworden sind oder – weil sie damals noch Kinder oder noch gar nicht geboren waren – persönlich nicht schuldig werden konnten. Ich glaube nicht an die Möglichkeit kollektiver Schuld.

Aber es gibt kollektive Haftung, kollektive Verantwortung für die Gemeinschaft, der man angehört, weil man sich aus deren Geschichte nicht fortstehlen darf. Unsere Welt hat unendliche Tragödien erlebt. Viele, wohl die meisten, sind vergessen. Mancher empfiehlt uns deswegen, auch wir sollten nun endlich den nationalsozialistischen Terror vergessen, wir sollten aufhören, Wunden immer wieder aufzureißen, die doch endlich vernarben. Wer uns dies empfiehlt, weiß nicht, was wir Deutschen damit den Juden in der Welt und zugleich und vor allem uns selbst, den Deutschen, antäten.

Ich war vor wenigen Tagen in Jerusalem, und ich war in Jad Vashem, habe der Opfer gedacht und einen Kranz niedergelegt. Der Leiter dieser erschütternden Mahn- und Gedenkstätte, Direktor Armon, sagte mir: »Wenn wir Juden gedenken, dann wollen wir das, was Gegenstand unseres Gedenkens ist, auch immer festhalten – für die, die später kommen. Sie müssen auch aus unserer Erfahrung leben.«

Wir sollten uns das merken. Wer Menschen die Kenntnis der Geschichte, also die Kenntnis menschlichen Tuns und Unterlassens, menschlicher Tapferkeit wie menschlicher Schuld verweigert oder vorenthält, handelt letztlich unmenschlich. Denn er nimmt die Möglichkeit, menschliche Erfahrungen im Guten wie im Bösen in eigene Entscheidungen und eigenes Verhalten einzubringen; er nimmt die Möglichkeit, Erfahrungen und Maßstäbe, die in der Vergangenheit erlebt und gewonnen wurden, für Gegenwart und Zukunft zu nutzen.

Nur wenn wir das wissen und nicht der Arroganz verfallen, wir, die Heutigen, schafften erst Maßstäbe, Chancen für Gegenwart und Zukunft, nur dann haben wir die Möglichkeit, an jedem Tage neu die Welt ein wenig humaner, ein wenig menschlicher zu machen. Wir haben die Chance dazu, nicht mehr. Denn in uns Menschen ist das Gute wie das Böse angelegt. Gerade die Erinnerung an den 9. November 1938 macht uns das erschütternd bewußt.

Wir dürfen das furchtbare Geschehen nicht aus unserem Bewußtsein verdrängen, damit Frieden, Freiheit und Gerechtigkeit in unserer Welt möglich werden. Wir Deutschen bekennen uns zu unserer Vergangenheit, der ganzen Vergangenheit, der guten wie der bösen. Wir wissen um unsere besondere einmalige Verantwortung gegenüber dem Volke Israel. Wir bitten nicht um Vergessen, wir bitten darum, unseren Willen nach Verständigung, Freundschaft und gemeinsamer Verantwortung anzunehmen – um des Friedens willen, den wir gemeinsam für alle in der Welt aufbauen möchten, wo Menschen ihn sehnsüchtig erwarten, und festigen wollen, wo er vorhanden ist.

Wer am guten Zaun in Metulla gestanden und die Angst der Menschen, die auf der anderen Seite leben, gesehen hat, oder wer in Deutschland Mauer und Schußanlagen zur Kenntnis nimmt, weiß, was Frieden für die Menschen bedeutet. Frieden – das ist mehr als die Abwesenheit von Krieg. Frieden ist dort, wo Gerechtigkeit und Freiheit, Liebe und Toleranz Wirklichkeit geworden sind. An dieser Aufgabe zu arbeiten, mit all unserer Kraft – daran mahnt uns dieser Gedenktag.

Rede zum Gedenken an den 9. November 1938 (»Reichskristallnacht«) am 9. November 1978 in der Synagoge zu Frankfurt am Main

Die Menschenrechte als Problem des Zusammenlebens von Menschen

Die Bürger Frankfurts am Main sind auch heute noch stolz darauf, daß mit dem Namen der Paulskirche die Bestrebungen des deutschen Volkes verbunden sind, sich eine demokratische Verfassung zu geben: Demokratie und nationale Einheit, das »Gesetz betreffend die Grundrechte des Deutschen Volkes« vom Dezember 1848 und der Grundrechtskatalog der Reichsverfassung von 1849 sind zwar keine politische Wirklichkeit geworden. Aber die darin enthaltenen Ideen und Ideale konnten nicht unterdrückt werden. Sie lebten weiter. Die Weimarer Republik und die heutige Bundesrepublik Deutschland sind ohne die Leistungen, das Engagement und die Hingabe der vierhundert Abgeordneten des ersten freigewählten deutschen Parlaments, das in der Frankfurter Paulskirche tagte, nicht denkbar.

Daß die Idee der Menschenwürde und damit auch die Menschen- und Freiheitsrechte nie national gedacht und isoliert betrachtet werden können, wissen wir alle, und besonders wir in Europa. Auch daran und an eine andere historische Tatsache darf gerade in Frankfurt am Main erinnert werden. Der Kaiserdom war Wahlort der Kaiser und Könige des Heiligen Römischen Reiches Deutscher Nation, eines Staatengebildes, das sich nicht national, sondern international im Sinne der Einheit eines christlichen Abendlandes verstand.

Auch deswegen ist Frankfurt am Main ein guter Ort für das Fünfte Internationale Kolloquium über die Europäische Menschenrechtskonvention (1980). Frankfurt am Main ist auch heute noch eine von besonderer Weltoffenheit geprägte Stadt. Die Fragen unserer Zeit werden hier offener, schonungsloser diskutiert. Menschen unterschiedlichster Religion, Nationalität und Herkunft leben in dieser Stadt zusammen. Auch aus diesem Grunde ist das Problem der Menschenrechte, das letztlich ein Problem des Zusammenlebens, des Miteinanders von Menschen ist, in Frankfurt von besonderer Aktualität. Zwar können wir heute mit einem gewissen Stolz darauf verweisen, daß das, was im Jahre 1848 den Deutschen nicht gelang, geltendes Recht in der westeuropäischen Gemeinschaft ist. Wir können auf die Menschenrechtsdeklaration der Vereinten Nationen vom Dezember 1948 verweisen sowie auf den Europäischen Gerichtshof und die Europäische Kommission für Menschenrechte. Durch beide Institutionen wird zum erstenmal in einer Staatengemeinschaft den Bürgern die Möglichkeit eröffnet, sich gegen die Verletzung ihrer Grund- und Freiheitsrechte, auch über den nationalen Bereich hinaus, zur Wehr zu setzen.

Dennoch vermag uns dies alles nicht zu beruhigen, denn wir werden tagtäglich Zeugen von Menschenrechtsverletzungen in allen Teilen der Welt. Wir können und wir dürfen nicht nur auf die westlichen Demokratien schauen, in denen trotz aller Fehler und Irrtümer ein Maß an Sicherung der Menschenrechte erreicht wurde wie nie zuvor in der Geschichte. Es ist bedrükkend und beklemmend mitzuerleben, wie Menschenrechtsverletzungen zunehmen, obwohl in den letzten Jahrzehnten immer mehr Politiker in den verschiedensten Ländern Wahrung und Schutz dieser Rechte beschwören oder zum Programm erheben. Manchmal muß man befürchten, daß es dem 20. Jahrhundert vorbehalten bleiben wird, das Jahrhundert der größten Verachtung des Menschen durch den Menschen zu werden. Ich brauche hier nicht an die Konzentrationslager, an Völkermord und Rassendiskriminierung zu erinnern, Begriffe, die erst in unserem Jahrhundert geprägt wurden.

Die Menschenrechte, die wir vor allem der französischen Aufklärung und der angloamerikanischen Staatsphilosophie verdanken, waren trotz aller Rückschläge im 18. und 19. Jahrhundert in beachtlichem Maße gelebtes Recht, auch wenn sie nicht in einer geschriebenen Verfassung verankert waren.

Ich weiß, daß man mir an dieser Stelle die Terrorherrschaft von 1793 ebenso entgegenhalten kann wie den Verkauf von Landeskindern in fremde Dienste oder die frühindustrielle Kinderarbeit im 19. Jahrhundert. Und doch wurden alle diese Menschenrechtsverletzungen von der öffentlichen Meinung als solche begriffen und schließlich beseitigt. Schriftsteller, Philosophen und Staatsmänner vermochten in dieser Zeit, nur durch die Kraft ihrer Überzeugung, jene unveräußerlichen Rechte des Menschen wiederherzustellen, die an sich nicht in Zweifel gezogen wurden.

Burkes Kampf gegen die Grausamkeiten seiner Landsleute in Indien, Schillers Anklage gegen den Menschenhandel der Landesfürsten und der lebenslange Einsatz eines Wilberforce für die Befreiung der Sklaven sind leuchtende Beispiele für die Überzeugungskraft und den Erfolg von Männern, für die die Menschenrechte keine beiläufige Forderung, sondern Teil ihres verantwortlichen politischen Handelns oder künstlerischen Schaffens war. Man könnte diese Beispiele vermehren, etwa um Abraham Lincoln und Benjamin Disraeli, der als erster die Notwendigkeit sozialer Menschenrechte begriff.

Alle genannten Persönlichkeiten waren getragen von jener seit der amerikanischen Revolution ungebrochenen Überzeugung, daß die Menschenrechte eine unabdingbare Voraussetzung für eine tolerante und freie Gesellschaft seien.

Ich habe dies erwähnt, um den Gegensatz in unserer Welt deutlich zu machen, den wir heute so schmerzlich empfinden. Trotz aller Abkommen und aller Erklärungen sind die Menschenrechte, wie wir sie seit ihrer ersten Niederlegung in der Verfassung von Virginia verstehen, heute keineswegs gesicherte Wirklichkeit. Ich fürchte, sie sind in unserer Welt weniger zu Hause denn je.

Noch immer gibt es mutige Männer wie Solschenizyn und Sacharow oder den erst kürzlich für seine Überzeugung gestorbenen Erzbischof Romero, die für das Ideal eintreten, dem die Europäische Menschenrechtskonvention verpflichtet ist. Aber wer würde die Behauptung wagen, daß hinter ihrem Tun die Überzeugung der Welt stünde? Wir erleben zu oft eine

Abstumpfung, eine Gleichgültigkeit gegenüber den Leiden anderer, die uns erschrecken müssen.

Es gibt leider manchen Anlaß zu der Annahme, daß Koestlers »Sonnenfinsternis« oder der »Archipel Gulag« heute eine weit geringere Wirkung haben als Burkes Anklage gegen Warren Hastings. Man könnte fast geneigt sein, jener pessimistischen Einschätzung der menschlichen Natur zuzustimmen, nach der die Bewahrung der Freiheit mit so viel Mühe verbunden ist, daß die Menschheit im allgemeinen unwillig ist, den Preis dafür zu zahlen, und schon deshalb die Bequemlichkeit letztlich über die Freiheit triumphieren wird. Und trotzdem: Auch wenn es in diesem Jahrhundert Staaten und Regime gegeben hat und auch heute noch gibt, in denen sich die Orwellschen Phantasien erfüllt haben und Dostojewskis Großinquisitor seine Herrschaft angetreten hat, so liegt das nicht an der menschlichen Natur, sondern an dem Gesellschafts- und Menschenbild, auf das sich totalitäre Staaten gründen. Die Ursachen hierfür sind sicher vielfältig, wir finden sie bereits in den Anfängen der französischen Aufklärung.

In Rousseaus »Contrat social« ist der große Widerspruch, der den Streit um die Menschenrechte bestimmt, exemplarisch ausgeprägt: Äußerste Freiheitsforderung und zugleich totale Integration des Individuums in die Gemeinschaft. Der Mensch verliert seine »natürliche« Freiheit, um die »bürgerliche« zu gewinnen. Der Gesellschaftsvertrag beruht für Rousseau auf einer einzigen Idee: »der völligen Hingabe jedes Assoziierten mit allen seinen Rechten an die Gesamtheit.«

Bereits hier zeichnete sich jene Perversion der Menschenrechtsidee ab, an die alle modernen Diktaturen anknüpfen konnten. Es wird an uns liegen, ob für die liberalen Freiheitsrechte künftig Platz in der Welt sein wird. Nur wenn es uns gelingt, das Freiheitsprinzip um das Gleichheitsprinzip zu ergänzen, ohne daß die utopische Idee einer totalen materiellen Gleichheit die Freiheit zerstört, können wir uns die Chance zur Durchsetzung der Menschenrechte bewahren. Dies setzt auch voraus, daß der Wille der Mehrheit nicht verabsolutiert und die Meinung der Minderheit respektiert wird. Die Paulskirche hat solche Auseinandersetzungen schon einmal erlebt.

Rede anläßlich des 5. Internationalen Kolloquiums über die Europäische Menschenrechtskonvention am 9. April 1980 in der Paulskirche zu Frankfurt am Main.

»Die Bundesrepublik Deutschland – eine Republik ohne Bürger?«

Während der 7. Römerberggespräche (1980) in Frankfurt am Main soll die Frage »Die Bundesrepublik Deutschland – eine Republik ohne Bürger?« diskutiert werden. Eine Frage, von deren Beantwortung die Überlebenschancen unseres demokratischen Staates abhängen. Obwohl die Kommunikationsmöglichkeiten immer vollkommener geworden sind, gibt es viele Menschen, die ihren Staat immer weniger verstehen. Dies gilt auch für die Bundesrepublik Deutschland; deswegen sind Begegnungen wie diese von großem Wert.

»Die Bundesrepublik Deutschland – eine Republik ohne Bürger?« Das ist zuerst die grundsätzliche Frage nach Ursprung, Wesen und Ziel des Staates schlechthin. Die Fragestellung ist so alt wie die menschliche Kultur. Immer wieder ist der Versuch unternommen worden, darauf Antworten zu finden. Ist der Staat Ergebnis eines Gesellschaftsvertrages, wie Rousseau meint, oder organisierte Zwangsgewalt, wie Rudolf von Ihering lehrte? Ist er von Gott verordnete Herrschaft über die Menschen, um der Menschen willen, wie in der Zeit des Absolutismus angenommen, oder rechtfertigt sich die Staatsidee aus jenem einzigartigen Erziehungsauftrag, mit dem das Gute, die Vernunft, die Menschlichkeit verwirklicht werden soll, wovon Sokrates und Plato überzeugt waren?

Wir kennen die sokratische Antwort Platos an Glauco, in der Sokrates davon spricht, daß entweder die Philosophen Könige werden oder die Könige Philosophen sein müssen, um die Staaten von allen Übeln zu befreien. Oder ist der Staat an sich vom Übel, weil er nur im Interesse des Privateigentums einer Minderheit existiert, wie Marx meinte? Wir kennen alle die berühmte Formulierung aus der Einleitung zu den »Frühschriften«, wonach im Kommunismus »alles Private öffentliche, allgemeine Angelegenheit und alles Allgemeine Privatangelegenheit« geworden ist.

Ich will nicht den Versuch unternehmen, alle Meinungen und Auffassungen über Rechtfertigung, Begründung und Ziel staatlicher Existenz darzustellen, wie sie im Laufe von zwei Jahrtausenden sich entwickelt haben. Mir kommt es nur auf die Feststellung an, daß alle Antworten jeweils aus der historischen Situation und den zeitgemäßen Bedingtheiten gegeben worden sind. Das heißt, daß die Antwort, die wir vielleicht finden, nur die Antwort unserer Zeit und unserer Situation sein kann. Und noch etwas müssen wir zur Kenntnis nehmen: Die Selbstgewißheit über die Verbindlichkeit unseres Staatsverständnisses ist in unseren Tagen außergewöhnlich unterschiedlich vorhanden. Die weltweite, sozusagen universelle Überzeugung von dem, was Staat ist und zu sein hat, ist heute weniger ausgeprägt denn je.

Während das Staatsverständnis der kommunistischen Länder selbstverständlich, ja geradezu sakrosankt geworden ist, werden die westlichen Demokratien von Zweifeln und manchmal selbstquälerischen Skrupeln geplagt. Auch hier gibt es natürlich – zum Teil sogar erhebliche – Unterschiede. Eine ungebrochene territoriale und moralische Kontinuität nationaler und staatlicher Existenz spielen sicher eine wichtige Rolle. Für die Bundesrepublik Deutschland jedenfalls gilt, daß Unsicherheit, Ungewißheit und Unruhe viele Menschen quälen. »Republik ohne Bürger?« Kann man diese Frage nicht auch umgekehrt stellen? Bürger ohne Republik, die Maßstäbe setzt und Ziele vorgibt?

Es erscheint auf den ersten Blick seltsam, daß ein Staat, der nun schon über dreißig Jahre alt ist, noch immer auf der Suche nach seiner Identität und bisweilen auch auf der Suche nach seinen Bürgern ist. Wir könnten es uns leichtmachen und auf unsere funktionierende Demokratie, auf den hohen Lebensstandard und auf die soziale Sicherheit verweisen, mit dem sich diese Bundesrepublik – mehr als jeder andere Staat in der deutschen Geschichte – gegenüber ihren Bürgern legitimiert hat. Doch lehrt uns die geschichtliche Erfahrung, daß materielle Leistungen allein nicht ausreichen, aus Einwohnern Bürger zu machen.

Es hat unvollkommenere, dem Wohl ihrer Bürger weit weniger verpflichtete Staatswesen gegeben, die dennoch mehr Bereitschaft zur Identifikation, zum Dafür-Einstehen erweckt haben, und wir können heute im Westen wie im Osten unseres alten Kontinents Staaten erleben, in denen unsere Fragestellung gar nicht verstanden würde. Wir haben uns nach 1945 ganz bewußt von einer Staatsauffassung abgekehrt, die den Staat über die Bürger erheben und damit Bürger zu Untertanen degradieren wollte. Doch müssen wir uns heute die Frage stellen, ob der Verzicht auf jede Vision nicht Bürger zu bloßen Einwohnern macht, deren Eigeninteressen die *res publica* verdrängt und damit den Staat zerstört. Haben wir als Antwort auf den schlimmen Satz »Du bist nichts, Dein Volk ist alles« die *res privata* so überbetont, daß die Bürger kein Gemeinschaftsgefühl mehr entwickeln? Ein Staat auf der Suche nach seinen Bürgern – dies ist keine neue Erfahrung für uns Deutsche.

Die erste Republik war, wenn auch aus anderen Gründen, ein Staat ohne Bürger. In seiner berühmten Rede »Von Deutscher Republik« zu Gerhart Hauptmanns 60. Geburtstag im Jahre 1922 hat Thomas Mann schon einmal den Versuch unternommen, die junge deutsche Republik mit jenen zu versöhnen, die keine Republikaner und folglich auch keine Staatsbürger sein wollten. Thomas Mann wußte, daß die Republik von Weimar als Staat ohne Bürger keine Überlebenschancen haben würde. Aus dem Sturz des Kaiserreiches und der militärischen Niederlage hervorgegangen, bot sie im Jahre 1922 kaum Schutz und materielle Sicherheit. Thomas Manns Aufruf an das deutsche Bürgertum, die Republik anzunehmen und zu verteidigen, gründete folglich auch nicht auf ihren materiellen Leistungen. Für ihn stand hinter der neuen Staatlichkeit eine deutsche Vision: Humanität, geboren aus der Symbiose von Romantik und Aufklärung, aus Mystik und Ratio, aus Aristokratie und Demokratie. Die Republik war für ihn mehr als das in Verfassungsform gegossene Parallelogramm gesellschaftlicher Kräfte, sie war eine Idee, die geistige Möglichkeit eines neuen Deutschland.

Wir haben inzwischen erlebt, welche Folgen es gehabt hat, daß diese Möglichkeit damals nicht begriffen, nicht ergriffen wurde. Zwölf Jahre Gewaltherrschaft, ein furchtbarer Krieg und die Teilung unseres Landes waren das Ergebnis. Gerade deshalb ist es so wichtig, daß die zweite – und wohl letzte – Chance einer deutschen Demokratie von uns allen wahrgenommen wird.

Ich weiß, wie schwierig es heute geworden ist, ein gültiges Bürgerideal zu formulieren. Lassen Sie mich deshalb zunächst jene zwei Haltungen nennen, die eine Gefahr für unser demokratisches Staatswesen sind: Für die eine – ich nenne sie die apolitische – findet sich ein anschauliches Beispiel in der Schilderung eines Gespräches aus dem Jahre 1939 zwischen Stephen Raushenbush und einem deutschen Kolonialwarenhändler. Auf die Frage, ob mit der Aufgabe der Freiheit nicht etwas ungeheuer Wertvolles verlorengegangen sei, antwortete der deutsche Gesprächspartner: »Aber Sie verstehen das überhaupt nicht. Vorher mußten wir uns den Kopf zerbrechen über Wahlen und Parteien und Stimmabgabe. Wir hatten Verantwortung. Aber jetzt haben wir nichts davon. Jetzt sind wir frei.«

Die andere Haltung haben wir kürzlich in Bremen erlebt. Sie manifestiert sich in Steinwürfen und Eisenstangen und will an die Stelle unserer freiheitlich-demokratischen Grundordnung eine andere setzen, notfalls mit Gewalt. Die Parallele zur ersten Republik ist unverkennbar. Es wird sehr schwer sein, vielleicht sogar unmöglich, diese beiden Haltungen – die ich die extremen nennen möchte – grundlegend zu verändern.

Es muß deshalb unser erstes Ziel sein, jene Mitbürger zu gewinnen, deren problematisches Verhältnis zu diesem Staat andere Ursachen hat. Die Themen der diesjährigen Römerberggespräche geben bereits einen Hinweis auf diese Ursachen. Die Teilung unseres Landes stellt viele Menschen vor ein echtes

Identitätsproblem. Die Geschichte unseres Volkes – mit ihren Verwerfungen und Umbrüchen – erschwert das Anknüpfen an gültige Traditionen. Die Bundesrepublik erscheint vielen ihrer Bewohner nur als Notdach. Der bewußte Verzicht auf eine Staatsidee im Hegelschen Sinne macht es vielen Deutschen schwer, sich mit einer Staatlichkeit zu identifizieren, die ihnen – in der Ausprägung des Wohlfahrtsstaates – nur als eine Vorsorgeeinrichtung vorkommt. Zu diesem Mißverständnis haben wir alle beigetragen, indem wir es versäumt haben, die geistigen Grundlagen eines liberalen Staatsverständnisses zu erklären und im Bewußtsein der Menschen zu verankern. Zu oft sind die großen Ideen von Walter Eucken, Alexander Rüstow, Wilhelm Röpke und Alfred Müller-Armack auf jenen Vulgärliberalismus reduziert worden, der im Staat nichts anderes sieht als den Garanten eines möglichst ungehinderten Kräftemessens der verschiedenen Interessengruppen. Es ist verständlich, daß vor allem junge Menschen mit einem derart verkürzten, auf seine bloße Abwehrfunktion reduzierten Staatsbegriff nichts anfangen können. Es wird deshalb notwendig sein, sich wieder stärker auf die idealistischen Wurzeln auch unserer liberalen Demokratie zu besinnen. Freiheit ist danach nicht nur die bloße Abwesenheit von Zwang, sondern zugleich der Weg zu einer Vervollkommnung des Einzelnen in der Gemeinschaft.

Der Idealismus sieht in der Freiheit keinen Selbstzweck, sondern ein Mittel zur Verwirklichung einer idealen Ordnung. Mißbrauch und Perversion dieses Idealismus durch die Nationalsozialisten dürfen uns nicht daran hindern, diese in den letzten Jahren verschüttete deutsche Tradition wieder für uns zu entdecken. Thomas Manns Vision eines typisch deutschen geistigen Beitrags zur Humanität ist uns gerade in letzter Zeit wieder nahegebracht worden. Zwei sehr verschiedene Persönlichkeiten – der amerikanische Historiker David Calleo und Karl Heinz Bohrer – haben kürzlich für eine neue Sinngebung plädiert und uns die Rückbesinnung auf den deutschen Idealismus empfohlen. Nur auf diese Weise – so ihre Argumentation – sei es möglich, unserem Gemeinwesen jene moralische

Dimension hinzuzufügen, die es über einen Mechanismus zur Konfliktaustragung hinaushebt und damit zu Identifikation und Engagement herausfordert. Der Staat als die Wirklichkeit der sittlichen Idee – ist dies die Lösung unseres Problems?

Gerade hierin haben jedoch so kluge und kritische Begleiter der deutschen Entwicklung wie Karl Popper und Ralf Dahrendorf eine Gefahr für die Freiheit erblickt, da ein in dieser Weise verstandener Staat zur Verselbständigung gegenüber seinen Bürgern neige. Wir müssen dieser Gefahr heute jedoch eine andere gegenüberstellen, die aus einer zunehmenden Staatsverdrossenheit erwächst. Diese Staatsverdrossenheit ist das Ergebnis einer fehlenden verbindlichen Zielsetzung.

Ich weiß, daß es in einer Demokratie schwierig ist, über den Tag hinausweisende Werte und Ideale allgemeinverbindlich zu machen. Ebenso schwierig ist es, aus dem Begriff der sittlichen Idee aktuelle Forderungen abzuleiten. Ich habe hierfür kein Patentrezept, doch glaube ich, daß wir uns auch heute noch auf den Begriff der Humanität einigen können, der schon für Thomas Mann Sinn und Zweck eines demokratischen Staates und zugleich Herausforderung für seinen republikanischen Patriotismus war. Diesen Begriff auszufüllen, aus der Idee das konkrete Ideal einer humanen und freiheitlichen Gesellschaft zu entwickeln und ein solches Ideal täglich neu zu verwirklichen, ist die Aufgabe, die uns als Bürger dieses Staates gestellt ist. Wer sie annimmt, wird diesen Staat nicht mehr nur als Unterstand ansehen, sondern sich mit ihm und seiner Zukunft identifizieren.

Rede zur Eröffnung der 7. Römerberggespräche am 16. Mai 1980 in Frankfurt am Main

Lev Kopelew – ein Leben für Menschlichkeit

Zur Verleihung des Friedenspreises des Deutschen Buchhandels 1981 an Lev Kopelew heiße ich Sie in der Paulskirche zu Frankfurt am Main herzlich willkommen.

Herzlich und dankbar zugleich begrüße ich Sie, sehr verehrter Herr Kopelew. Sie kommen zu uns als ein Freund in zweifachem Sinne. Freund sind Sie uns als Kenner und Verehrer jenes deutschen Geistes, wie er sich im Dichter des Faust darstellt.

Freund sind Sie uns aber auch und ganz besonders durch das, was in Ostpreußen geschah, im Jahre 1945, als Sie den Versuch unternahmen, Menschlichkeit auch in der letzten Phase eines Krieges zu wahren, unter dessen Unmenschlichkeit gerade das russische Volk so furchtbar zu leiden hatte. Sie haben Ihr Bemühen um Menschlichkeit mit dem Verlust Ihrer Freiheit bezahlt.

Ich habe mich beim Lesen Ihrer Erinnerungen gefragt, wie kommt ein Mensch dazu, seine Karriere, seinen Offiziersrang und seine Freiheit für seine und seines Volkes Feinde zu opfern?

Ich denke, die Antwort muß lauten, daß Maßstab all ihrer Handlungen damals jene Unbedingtheit des moralischen Gesetzes war, wie sie uns aus den Romanen Tolstojs ebenso wie aus Goethes Dichtung entgegentritt.

Sie haben diese Haltung im ersten Band Ihrer Autobiographie in dem Satz zusammengefaßt: »Moralisch ist nur der, der seine Überzeugungen am Leben mißt, daran, wohin die von seiner Überzeugung diktierten Worte und Taten führen.« Sie haben mit diesem Satz ein auch die deutsche Geistesgeschichte bewegendes Problem gültig formuliert und sich selbst unter das Postulat einer Verantwortungsethik gestellt, die Ihr Handeln in jenen kritischen Tagen des zu Ende gehenden Weltkrieges bestimmte. Verantwortlich handeln, das hieß für Sie, den Krieg menschlicher machen, indem man die Menschen menschlicher macht.

Arthur Schnitzler hat unter dem März 1916 in sein Tagebuch notiert:

»Ihr wollt den Krieg menschlicher machen? Da müßte man ja die Menschen menschlicher machen. Und das scheint unmöglich.

Nicht die Grausamkeit, die doch immer nur gewissermaßen als eine akute Krankheit auftritt, sondern die Gleichgültigkeit ist das furchtbare, weil gefährlichere und unüberwindlichere Übel. Denn gleichgültig sind wir im Grunde alle mehr oder weniger.«

Sie, sehr verehrter Herr Kopelew, haben diese Gleichgültigkeit überwunden. Davon zeugt Ihr Leben, aber auch Ihr literarisches Werk, das ich in einem bestimmten Sinne mit dem »Wilhelm Meister« vergleichen möchte. Erziehung durch das Leben, durch bittere Erfahrungen, aber auch Selbsterziehung durch immer neue intellektuelle und moralische Anstrengungen, dies, so scheint mir, ist das Gemeinsame, das den Erziehungsroman des größten Sohnes dieser Stadt mit Ihrer Autobiographie verbindet.

Am Ende beider Bücher stehen die Gebote der Toleranz, der Wahrheit, der Achtung der Persönlichkeit und der Liebe zur Freiheit.

Was für Goethe die Frucht eines langen, im und mit dem Geistigen verbrachten literarischen Lebens war, haben Sie, sehr verehrter Herr Kopelew, durch den täglichen Kampf um etwas mehr Menschlichkeit erworben. Dieser Kampf führte Sie zu der Erkenntnis, die Ernst Jünger einmal in die Worte faßte:

»Untergebene und Vorgesetzte kann man um Rat fragen in der Sache, nicht aber in bezug auf das Ethos, das der Sache zugrunde liegt.«

Für Ihr konsequentes Festhalten an diesem Ethos, für Ihren Mut und Ihre Tapferkeit danken wir Ihnen an diesem Tage.

Rede anläßlich der Verleihung des Friedenspreises des Deutschen Buchhandels an Lev Kopelew am 18. Oktober 1981 in der Paulskirche zu Frankfurt am Main

Demokratischer Rechtsstaat – oder Bürgerkrieg

Die Auseinandersetzungen um den Ausbau des Frankfurter Flughafens haben über den Anlaß hinaus inzwischen eine grundsätzliche Bedeutung erlangt: Sie rühren an das Staats- und Verfassungsverständnis, wie es seit 1949 Gemeingut der demokratischen Parteien in der Bundesrepublik Deutschland ist. Verschiedene Begriffskonstruktionen sind es, die – von den Gegnern des Flughafenausbaus zur Rechtfertigung ihrer Aktionen eingeführt – die öffentliche Diskussion beherrschen.

In allen Fällen geht es um das Funktionieren der parlamentarischen Demokratie und damit in der Konsequenz um die Handlungsfähigkeit des Staates. Dabei spielen in der Diskussion die Begriffe »Gewalt« und »Widerstandsrecht« eine entscheidende Rolle. Viele Vertreter der Bürgerinitiativen und der »Grünen« meinen, den Gewaltbegriff neu definieren zu dürfen. Sie tragen vor, daß ihnen ein Widerstandsrecht gegen die Entscheidung zugunsten des Flughafenausbaus zustehe, das sogenannten gewaltfreien Widerstand wie Flughafenbesetzungen, Unterbrechungen des Auto- oder S-Bahnverkehrs und die Errichtung von Straßenbarrikaden rechtfertige, zumindest aber entschuldige.

Unter Gewalt kann man ganz allgemein alles verstehen, was anderen Menschen einen fremden Willen aufnötigt. In Verbindung mit dem Wort »öffentlich« kennzeichnet der Ausdruck »Gewalt« die dem Staat oder einem anderen Hoheitsträger zustehende Berechtigung und Fähigkeit, sich aus eigener Zuständigkeit gegenüber anderen Personen durchzusetzen.

Diese Herrschaftsbefugnis des Staates ist die Grundlage unserer Rechts- und Friedensordnung. Allein das staatliche

Gewaltmonopol verhindert jenen Kampf aller gegen alle, den schon der Begründer des modernen Staatsrechts, Thomas Hobbes, fürchtete.

Von den Gegnern des Flughafenausbaus wird nunmehr ein neuer Gewaltbegriff in die Diskussion eingeführt, der, in seiner Formulierung keineswegs neu, dem staatlichen Gewaltmonopol den Kampf ansagt.

»Strukturelle Gewalt« geht für die Flughafengegner nicht nur von der zukünftigen Startbahn West, sondern von der Gesellschaft überhaupt aus, die sie in Bausch und Bogen als irrational verwerfen. Herbert Marcuse hat diese Überlegung in seiner Vorrede zu seinem Buch »Der eindimensionale Mensch« in die Sätze gefaßt: »Und doch ist diese Gesellschaft als Ganzes irrational. Ihre Produktivität zerstört die freie Entwicklung der menschlichen Bedürfnisse und Anlagen ...«

Da in einer solchen Gesellschaft nach Herbert Marcuse Mehrheitsentscheidungen auf dem falschen Bewußtsein der Mehrheit beruhen, können diese nicht anerkannt werden; vielmehr rechtfertigen solche die »strukturelle Gewalt« verfestigenden Mehrheitsentscheidungen »Gegengewalt« und »Widerstandsrecht«. Diese ganze Argumentation bewegt sich außerhalb unserer Rechtsordnung und ist von Marcuse auch als ein Aufruf zur Revolution und zur Beseitigung dieser Rechtsordnung gemeint gewesen.

Wenn sich die Gegner des Flughafens heute dieser Argumentation bedienen, so müssen sie wissen, daß sie damit den Boden unserer freiheitlich-demokratischen Rechtsordnung verlassen, die zur Herausbildung von parlamentarischen Entscheidungsmehrheiten Regeln vorgegeben hat, deren Mißachtung zum gesellschaftlichen Guerillakrieg führen muß.

Gegen eine demokratisch legitimierte und von den Gerichten überprüfte Veränderung unserer Umwelt kann es kein wie auch immer definiertes Widerstandsrecht geben. Ein solches Widerstandsrecht würde zur Auflösung unserer Rechtsordnung führen. Widerstand kann es – so Artikel 20 Grundgesetz – nur gegenüber dem Versuch geben, die freiheitlich-demokratische Grundordnung des Grundgesetzes zu beseitigen. Der Widerstand muß darauf gerichtet sein, die bestehende Rechtsordnung zu sichern. Jeder darüber hinausgehende Versuch, ein vermeintliches Widerstandsrechts für – wie immer geartete – Interessen in Anspruch zu nehmen, müßte den Bürgerkrieg in diesem Lande auslösen.

Niemand wäre nämlich in einem solche Falle in der Lage, darüber zu befinden, welche Interessen »widerstandsfähig« seien – eine für einen Rechtsstaat absurde Vorstellung. Hier können auch falsche historische Vergleiche wie Gandhis »ziviler Ungehorsam« gegen die britische Kolonialmacht nicht weiterhelfen. Für Gandhi und die die Unabhängigkeit von Großbritannien wünschenden Inder gab es weder die Möglichkeit, parlamentarische Mehrheiten für ihren Wunsch zu erringen, noch konnten sie die Unabhängigkeit Indiens durch die Anrufung britischer Gerichte erreichen. Die Inder lebten eben gerade nicht in einer Rechtsordnung, die Regeln für eine gewaltfreie Beendigung des Abhängigkeitsverhältnisses vorsah, ihr Widerstand war daher das einzige Mittel, Veränderungen herbeizuführen.

Aber auch eine weitere Begründung, die für ein vermeintliches Widerstandsrecht in jüngster Zeit gegeben wird, findet in unserer Verfassungsordnung keine Grundlage: Ich spreche von der zunehmenden Tendenz, den unmittelbar Betroffenen einer Entscheidung eine Art Vetorecht gegenüber dieser Entscheidung – über den formalen Rechtsschutz hinaus – einzuräumen. Die Entscheidung darüber, ob der Flughafen ausgebaut oder, um ein anderes Beispiel zu wählen, Kraftwerke in Hessen an einer bestimmten Stelle errichtet werden, können nur die dem Allgemeininteresse verpflichteten Verfassungsorgane Regierung und Parlament treffen.

Würde man diese Entscheidungen in das Belieben der mehr oder weniger davon betroffenen Anlieger stellen, so hätte dies die Ersetzung des demokratischen Rechtsstaates durch sich bekämpfende Gruppeninteressen zur Folge, Gruppeninteressen, die allenfalls für eine gewisse Zeit in kleinen anarchistischen Einheiten gebündelt werden könnten. Ein geordnetes

Zusammenleben in einem demokratischen Staatsverband wäre jedoch nicht mehr möglich.

Von den Gegnern der Flughafenerweiterung wird gern das Bild von der Volksbewegung in einer Region beschworen, gegen deren Willen niemand das Recht habe, dieses Projekt durchzusetzen. Was immer man unter dem »Volkswillen« in einer Region zu verstehen hat, in einer Gesamtbetrachtung addieren sich diese an sich durchaus verständlichen Einzelinteressen nicht zu dem Gemeinwillen, dem Rousseauschen »volonté générale«, der allein für die staatliche Willensbildung von Bedeutung sein darf. Die Politiker müssen das Interesse des Ganzen, des Gemeinwesens im Auge haben; sie dürfen nicht um opportunistischer Vorteile willen jene Sonderinteressen dem Allgemeinwohl überordnen.

Edmund Burke hat in seiner berühmt gewordenen Rede als Kandidat an seine Wähler von Bristol im Jahre 1774 dieses Problem für alle Zeiten gültig formuliert: »Das Parlament ist nicht ein Botschafterkongreß mit verschiedenen, sich feindlich gegenüberstehenden Interessen, die jeder als Agent oder Advokat gegen andere Agenten oder Advokaten vertreten muß; das Parlament ist die beratende Versammlung *einer* Nation, mit *einem* Interesse, nämlich dem des Ganzen, wo nicht lokale Ziele, nicht lokale Vorurteile die Richtung bestimmen sollten, sondern das allgemeine Beste, das sich aus dem Gesamtinteresse ableitet.

Sie wählen einen Kandidaten, aber wenn Sie ihn gewählt haben, dann ist er nicht ein Mitglied für Bristol, sondern ein Mitglied des Parlaments. Und wenn seine lokalen Wähler ein Interesse haben oder sich eine übereilte Meinung bilden sollten, die offensichtlich im Gegensatz zum allgemeinen Besten der übrigen Gemeinschaft steht, so sollte der Abgeordnete für diesen Wahlkreis so weit wie jeder andere von dem Bestreben entfernt sein, dies durchzusetzen.«

Dem ist nichts hinzuzufügen.

Aufsatz in der »Frankfurter Allgemeinen Zeitung« vom 27. November 1981

Die Bedeutung des Verhältnisses der USA zur Bundesrepublik für das atlantische Bündnis

Es hat in den vergangenen Wochen und Monaten in den Medien unserer Verbündeten, besonders in französischen und amerikanischen Zeitungen, heftige Kritik an der Politik der Bundesregierung in der Polenfrage gegeben.

Tenor dieser Kritik war, daß die Bundesrepublik gegenüber der Sowjetunion zu nachgiebig sei, und hinter vielen dieser Äußerungen stand unausgesprochen die Frage: Verläßt die Bundesrepublik den Westen, um sich der Sowjetunion zuzuwenden?

Es ist erstaunlich, daß trotz über dreißigjähriger Westintegration nach wie vor eine große Unsicherheit über die deutsche Politik, über ihre Handlungsvoraussetzungen, über ihre Staatsräson herrscht. Ich möchte dies nicht werten, ich glaube jedoch, wir Deutschen werden noch lange mit diesem Mißtrauen leben müssen.

Dieses Mißtrauen hat seine Ursache nicht nur in dem leidenschaftlichen Streit zwischen Konrad Adenauer und Kurt Schumacher Anfang der fünfziger Jahre über die Frage, ob die Bundesrepublik Deutschland dem westlichen Bündnis beitreten solle oder nicht, es hat seine Ursache auch in der Unberechenbarkeit der deutschen Politik seit 1890.

Wir Deutschen sind eine späte Nation. Wir haben nicht über Jahrhunderte hinweg Gelegenheit gehabt, eine deutsche Außenpolitik verbindlich zu formulieren, wie das für ältere Nationen wie Franzosen und Engländer selbstverständlich war. Erst Bismarck konnte nach 1870 eine deutsche Staatsräson formulieren. Sein Leitziel war ein Deutschland, das saturiert und an den weltpolitischen Auseinandersetzungen nur insoweit interessiert war, als diese seine politische Stellung gefährden konnten.

Deutsche Außenpolitik war unter Bismarck für seine europäischen Partner berechenbar. Diese Berechenbarkeit ging nach 1890 verloren. Ihren großen außenpolitischen Wert haben seine Nachfolger nicht begriffen. Bismarcks Nachfolger vermochten weder die Bündnisfrage noch die weltpolitische Rolle Deutschlands zu definieren.

Sie verursachten dadurch jenes Mißtrauen gegen Deutschland, das schließlich zu seiner fast völligen Isolierung führte. Bismarcks Nachfolger konnten sich nicht entscheiden, ob sie sich nun mit England gegen das russische Vordringen auf dem Balkan wenden oder gemeinsam mit Rußland Kolonial- und Flottenpolitik betreiben wollten. Sie versuchten beides und verspielten damit beide Möglichkeiten zugleich.

Diese Schwierigkeit, eine deutsche Staatsräson zu formulieren, galt auch für die Republik von Weimar.

Auch in den zwanziger Jahren konnte man sich letztlich nicht entscheiden, ob man das Versailler System mit der revolutionären Sowjetunion ändern oder als Verbündeter der westlichen Sieger des Ersten Weltkrieges sich in dieses System integrieren wollte.

Ganz anders in Frankreich und England. Hier hat die frühe Ausbildung eines geschlossenen Nationalstaates außenpolitische Verhaltensmuster hervorgebracht, die für Freunde und Feinde eine feste Größe waren. Der klassische Gegensatz Habsburg – Bourbon, der von Frankreich nur im Siebenjährigen Krieg widerwillig aufgegeben wurde, die Eroberung und Bewahrung der natürlichen Grenzen – Alpen, Pyrenäen und Rhein – waren Konstanten der französischen Außenpolitik durch die Jahrhunderte.

In der historischen Entwicklung ist es deshalb nur konsequent, wenn der sozialistische Präsident Mitterrand die gaullistische Politik der nationalen Unabhängigkeit nach allen Seiten fortsetzt.

Gleiches gilt auch für England. Die Sicherung des europäischen Gleichgewichts zur Wahrung eigener Handlungsfreiheit in Übersee und die Unabhängigkeit der flandrischen Gegenküste von fremdem Großmachteinfluß sind zwei klassische Beispiele britischer Staatsräson. Gerade England ist ein Beispiel dafür, daß eine historisch überlieferte Staatsräson so fest im Bewußtsein eines Landes und seiner führenden Politiker verankert sein kann, daß nach ihr auch noch gehandelt wird, wenn die Voraussetzungen dafür weggefallen sind.

England hat nach dem Zweiten Weltkrieg an der Politik des europäischen Gleichgewichts festgehalten, obwohl es nicht mehr in der Lage war, dieses Gleichgewicht zu sichern. Es hat darüber versäumt, sich an die Spitze der europäischen Einigung zu stellen, eine Aufgabe, die einer weltpolitischen Situation nach dem Zweiten Weltkrieg angemessen gewesen wäre. War die britische Staatsräson schon nach dem Ersten Weltkrieg brüchig geworden, so war sie nach dem Zweiten Weltkrieg obsolet. Dennoch hielt England an ihr fest.

Ich bin auf diese historischen Beispiele so ausführlich eingegangen, weil sich Außenpolitik bekanntlich nicht im luftleeren Raum abspielt, sondern einer nationalen Tradition folgt.

Eine solche Tradition war in Deutschland nur schwach ausgeprägt. Die Bundesrepublik Deutschland hatte nach 1945 das Glück, einen Staatsmann zu finden, der – erstmals seit Bismarck – eine Staatsräson für den neuen deutschen Staat formulierte.

Adenauer sah eine Überlebenschance für das westliche Deutschland nur im Bündnis mit unseren heutigen westlichen Alliierten. Deshalb hatte die Politik der Westintegration unbedingten Vorrang vor allen Versuchen, Reste der deutschen Einheit zu bewahren.

Die NATO, die Europäische Gemeinschaft und unser enges Verhältnis zu den Vereinigten Staaten sind die Ergebnisse der von Adenauer für das westliche Deutschland formulierten außenpolitischen Rahmenbedingungen. Auch seine Haltung gegenüber den berühmten Noten Stalins im Jahre 1952 war konsequent und richtig. Wenn Adenauer zu diesem Zeitpunkt auch nur den Anschein erweckt hätte, daß das Ziel seiner Politik ein wiedervereinigtes neutrales Deutschland sei, wäre die Vertrauensbasis für die Westintegration zerbrochen. In der Sache ging es Stalin vor allem darum, die vermutlich bevorstehende EVG-Vereinbarung zwischen der Bundesrepublik und Frankreich bereits im deutschen Parlament scheitern zu lassen.

Ein demokratisches, aus freien Wahlen hervorgegangenes wiedervereintes Deutschland war natürlich nicht das Ziel sowjetischer Politik. Adenauer sah das an dem sowjetischen Vorschlag: 1. einen Friedensvertrag zu schließen, 2. eine gesamtdeutsche Regierung zu bilden und erst dann 3. Wahlen abzuhalten. Für die Deutschen müßte es um eine andere Reihenfolge gehen: 1. freie gesamtdeutsche Wahlen, 2. gesamtdeutsche Regierung, 3. Abschluß eines Friedensvertrages.

Im übrigen war im Jahre 1952 selbst die mit Neutralismusgedanken spielende britische Labourregierung nicht bereit, ein neutrales Deutschland zu akzeptieren.

Gerade dieser Vertrauensverlust in das neue Deutschland aber war das Ziel der sowjetischen Außenpolitik. Adenauer hat damals heftige Kritik von seiten der SPD und ihres Vorsitzenden Kurt Schumacher erfahren.

Schumacher und die SPD gingen in ihrer Beurteilung davon aus, daß ein neutrales Deutschland zwischen den Blöcken möglich sei und daß Adenauer diese Lösung verspiele.

Es gibt heute unter den westlichen Historikern niemanden mehr, der diese sozialdemokratische Einschätzung teilt.

Ich führe als ein Beispiel von vielen den amerikanischen Historiker David Calleo an, der in seinem Buch »The German Problem Reconsidered« aus dem Jahre 1978 schreibt: »In any event, the opportunity for reunification probably never really existed.« Calleo begründet sein Urteil damit, daß in den Jahren nach 1945, als die Sowjetunion nach dem Scheitern ihrer Idealvorstellung eines kommunistischen Gesamteuropa den alten Kontinent teilte, keine machtpolitischen Voraussetzungen für einen deutschen Staat zwischen den neu entstehenden Blöcken gegeben war.

Adenauers Politik bedeutete in ihrer Konsequenz, daß in der Hierarchie der Werte die Freiheit vor der Einheit Deutschlands steht. Aber nicht nur aus außenpolitischen Gründen, auch aus innenpolitischen Überlegungen war Adenauers Entscheidung richtig. Der Traum einiger deutscher Politiker vom dritten Weg zwischen westlicher Demokratie und totalitärem Kommunismus war zerbrochen. Dieser Traum, den auch viele deutsche Intellektuelle und Schriftsteller, an ihrer Spitze Thomas Mann, geträumt hatten, hatte keine Basis mehr in der Weltpolitik der fünfziger Jahre. Deshalb war nicht nur der außenpolitische, sondern auch der geistige Anschluß an die westlichen Demokratien, an Aufklärung und Rationalismus, eine Notwendigkeit für die geistige Gesundung eines Volkes, das durch das Experiment des Nationalsozialismus in geistige Verwirrung gestürzt worden war.

Das Bündnis mit den Vereinigten Staaten, Großbritannien und Frankreich, der Beitritt der Bundesrepublik zur NATO und die Schaffung der Europäischen Gemeinschaft haben meinem Land seit 1949 Frieden, Sicherheit und eine freiheitliche Entwicklung beschert, wie sie in der deutschen Geschichte ohne Beispiel sind. Dies ist das historische Verdienst Adenauers, ein Verdienst, von dem wir auch heute noch zehren.

Die damals von Schumacher gestellte Frage, ob diese Politik im Interesse Deutschlands liege, kann nach dreißig Jahren mit einem uneingeschränkten Ja beantwortet werden. Sie lag aber nicht nur im Interesse Deutschlands, sie lag auch im Interesse Europas, das durch die Wiedereingliederung des westlichen Deutschland in die Gemeinschaft der freien Völker jene Stabilität zurückgewann, die Stalin in den Nachkriegsjahren mit allen Mitteln zu verhindern hoffte. Daß diese von der Sowjetunion verursachte Teilung Europas auch die Teilung Deutschlands zur Folge hatte, war und ist für alle Deutschen eine offene Wunde. An dieser deutschen Teilung haben sich in den vergangenen Jahren immer wieder Überlegungen entzündet, ob es nicht doch Möglichkeiten gibt, die Teilung Deutschlands und die Teilung Europas durch neue außenpolitische Initiativen zu überwinden.

Dies war der Ausgangspunkt für die Ostpolitik der Bundesregierung der Jahre 1969 bis 1972. Ziel der Regierung Brandt war es, durch einen Ausgleich mit dem Osten einen »Wandel durch Annäherung« zu schaffen, das heißt Veränderungen herbeizuführen, die schließlich über eine gesamteuropäische Friedenszone den Weg auch für eine Wiedervereinigung Deutschlands freimachen sollten.

Über die Notwendigkeit der Friedenssicherung gibt es auch in Deutschland unter den Demokraten keinen Streit. Und daß der Status quo Grundlage jeder realistischen Politik sein muß, ist ebenfalls selbstverständlich. Trotzdem habe ich erhebliche Zweifel, ob die Ostpolitik der siebziger Jahre überhaupt geeignet war, den Frieden sicherer zu machen. Ich fürchte nämlich, daß ihre Voraussetzungen schon nicht stimmten. Tatsächlich ist der Frieden ja auch nicht sicherer geworden.

Auch die russische Politik, und ich sage hier bewußt *russische* Politik, folgt einer Staatsräson, deren Leitziel seit den Tagen der polnischen Teilungen die Schaffung eines *cordon sanitaire* im osteuropäischen Vorfeld Rußlands bzw. heute der Sowjetunion ist. Die Sowjetunion kann daher an Veränderungen nur insoweit Interesse haben, wie sie ihrem Ziel der Verdrängung der Vereinigten Staaten vom europäischen Kontinent und der Sicherung ihres Einflußbereiches dienen. Sie wird, und die Ereignisse in Ungarn, der Tschechoslowakei und Polen beweisen das, Veränderungen, die sich gegen ihre politische und militärische Dominanz richten, immer politisch oder militärisch unterbinden.

Ein wiedervereinigtes Deutschland oder eine europäische Friedenszone, was immer man darunter verstehen mag, haben für die Sowjetunion nur dann einen Wert, wenn sie ihre politische Vormachtstellung zementieren. Dies ist der Grund, weshalb ich an einen »Wandel durch Annäherung« nicht glaube. Auch historische Vorbilder sind hier schief. Führende Sozialdemokraten haben zur Begründung dieser Politik gern auf den frühen Bismarck und den Rapallo-Vertrag von 1922 zurückgegriffen. In beiden Fällen waren die machtpolitischen Voraussetzungen andere. In beiden Fällen waren erst Preußen und später das Deutsche Reich Großmächte, die in einem Verhältnis von gleich zu gleich mit

Rußland verhandeln konnten, eine Voraussetzung, die seit dem Aufstieg der Sowjetunion zur Weltmacht nicht mehr gegeben ist.

Ich weiß, daß die Politik des Ausgleichs mit dem Osten ursprünglich auch von vielen westlichen Regierungen gebilligt wurde, ja daß die Bundesregierung zu dieser Politik teilweise sogar gedrängt wurde.

Viele derjenigen, die diese Politik des Ausgleichs damals wohlwollend unterstützt haben, haben allerdings die Gefahren dieser Politik verkannt.

Bereits Konrad Adenauer hatte eine Politik des Ausgleichs mit der Sowjetunion im Jahre 1955 eingeleitet. Von der festen Einbindung der Bundesrepublik in die westliche Gemeinschaft ausgehend, hatte er damals die deutschen Kriegsgefangenen aus der Sowjetunion durch Verhandlungen zurückgeholt.

Auch die Regierung Kiesinger hatte in den Jahren 1966 bis 1969 mit einer Politik der Öffnung in Osteuropa erste Erfolge erzielt. Handlungsvoraussetzung dieser Ostpolitik war immer, daß die Bundesrepublik politisch wie militärisch ein fester Bestandteil der westlichen Gemeinschaft ist.

Erst in den letzten Jahren gibt es auch in Deutschland Stimmen, die wieder von einer »nationalen Option« und von Deutschland als einer »Brücke« oder »3. Kraft« zwischen den Blöcken sprechen. Ich halte dies nicht nur für falsch, ich halte dies unter den gegebenen weltpolitischen Voraussetzungen für gefährlich, da es der Sowjetunion die Chance eröffnet, die Bundesrepublik in ihren Einflußbereich zu ziehen.

Ich möchte selbst die Gefahren, die in dieser Politik stekken, nicht ausführen, sondern Henry Kissinger zitieren, der am 16. Februar 1970 an Präsident Nixon über die möglichen Folgen dieser Politik schrieb: »Am meisten muß man sich jedoch um die langfristigeren Folgen der Ostpolitik sorgen. Solange er mit den östlichen Ländern über die gegenwärtig auf dem Tisch liegenden Probleme verhandelt – die Anerkennung der DDR, der Oder-Neiße-Linie und verschiedene Lösungsmöglichkeiten des Berlin-Problems –, dürfte Brandt keine ernsten Schwierigkeiten haben, seine grundsätzlich prowestliche Politik beizubehalten...

Nimmt man aber an, daß Brandt ein gewisses Ausmaß an Normalisierung erreicht, könnten er oder seine Nachfolger bald feststellen, daß sich die erhofften günstigen Auswirkungen nicht einstellen... Nachdem sie schon so viel in ihre Ostpolitik investiert haben, könnten die Deutschen vor sehr peinliche Alternativen gestellt werden. Man sollte daran denken, daß in den fünfziger Jahren viele Deutsche, nicht nur Mitglieder der SPD unter Schumacher, sondern auch konservative Kreise, traditionell vom Osten fasziniert oder von der Vorstellung Deutschlands als einer Brücke zwischen Ost und West begeistert waren und sich mit der Begründung gegen die Einbeziehung Bonns in westliche Einrichtungen stellten, daß das die Teilung Deutschlands verewigen und eine aktive deutsche Ostpolitik ausschließen würde. Solch eine Debatte über die Grundhaltung Deutschlands könnte die Tendenz der Abspaltung vom Westen begünstigen und nicht nur der deutschen Innenpolitik neuen Zündstoff liefern, sondern auch das Mißtrauen unter den Verbündeten Deutschlands im Hinblick auf seine Zuverlässigkeit wecken.«

Die CDU/CSU ist sich dieser Gefahren bewußt und hält deshalb mit aller Entschlossenheit an den von Adenauer gesetzten Eckpfeilern der deutschen Außenpolitik fest. Zu diesen tragenden Pfeilern gehört das atlantische Bündnis. Nur dieses Bündnis ermöglicht es der Bundesrepublik Deutschland, machtpolitisch eine Politik des Ausgleichs mit dem Osten zu treiben, ohne die europäische Stabilität zu gefährden. Eine Politik, die sich von diesem Bündnis abwendet, birgt die Gefahr unübersehbarer Risiken in Europa und wäre damit gefährlich für Frieden und Sicherheit in unserem wie in Ihrem Land.

Die Wiedervereinigung meines Vaterlandes bleibt das Ziel jeder deutschen Politik. Doch darf dieses Ziel nicht in einen Gegensatz zur Erhaltung der Freiheit im westlichen Teil Deutschlands und Europas gebracht werden. Die deutsche Politik muß berechenbar bleiben, da sich sonst jenes Mißtrauen wieder breitmacht, das Adenauer so erfolgreich für uns alle beseitigen konnte.

Gerade für uns Deutsche wäre ein Erfolg der Abrüstungsverhandlungen von großer Wichtigkeit. Dies folgt schon aus der geographischen Lage des Landes, das fast automatisch im Falle militärischer Auseinandersetzungen zwischen Ost und West zum Schlachtfeld werden würde. Deshalb begrüße ich auch die von Präsident Reagan vorgeschlagene Null-Option, die zum völligen Abbau des Mittelstreckenpotentials zwischen Ost und West führen würde. Allerdings machen die bisherigen Einlassungen der Sowjetunion deutlich, daß eine solche Lösung höchst unwahrscheinlich ist.

Die Sowjetunion hat in den letzten Jahren mit der Aufstellung der SS-20-Raketen ein Übergewicht im Bereich der Mittelstreckenraketen erreicht, das Westeuropa in hohem Maße verwundbar und damit erpreßbar macht. Dies ist der Grund für den Nachrüstungsbeschluß der NATO-Außenminister aus dem Jahre 1979. Sollten die Abrüstungsverhandlungen mit der Sowjetunion scheitern, wäre die NATO gezwungen, dem sowjetischen Raketenpotential eine gleichwertige Abschreckung entgegenzusetzen. Es ist diese Nachrüstung, an der sich in der Bundesrepublik eine heftige Kontroverse entzündet hat.

Die Einwände gegen den Nachrüstungsbeschluß kommen aus zwei verschiedenen Richtungen. Zum einen wird das tatsächliche Ungleichgewicht bezweifelt, zum anderen wird die Ablehnung der Nachrüstung damit begründet, daß das amerikanische Potential der Interkontinental-Waffen auch für den Schutz Europas ausreichend sei. Dies halte ich für eine sehr gefährliche Argumentation. Sie verlangt nämlich von den Amerikanern, daß sie im Falle einer Bedrohung Westeuropas ihr Territorium einem sowjetischen Gegenschlag aussetzen, ohne daß die Europäer entsprechende Anstrengungen unternähmen.

Die Last der Verteidigung Westeuropas läge in einem solchen Fall fast vollständig bei den Vereinigten Staaten. Dies käme einer Auflösung der westlichen Gemeinschaft gleich, da ich mir persönlich nicht vorstellen kann, daß die Amerikaner bereit wären, in eine solche ungleiche Verteilung der Verteidigungslasten und der Verteidigungsrisiken einzuwilligen. Die CDU/CSU ist deshalb mit dem Bundeskanzler und dem Bundesaußenminister einer Meinung, daß die Nachrüstung notwendig ist, wenn nicht bis zum Ende dieses Jahres Erfolge auf dem Gebiet der beiderseitigen kontrollierten Abrüstung erzielt werden können.

Ich möchte noch kurz auf einen Begriff eingehen, der ebenfalls in der außenpolitischen Diskussion Verwirrung angerichtet hat. Ich spreche von der sogenannten Teilbarkeit der Entspannung. Auch hier gibt es seit einigen Jahren Vorstellungen, die davon ausgehen, daß Europa vom sowjetischen Einmarsch in Afghanistan weniger betroffen sei als von einer ähnlichen Entwicklung beispielsweise in Polen. Deshalb könne der Entspannungsprozeß im ersten Fall auch weitergehen, da dieser Prozeß von den Ereignissen in Afghanistan nicht berührt werde. Ich halte von solchen Unterteilungen in einer immer kleiner werdenden und immer enger zusammenwachsenden Welt nichts.

Die Sicherheit Westeuropas wird nicht nur an der Elbe, sie wird auch im Nahen und Mittleren Osten verteidigt. Natürlich haben die Mitglieder der Allianz durch ihr unterschiedliches wirtschaftliches und militärisches Gewicht und durch unterschiedliche historische Traditionen unterschiedliche Aufgaben. Ich glaube nicht – um ein Beispiel zu nennen –, daß es im Interesse der Allianz nützlich wäre, deutsche Soldaten im Nahen Osten einzusetzen. Dies sieht für Amerikaner, Briten und Franzosen anders aus. Dennoch tragen wir alle die gleiche Verantwortung für Frieden und Sicherheit in der westlichen Welt.

Nur wenn wir der Sowjetunion deutlich machen, daß diese Interessenidentität zwischen den Vereinigten Staaten und Westeuropa durch sowjetische Handlungen nicht aufzulösen ist, wird die Sowjetunion ernsthaft bereit sein, über den hohen wirtschaftlichen und politischen Preis nachzudenken, den ihre Rüstungsanstrengungen ihrem eigenen Volk und der Stabilität des sowjetischen Systems abfordern. Dies heißt für uns Europäer und Amerikaner, gelassen, aber beharrlich jedem Versuch der Sowjetunion entgegenzutreten, ihre Probleme auf Kosten der atlantischen Allianz zu lösen. Gefahren aus dem Niedergang des sowjetischen Imperiums entstehen für uns nur dann, wenn wir diesem Niedergang ohne geschlossenes außenpolitisches Konzept begegnen.

Frieden und Sicherheit werden nicht durch Schwäche gewonnen, eine Lehre, die die westlichen Demokratien – so denke ich – ein für allemal aus den Ereignissen zwischen 1933 und 1939 gezogen haben.

Rede, gehalten vor dem American Council on Germany in New York am 28. März 1982

Die Sowjets zur Einsicht bringen

Friedenssehnsucht beherrscht die Menschen. Angst vor einem neuen, grauenhaften Krieg geht um. Kein Wunder, daß jede Formel, jede Vorstellung, die behauptet, sie könne den Frieden sichern oder doch sicherer machen, Beachtung und oft Zustimmung erfährt – besonders dann, wenn sie von namhaften Politikern vorgetragen wird.

Wenn Bundeskanzler Schmidt mit dem Wort von der Sicherheitspartnerschaft, der SPD-Parteivorsitzende Brandt, der frühere Bonner Vertreter in Ost-Berlin Gaus oder der ostpolitische Vor- und Chefdenker der SPD Bahr von gemeinsamer Friedenssicherung durch Washington und Moskau sprechen, so finden sie bei vielen Menschen von vornherein Bereitschaft, diese Formeln für realisierbare Politik zu nehmen. Die Hoffnung und die Sehnsucht nach Frieden sind zu groß, die Angst vor einem Nuklearkrieg sitzt zu tief, als daß eine kritische Prüfung der Tragfähigkeit solcher Vorschläge immer stattfände. Wer sich trotzdem daranmacht, die Vorstellungen von Sicherheitspartnerschaft und gemeinsamer Friedenssicherung auf ihre wirklichen Chancen und Gefahren zu durchleuchten, läuft Gefahr, als Entspannungsgegner angeprangert zu werden. Auch deswegen schweigen viele.

Die Konsequenzen der neuen, die Thesen der Ostpolitik der siebziger Jahre ablösenden Gedanken sind allerdings zu gefährlich, als daß sie unkommentiert bleiben dürften. Das gilt zumal für die Stellungnahmen Egon Bahrs zu diesem Thema, die sich häufen, seit »Die Zeit« am 19. März seinen Aufsatz über »die Pflicht zum Frieden« druckte.

Die Kernthese Egon Bahrs lautet, daß die Erfindung der

Atombombe in der Geschichte der Menschheit eine völlig neue Situation geschaffen habe, die neue Überlegungen zum Problem der Sicherheit und der Friedenswahrung notwendig mache. Für Bahr steht – und da wird ihm jeder vernünftige Mensch zustimmen – die Sicherung des Friedens an der ersten Stelle jedes außenpolitischen Zielkatalogs.

Sicherheit heißt nach Egon Bahr: gemeinsame Sicherheit, gemeinsam mit dem Gegner, da eine Sicherheit der einen Supermacht gegen die andere im Atomzeitalter nicht mehr erreichbar ist. Auch dieser Überlegung, von Bahr als Alternative zum gemeinsamen atomaren Selbstmord präsentiert, wird – so allgemein formuliert – niemand widersprechen.

Die Schwierigkeiten beginnen dort, wo sich aus den allgemeinen Feststellungen konkrete Forderungen an bestimmte Nationen richten. Wenn Sicherheit nur gemeinsame Sicherheit sein kann, dann bestimmt letztlich die Sowjetunion, zu welchen Bedingungen sie sich sicher fühlt. Schärfer formuliert: unter welchen Bedingungen Frieden in der Welt herrschen soll. Egon Bahr sieht das sehr klar, denn er schreibt wörtlich: »Wir haben vorhin definiert, daß die Selbstbestimmung der Nation der Erhaltung des Friedens untergeordnet sein muß. Das gilt dann auch für Polen. Auch die nationalen Ambitionen der Polen müssen dem Interesse der Erhaltung des Friedens untergeordnet sein.« Es ist wie mit dem oft zitierten Geleitzug: das langsamste Schiff bestimmt das Tempo des gesamten Verbandes. Und wenn die Sowjetunion in den nächsten Jahren beispielsweise die Eingliederung Afghanistans oder den Besitz der persischen Ölquellen als unverzichtbar im sowjetischen Interesse bezeichnet, dann müssen wir dies – die Prämisse von Egon Bahr unterstellt – wohl oder übel akzeptieren.

Dieser Gedanke läßt sich noch weiterspinnen. Erich Honekker hat kürzlich vor einem Handelskrieg gewarnt, der leicht in einen »heißen« Krieg übergehen könnte. Wenn also die Zurverfügungstellung von billigen Krediten zur Finanzierung des sowjetischen Wirtschaftssystems Teil des sowjetischen Sicherheitsinteresses ist, so müssen wir wohl auch dieses als für die gemeinsame Sicherheit unabdingbar hinnehmen.

Dies alles gab es schon einmal. Im Jahre 1815 beschlossen die europäischen Großmächte ein gemeinsames Sicherheitssystem, dem sich alle am Krieg gegen das napoleonische Frankreich beteiligten Staaten anschlossen. Eine gutfunktionierende Kongreß- und Interventionspolitik sicherte die europäische Ruhe. Manche sprachen von Friedhofsruhe. So konnten Rußland, Österreich, Preußen und Frankreich feststellen, daß eine liberale Verfassung in Spanien oder in Neapel den europäischen Frieden bedrohe; folglich wurden diese Veränderungen mit militärischen Mitteln verhindert.

Metternich war kein Reaktionär aus Engstirnigkeit oder Ignoranz. Er war ein Mann, der nach seinen Erfahrungen mit dem napoleonischen Weltkrieg die Sicherung des Friedens zum obersten Ziel seiner Politik machte. Auch Metternich verkündete – wie Egon Bahr –, daß das Selbstbestimmungsrecht der Völker hinter dem Ziel der Friedenserhaltung zurückzustehen habe. Deshalb sein unbedingtes Festhalten an einer Politik des Status quo.

Allerdings unterschätzte Metternich die Kraft der Völker, sich gegen ein reformunfähiges System zur Wehr zu setzen und dieses abzuschütteln. Die Explosion von 1848 war die Folge. Hier gibt es eine gefährliche Parallele zu Bahrs Überlegungen. Auch er betreibt seine Friedenssicherungspolitik mit den Regierungen und will den Völkern vorschreiben, was sie zu tun und zu lassen haben. Er vergißt dabei, was der große spanische Liberale Salvador de Madariaga in seinem Buch »Zuerst die Freiheit« schrieb: »Eine Nation, die nicht frei ist, ist mit sich selbst im Krieg. So daß die Annäherung seitens einer anderen Nation oder Gruppe, welche die Absicht hegt, mit ihr Frieden zu schließen, diese in ein Dilemma versetzt: Schließt sie Frieden mit der Regierung der Diktatur, so ist sie im Krieg mit dem Volk; schließt sie Frieden mit dem Volk, so ist sie im Krieg mit der Regierung der Diktatur ... Kein Staat, der eine Diktatur ist, kann Frieden mit anderen Nationen schließen, bevor er nicht zuerst sein eigenes Volk befriedet hat.«

Das Beispiel Polen zeigt die ganze tragische Wahrheit dieser Feststellung Madariagas! Das polnische Beispiel lehrt auch, daß sich Völker auf Dauer nicht zwingen lassen, ein ihnen unerträglich gewordenes System zu ertragen – nicht einmal dann, wenn ihr revolutionäres Aufbegehren angeblich den Weltfrieden bedroht.

Wer die Reformunfähigkeit des sowjetischen Systems gleichsam als Teil des legitimen sowjetischen Sicherheitsinteresses akzeptiert und jede dieses Sicherheitsinteresse berührende Änderung unter die Drohung des Atomkrieges stellt, schafft eine explosive, friedensbedrohende Mischung, die er mit seinen Überlegungen unter allen Umständen verhindern möchte. *To manage the decline of the Russian empire* darf nicht heißen, daß der Westen mit seinem Know-how ein wirtschaftlich bankrottes, politisch von den Menschen nicht akzeptiertes System abstützt, um es davon abzuhalten, zum Atomknüppel zu greifen. Im Gegenteil muß die Sowjetunion zu der Einsicht gebracht werden, daß allein politische und wirtschaftliche Reformen ihre innere Stabilität und damit auch ihre Sicherheit garantieren. Die Sowjetunion muß die Überzeugung gewinnen, daß der Westen nicht bereit ist, Reformen in ihrem Machtbereich zu verhindern und für ihr wirtschaftliches Mißmanagement einzustehen. Da dies auf die Dauer auch die wirtschaftliche Kraft des Westens übersteigen würde, ist die Gefahr einer Explosion und damit einer kriegerischen Auseinandersetzung auf diese Weise auch nicht zu bannen.

Es gibt ja noch ein anderes Beispiel in der Geschichte, das uns lehrt, daß ein reformunfähiges System letztlich Sicherheit nicht garantieren kann: das ottomanische Reich im 19. Jahrhundert. Der Erste Weltkrieg entstand nicht zuletzt aus der Unfähigkeit der europäischen Großmächte, das türkische Erbe auf dem Balkan sinnvoll zu ordnen. Auch hier hatte man zu lange eine Politik des Status quo um jeden Preis betrieben.

Noch eine dritte Überlegung sollte Egon Bahr zu denken geben. Er formulierte an einer Stelle, daß Sicherheit und Entspannung als oberstes Ziel auch für die Amerikaner gelte. Und er fährt fort: »Wenn wir anerkennen müssen, daß die Amerikaner etwas anderes wollen, kämen wir in eine äußerst schwierige Lage und stünden vor weitreichenden Entscheidungen.« Auch dies, so scheint mir, hat er nicht zu Ende gedacht. Denn wenn er der Sowjetunion legitime Sicherheitsinteressen zubilligt, die Moskau auch selbst definieren kann, dann muß er das gleiche auch den Amerikanern gestatten. Er müßte folglich zu dem Ergebnis kommen, daß – um nur ein Beispiel zu nennen – die Machtübernahme einer kommunistischen Regierung in Rom, mit der Folge des Verlustes von US-Stützpunkten auf Sizilien, die Vereinigten Staaten berechtigen würde, Italien mit Gewalt an diesen Verpflichtungen festzuhalten. Ähnliches würde dann auch für Veränderungen in Mittel- und Südamerika gelten: Auch dort könnten wir keinen Einspruch erheben, wenn Amerika korrupte und reformunfähige Systeme aus »Sicherheitsgründen« unterstützt. Gegen diese Schlußfolgerung würde Egon Bahr natürlich Einspruch erheben, doch wäre dies von seinem eigenen Standpunkt aus inkonsequent.

Besonders gefährlich ist an Bahrs neuer Doktrin, daß er eine scheinbar moralische Rechtfertigung für das liefert, was er Friedenssicherungspolitik nennt. Im Angesicht der furchtbaren Vernichtungswaffen in Ost und West und der daraus entstandenen Zukunftsangst müssen seine Schlußfolgerungen die Handlungsfähigkeit und den Gestaltungswillen der Politik im westlichen Europa beeinträchtigen. Nichthandeln, der Verzicht auf eine aktive, die Sowjetunion zu Reformen zwingende Politik mag kurzfristig sicherheitspolitische Fehlhandlungen vermeiden. Langfristig liegt darin das für den Frieden gefährlichste Fehlverhalten.

Nicht nur die Politik des »roll-back«, auch die von Bahr formulierte und vertretene Entspannungspolitik ist gescheitert. Die von ihm vorhergesagte Annäherung hat von seiten des Warschauer Paktes nicht stattgefunden. Die Abgrenzung des sogenannten sozialistischen Lagers dauert an. Aus dem »Gegeneinander« ist kein »Miteinander« geworden, im Gegenteil: die Gefahren für den Frieden sind gewachsen. Um den Frieden zu sichern, dürfen wir weder in die Vorstellungen des Kalten Krieges zurückverfallen noch die Erfahrungen aus den letzten dreißig Jahren negieren. Zu diesen Erfahrungen gehört, daß der Status quo nicht durch die Unterdrückung des Veränderungswillens der Völker erhalten werden kann.

Für die Politik der Friedenssicherung folgt daraus: Gemeinsame Sicherheit muß auch gemeinsam definiert werden. Sie darf nicht den innenpolitischen Status quo festschreiben und Veränderungen mit Gewalt verhindern wollen. Die Explosion eines reformunfähigen Systems kann für die Welt eine sehr viel größere Kriegsgefahr darstellen als die zugegebenermaßen bestehende Gefahr eines irrationalen Entschlusses der sowjetischen Führung, wenn sie die von ihr selbst geschaffenen politischen und wirtschaftlichen Probleme nicht mehr zu lösen vermag.

Aufsatz in der »Zeit« vom 19. April 1982

Gesetzesflut statt geistiger Führung

Als Charles James Fox im Jahre 1806 starb, wurde er bereits von den Zeitgenossen als einer der großen Staatsmänner Englands angesehen. Seinem Sarg folgte halb London. Er wurde in der Westminster-Abtei beigesetzt. Von seinen 38 im politischen Leben verbrachten Jahren war Fox 4 Jahre in untergeordneten administrativen Funktionen tätig und nur 23 Monate Kabinettsmitglied. Der Ruhm des Politikers Fox beruht also fast ausschließlich auf seinen rhetorischen Leistungen im britischen Parlament. Ich habe dieses Beispiel angeführt, weil es auf eindrückliche Weise den Bedeutungswandel unserer Parlamente erhellt. Kein moderner Politiker würde nach nur zweijähriger Regierungstätigkeit zu den »Großen« des Landes gerechnet, und kein moderner Politiker könnte, allein gestützt auf seine Parlamentsarbeit, breite Popularität und Ansehen gewinnen, wie sie der Parlamentarier Fox im britischen Unterhaus gewann.

Wenn in letzter Zeit von der Krise des parlamentarisch-repräsentativen Systems gesprochen wird, die mangelnde »Bürgernähe« der »da oben« beklagt wird und sogenannte »basisdemokratische« Vorstellungen um sich greifen, dann hat das auch etwas damit zu tun, daß unsere Parlamente nicht mehr unangefochten als Mittler des Volkswillens akzeptiert werden. Über das britische Parlament zur Zeit von Fox schreibt Erich Eyck in seiner Biographie der beiden Gegenspieler Pitt und Fox: »War das Parlament auch keine Vertretung der breiten Masse des Volkes, so war es doch die Tribüne des freien Wortes und des freien Kampfes der Geister. Mag es auch vor einer abstrakten Theorie nicht bestehen, so hat es doch die Funktion erfüllt, die Großbritannien in diesem bestimmten Zeitpunkt und dieser bestimmten Lage brauchte.«

Können wir das auch vom Bundestag oder gar von den Landtagen heute sagen? Es war wiederum ein Engländer, der die noch immer gültige Beschreibung der fünf Aufgaben eines Parlaments geliefert hat. In seinem Buch »The English Constitution« nennt Walter Bagehot als klassische Aufgabe des Parlaments die Wahl der Regierung (elective function), die Artikulation und Diskussion der politischen Grundfragen (expressive function), die Erziehung und Belehrung des Volkes (teaching function), die Information der Öffentlichkeit (informing function) und als letztes die Gesetzgebung (function of legislation).

Dabei fällt auf, daß die für uns im Vordergrund stehende Aufgabe der Gesetzgebung bei Bagehot den letzten Rang einnimmt. Der Bundestag versteht sich hingegen ganz eindeutig als Gesetzgebungsorgan. 33,9 Prozent eines repräsentativen Anteils befragter Abgeordneter nannten unter allen vom Bundestag wahrgenommenen Funktionen die Gesetzgebungsfunktion an erster Stelle. Angesichts der Gesetzes- und Normenflut ist das nicht verwunderlich. Der Bundestag hat sich – wie auch andere westliche Parlamente – zu einem reinen Arbeitsparlament entwickelt. Daß dabei die Aufgaben der Diskussion der politischen Grundfragen, der geistigen Führung und Information der Öffentlichkeit über das Verständnis grundsätzlicher Probleme zu kurz kommen, ist kein Vorwurf, sondern eine Feststellung.

Im Jahre 1973 verabschiedete der Bundestag beispielsweise 122 Gesetze in zweiter und dritter Lesung; ihm wurden in der gleichen Zeit 240 Gesetzentwürfe zugeleitet; jeder Abgeordnete erhielt 1365 Drucksachen, das heißt, amtliche Schriftstücke, die seine Abgeordnetentätigkeit betreffen, wie zum Beispiel Gesetzentwürfe, Entschließungen, Anträge, und im Petitionsausschuß gingen 7777 Petitionen ein. Daneben reichten die Abgeordneten 4353 Fragen an die Regierung ein. Bei diesen willkürlich herausgegriffenen Zahlen aus einem Jahr wird deutlich, daß das Parlament bei der Erfüllung seiner gesetzgeberischen Aufgaben an Arbeitsüberlastung zu scheitern droht.

Nun wird in diesem Zusammenhang gern und viel über die Komplexität unserer modernen Industriegesellschaft und ihre Vorschriftenflut gesprochen und diese Entwicklung für den Verfall des öffentlich-dialogischen Stils politischer Auseinandersetzung nach dem Idealbild des britischen House of Commons verantwortlich gemacht. In der Tat werden die Grundfragen der Nation nur noch selten in diesem Arbeitsparlament erörtert. Während Fox allein durch die Verbreitung seiner Reden die britische Regierung zur Gewährung der amerikanischen Unabhängigkeit, zur Wahrung der Freiheitsrechte des britischen Parlaments und zur Abschaffung des Sklavenhandels zwang, finden Grundsatzdebatten über umstrittene Fragen wie beispielsweise über das Problem der Todesstrafe, über die Frage, ob Deutschland ein Einwanderungsland ist oder nicht, und welchen Stellenwert die Ökologie bei unseren Überlegungen zum technischen Fortschritt haben muß, kaum noch statt.

Die Tatsache, daß die parlamentarische Ausschußarbeit über die rhetorische Auseinandersetzung mit den großen Fragen der Nation triumphiert hat, hat den Parlamentarier zum Berufspolitiker werden lassen, eine Entwicklung, die durch das Diätenurteil des Bundesverfassungsgerichts noch verschärft wurde. Ich bin mir darüber im klaren, daß es keine Rückkehr zum Gentleman- oder Honoratiorenparlament des 19. Jahrhunderts geben kann. Allerdings sollten die Angehörigen der freien Berufe nicht völlig durch Verbandsfunktionäre und beurlaubte Beamte verdrängt werden. Hierzu wäre es notwendig, die Sitzungswochen zu verkürzen, die Ausschußarbeit zu verringern und so den Parlamentariern auf Bundes- wie auf Landesebene die Möglichkeit zu eröffnen, ihren Beruf weiter auszuüben. Denn gerade durch die Verwandlung von unabhängigen Parlamentariern in versorgungsberechtigte Berufspolitiker entsteht in der Öffentlichkeit der Eindruck, daß das Parlament nur die Fortsetzung der Exekutive mit anderen Mitteln ist.

Es kann hier nicht meine Aufgabe sein, Lösungsvorschläge zu unterbreiten, über die bereits Kommissionen zur Parlamentsreform gebrütet haben. Dennoch sollte sich das Parlament meiner Meinung nach vor allem mit grundsätzlichen politischen Fragen befassen, während die Regelung technischer Einzelheiten, auch im technologischen Bereich, dem Verordnungsgeber überlassen werden sollte. Nur auf diese Weise bekämen die Abgeordneten Zeit, sich mit den Fragen zu beschäftigen, die die Bürger wirklich interessieren. Daß diese Überlastung des Parlaments mit Einzelfallgesetzen nichts Neues ist, zeigt schon die Warnung Bagehots im Jahre 1867 vor »Spezialgesetzen, die das Gesetzbuch verstopfen und die parlamentarischen Ausschüsse ermüden«. Die Bürokratisierung der Parlamentsarbeit ist Teil eines Gesamtprozesses, der in den Augen der Öffentlichkeit Verantwortlichkeiten immer undurchschaubarer macht und damit den Eindruck der Verfilzung hervorruft, wodurch das parlamentarisch-repräsentative System insgesamt in Verruf gebracht wird.

Der Stuttgarter Oberbürgermeister Rommel hat kürzlich von der Inbesitznahme der Politik durch die Rechtsprechung gesprochen und in diesem Zusammenhang darauf hingewiesen, daß der Rechtsschutz von Interessen Einzelner inzwischen überzogen und der Rechtsschutz für das Interesse der Allgemeinheit unzulänglich ist. Die zum Beispiel im Bundesland Hessen eingeführte Verbandsklage verschärft diese Entwicklung noch. Es gibt – so hat Rommel zu Recht festgestellt – inzwischen eine Art Bürgerrecht auf Blockierung öffentlicher Maßnahmen, wodurch Sinnvolles unterbleiben muß oder erst wesentlich später und wesentlich teurer für den Steuerzahler getan werden kann. Die zunehmende Verlagerung von politischer Verantwortung auf Beiräte, Personalvertretungskörperschaften und andere Gremien zur Durchsetzung von Sonderinteressen trägt hierzu wesentlich bei. Auch dies ist ein Teil der immer wieder beklagten Handlungsunfähigkeit des Staates durch Institutionen, die sich nicht auf einen allgemein-politischen Auftrag durch den Volkssouverän berufen können. Es muß für den Bürger unverständlich bleiben, daß öffentliche Dienstherren häufig

Personalentscheidungen nicht durchsetzen können, aber für das Verhalten und die Fehler ihrer Bediensteten politisch haftbar gemacht werden.

Ferner: daß die Polizei in Frankfurt dem Innenminister untersteht und nicht dem Oberbürgermeister, mag organisatorisch richtig sein, für den Bürger ist es kaum durchschaubar. Und wenn das Staatliche Schulamt unter dem Briefkopf »Der Oberbürgermeister« Mitteilungen herausgehen läßt, dann darf sich niemand wundern, wenn die davon Betroffenen den Oberbürgermeister dafür verantwortlich machen und mit der feinen Unterscheidung, daß er hier als untere staatliche Schulbehörde handelt, überfordert sind. Klar erkennbare Verantwortlichkeiten und das Bekenntnis zur Verantwortung sind die Voraussetzungen dafür, daß die Bürger die in unserer Verfassungsordnung festgelegte »Führung auf Zeit« durch demokratisch legitimierte Politiker auch akzeptieren.

Ein letzter Gedanke zur Stärkung unseres repräsentativen Verfassungssystems: Zwingt nicht die Erfahrung zur Überprüfung unserer bisherigen Einstellung gegenüber dem parteipolitischen Engagement von Beamten? Leider ist das »Parteibuchbeamtentum« inzwischen Teil unserer Lebenswirklichkeit mit allen negativen Folgen für das Ansehen des öffentlichen Dienstes bei den Bürgern. Nur ein Beispiel für die hier zu beklagende Fehlentwicklung ist das Gemeindeverfassungsrecht in der ehemals britischen Zone. Obwohl hier die Trennung zwischen politischem Oberbürgermeister oder Landrat und dem unter fachlichen Gesichtspunkten zu bestellenden Oberstadtdirektor beziehungsweise Oberkreisdirektor institutionell verankert ist, werden inzwischen beide Positionen nach parteipolitischen Kriterien besetzt.

Durch eine Rückbesinnung auf das preußische und auch habsburgische Ideal eines dem Ganzen und nicht nur einer Partei verpflichteten Beamtentums würde eine klare Trennung zwischen staatlicher Verwaltung und gesellschaftlichen Interessengruppen vollzogen, und die große Mehrheit der parteilosen Bürger wäre sicher, daß Verwaltungsentscheidungen ohne Rücksicht auf parteipolitische Rücksichtnahmen getroffen werden. Die oft beschworene Gefahr eines unpolitischen Beamtentums, das sich – wie am Ende der Weimarer Republik – zum Helfer einer antidemokratischen Regierung machen könnte, wird durch das Beispiel des britischen Civil Service eindeutig widerlegt.

Das Grundgesetz und die meisten Länderverfassungen haben sich aus gutem Grund und unter dem Eindruck der Erfahrungen von Weimar gegen die plebiszitäre Demokratie entschieden. Es ist an uns allen, diese Grundentscheidung immer wieder in der täglichen politischen Auseinandersetzung mit Leben zu erfüllen.

Aufsatz in der »Frankfurter Allgemeinen Zeitung« vom 31. Dezember 1982

Kulturpolitik – Ferment der Kommunalpolitik

Kunst und Kunstpolitik

Der Deutsche Künstlerbund, 1903 im klassischen Weimar als kooperative Organisation der Künstler zur Sicherung der Freiheit der Kunst gegen staatliche Bevormundung gegründet, versteht sich als Garant von Freiheit, Qualität und Vielfalt der Kunst. Mit seiner Organisationsform will er das Prinzip des künstlerischen Sachverstandes als alleiniges Kriterium für seine Ausstellungstätigkeit wahren. Vielfalt der Themen und formale Qualität, beides unverzichtbar für die Kunst, sind vom Deutschen Künstlerbund in einer beachtenswerten Weise zur Verpflichtung gemacht worden. Die ebenso notwendige Freiheit der Kunst wird in unserem Staat vom Grundgesetz garantiert. Dieses Grundrecht des Künstlers bindet uns alle. Ich habe mich zu diesem Verfassungsgrundsatz ausdrücklich in meiner Antrittsrede vor einer Woche bekannt. Politiker haben Freiräume für Kunst und Künstler zu schaffen und nicht darüber zu befinden, was wertvolle und unwerte Kunst sei. Das schafft allerdings auch umgekehrt die Pflicht zur Toleranz und zur Meinungsvielfalt.

Ich meine, daß der Satz gilt, wonach die Entfaltung der Kunst der Gradmesser des geistigen Reichtums, der Kreativität und Toleranz eines Volkes ist.

Ich bin mir bewußt, daß der Umgang mit den Künsten und mit den Künstlern auch Unbequemlichkeiten, auch Schwierigkeiten mit sich bringt: Kunst ist oft Provokation, Ärgernis, Protest gegen Konvention. Gerade die Geschichte der bildenden Künste ist voll von Beispielen, wie das jeweils Neue, das Zukunftsweisende sich oft nur im Protest gegen das Alte durchsetzte. Aber um der Bedeutung der Künste für die

Gesellschaft und den Einzelnen willen müssen wir bereit sein, auch dies zu akzeptieren.

Das Bekenntnis zur Freiheit der Kunst schließt ihre Förderung ein, und das muß auch bedeuten, die Förderung der Ausbildung von Künstlern sowie der Vermittlung der Künste an das Publikum.

Wir alle hier wissen um die großen materiellen Probleme vieler Künstler. Ich verkenne deswegen nicht, daß es neben einer Ordnung des Kunstmarktes, die den Künstlern ihren angemessenen Anteil gibt, auch eine umfassende und nachhaltige Förderung der Künstler durch den Staat beziehungsweise die öffentliche Hand geben muß. Mir ist es mit diesem Problem ernst, obwohl mir die Finanzprobleme der öffentlichen Hände bewußt sind.

Denn die wirtschaftliche Unabhängigkeit des Künstlers ist eine der Hauptvoraussetzungen für seine innere Unabhängigkeit. Wie wichtig diese innere Unabhängigkeit für die Freiheit und Vielfalt der Kunst ist, werden manche von Ihnen vielleicht selbst erfahren haben.

Deswegen wird man möglicherweise auch unkonventionelle Wege der Förderung, wie das vieldiskutierte »Künstlerhonorar«, wagen müssen.

Die Stadt Frankfurt und ihr Magistrat werden sich Gedanken darüber machen, wie sie neben all den wichtigen Aufgaben, die in den kommenden Jahren auf sie zukommen, in der Kulturpolitik erfolgreiche Wege – auch neue Wege – gehen können.

Vielleicht ist diese Ausstellung des Künstlerbundes ein Anlaß, die Überlegungen zu intensivieren, wie man insbesondere der zeitgenössischen Kunst eine angemessene Heimstätte in Frankfurt verschaffen kann, denn die von dem Kolloquium des Deutschen Künstlerbundes vor nicht langer Zeit hier in Frankfurt gestellte bange Frage nach der »Verdrängung des Bildnerischen in unserer Zeit« fordert auch zu materiellen Konsequenzen für die kommunale Politik heraus.

In diesem Zusammenhang wären neue Überlegungen zum alten Thema Kunst am Bau zu diskutieren: Durch ein aktiveres finanzielles Engagement der Stadt würden nicht nur die Künstler durch entsprechende Aufträge gefördert, sondern durch die Ästhetisierung des Stadtbildes könnte eine Stadt vom Zuschnitt Frankfurts auch an Lebenswert hinzugewinnen.

Wie mit seinen bisherigen Ausstellungen verbindet der Künstlerbund auch mit der diesjährigen das Ziel, das Interesse für bildende Kunst zu wecken und zu fördern sowie die bildende Kunst dem Verständnis des Publikums nahezubringen.

Daß dies wegen der Bedeutung der Kunst für das gesellschaftliche Leben kein Luxus ist, sondern eine Verpflichtung für die Kommunen, möchte ich an dieser Stelle ausdrücklich betonen.

Aktive Beschäftigung mit Werken der Kunst trägt zur Sensibilisierung und Bereicherung des Betrachters, Hörers und Lesers bei. Und diese Eigenschaften, diese Werte der Kunst sind gerade in unserer heutigen Zeit wichtiger denn je für jeden Einzelnen von uns. Denn das Verständnis der zeitgenössischen Kunst hilft uns auch, die Gegenwart, unsere Umwelt zu begreifen.

Unsere Aufgabe ist es, dazu auch jene zu befähigen, die diese Bildung in ihrer Jugend nicht erfahren haben, damit mehr Menschen als bisher Verständnis für die Arbeit der Künstler unserer Gegenwart gewinnen. In unseren Schulen leiden der musische Unterricht und die ästhetische Erziehung nach wie vor an der nicht anerkannten Gleichwertigkeit von musischer und sogenannter intellektueller Bildung. Obwohl wir wissen, daß musischer Unterricht befruchtend auch auf die übrigen schulischen Fächer wirkt, muß der musische Bereich unablässig um seine Anerkennung kämpfen. Um so mehr werden wir uns hier in Frankfurt auch überlegen müssen, wie wir die Museen, Galerien, Kunstvereine und Künstlerorganisationen besser unterstützen können in ihren Bemühungen, der Kunst gegenüber ein größeres, verständnisvolleres Publikum zu schaffen.

In diesem Sinne hoffe ich, daß die Jahresausstellung des Deutschen Künstlerbundes (1977) ihren Beitrag zu unserer gemeinsamen Aufgabe leistet, das Leben in Frankfurt und der Bundesrepublik reicher und lebenswerter zu machen.

Rede zur Eröffnung der Jahresausstellung des Deutschen Künstlerbundes am 23. Juni 1977 in der Paulskirche zu Frankfurt am Main

Leszek Kołakowski – Philosoph der Freiheit

Zorn, Not und Verzweiflung, Angst um Menschenleben bedrücken und bedrängen uns in diesen Stunden. Unser Grübeln und unsere Gefühle können auch in solcher Feierstunde nicht erstickt oder unterbrochen werden. Wir alle stellen uns Fragen, müssen uns Fragen stellen, kritische Fragen an uns selbst. Vor allem aber denken wir an die Menschen, die von Terror und Gewalt betroffen sind.

Und wir denken auch an diejenigen, die zur Entscheidung gerufen sind und die einen Anspruch an uns haben, daß wir sie jetzt nicht vergessen.

Vor allem aber geht es jetzt darum, daß wir uns zu unserem Staat und zu seiner freiheitlichen und rechtsstaatlichen Ordnung aktiv bekennen. Wir wollen das in aller Stille und Bescheidenheit, aber zugleich mit aller Kraft und Entschlossenheit tun.

Unser Staat hat gewiß seine Mängel, und niemand von uns behauptet, daß Verbesserungen nirgendwo möglich und nötig seien. Aber es ist unser Staat, der kein Staat der Repression oder der Intoleranz ist, sondern dieser Staat gewährt und garantiert individuelle und kollektive Freiheit.

Weil die Bundesrepublik Deutschland auf Freiheit angelegt ist, schließt unser demokratisches Gemeinwesen alle Praktiken aus, die die Freiheit zerstören. Es gibt bei uns keinen Psychoterror des Staates, keine Isolationshaft, keine Isolationsfolter.

Aber natürlich wissen wir zugleich, daß Freiheit immer gefährdet bleibt. Deswegen müssen wir die Kraft besitzen, uns nach dem Wert unserer staatlichen Ordnung kritisch befragen zu lassen. Aber wer wollte bestreiten, daß wir seit 1949 dazu nicht in der Lage gewesen wären.

Freiheit ist letztlich Absage an Dogmatismus; vor allem an Dogmatismus, der Terror rechtfertigt. Wer steht für dieses Freiheitsverständnis mehr als der Philosoph Leszek Kołakowski, der heute mit dem Friedenspreis des Deutschen Buchhandels geehrt wird.

Vor zwei Wochen hatte ich die große Ehre, den Theodor-W.-Adorno-Preis der Stadt Frankfurt in der Paulskirche an Professor Norbert Elias zu verleihen.

Ich erwähne das, weil Professor Kołakowski mit dem ersten Preisträger des Adorno-Preises nicht zu übersehende Gemeinsamkeiten hat.

Beide wurden von einem geistfeindlichen System aus ihrer Heimat vertrieben, beide haben Zuflucht in einem freien Land gefunden, ohne die geistige Verbindung zu ihrem Vaterland verloren zu haben.

In einer Welt zunehmender Intoleranz im Politischen wie im Geistigen haben sie sich die Offenheit des Denkens bewahrt sowie Dogmatismus und philosophische Orthodoxie bekämpft.

Wir ehren Leszek Kołakowski als den weit über seine polnische Heimat hinaus bekanntgewordenen Philosophen der Freiheit.

Daß dies in dieser Stadt geschieht, erfüllt mich mit besonderer Genugtuung. Wir alle wissen, daß er im Jahre 1970 Nachfolger auf dem Lehrstuhl Adornos werden sollte, jedoch aus politischen Gründen nicht akzeptiert wurde.

Die Intoleranz verfolgte ihn damit ausgerechnet an einem Ort, wo die Absage an jeden Dogmatismus das permanente und lautstarke Credo derjenigen war, die ihm Toleranz verweigerten.

Mit dem Friedenspreis des Deutschen Buchhandels sollen Menschen ausgezeichnet werden, deren Werk auf Versöhnung, auf den Abbau von Aggressionen und auf die Durchsetzung der Vernunft gerichtet ist.

Ich kann mir gerade in unserer aktuellen Stituation niemanden vorstellen, auf dessen Werk dies mehr zuträfe als auf das seine.

Er hat die wissenschaftliche Laufbahn als kompromißloser Kritiker des katholischen Glaubens begonnen, da er der Überzeugung war, daß gerade von den Dogmen der Kirche Gefahr für die geistige Freiheit ausgehe.

Ich weiß nicht, wie er sein damaliges Wirken heute beurteilt, doch scheint mir durch das Buch »Die Gegenwärtigkeit des Mythos« die Überzeugung durchzuschimmern, daß die Kirche in einer von Geschichtsmetaphysik und Determinismus beherrschten Gesellschaft auch eine Fluchtburg für den unterdrückten Menschen sein kann.

Da er das Individuum über das Kollektiv stellte, mußte er mit einer Gesellschaftstheorie in Konflikt kommen, die den Einzelnen zum Statisten sogenannter notwendiger historischer Prozesse degradiert.

Als es hier Mode wurde, den Traum von der vollkommenen Einheit der menschlichen Gemeinschaft auch gewaltsam Wirklichkeit werden zu lassen, hat Kołakowski bereits den Irrweg aufgezeigt, den eine den Gang der Geschichte zu kennen glaubende Gesellschaft beschreitet.

Er hat Toleranz gefordert, als Fanatismus und Intoleranz auch an den Fundamenten der wenigen freiheitlichen Ordnungen zu rütteln begannen.

Dem Vorwurf der Inkonsequenz ist er mit jenem berühmten Satz begegnet, daß die Inkonsequenz die Quelle der Toleranz ist.

In seinem Essay »Der Mythos der menschlichen Einheit« habe ich jene Sätze gefunden, die zu zitieren gerade heute und gerade in dieser Stadt notwendiger denn je ist:

»Der Traum der vollkommenen Einheit kann wahr nur in einer Karikatur werden, die seine ursprüngliche Absicht verleugnet – als eine künstliche, von oben her mit Zwang auferlegte Einheit, in der die politische Macht verhindert, daß die echten Konflikte und die echten Spannungen der bürgerlichen Gesellschaft zum Ausdruck kommen können. Diese Macht ist fast mechanisch gezwungen, alle spontanen Formen des wirtschaftlichen, politischen und kulturellen Lebens abzuwürgen und so die Kluft zwischen der bürgerlichen und politischen Gesellschaft zu vertiefen, anstatt beide einander näherzubringen... Und deshalb gibt es auch keinen Grund für die Erwartung, daß dieser Traum jemals Wirklichkeit werden kann außer in der grausamen Form des Despotismus; der Despotismus aber ist eine verzweifelte Nachahmung des Paradieses.«

Aus dieser Erkenntnis heraus hat er den Kampf für eine freiere und menschlichere Gesellschaft in seinem Vaterland geführt, einen Kampf für die Vernunft allein mit dem gesprochenen und geschriebenen Wort, einen Kampf, würdig des Preises, den Leszek Kołakowski heute erhalten soll.

Grußansprache anläßlich der Überreichung des Friedenspreises des Deutschen Buchhandels 1977 an Leszek Kołakowski am 16. Oktober 1977 in der Paulskirche zu Frankfurt am Main

Brecht – Der politische Dramatiker

In den fünfziger und sechziger Jahren hat das Frankfurter Theater heftige Auseinandersetzungen zu dem Thema Bertolt Brecht erlebt. Solche Diskussionen sollen nicht neu eröffnet werden. Aber ich möchte das Verdienst von Harry Buckwitz, dem langjährigen Intendanten der Städtischen Bühnen Frankfurt, hervorheben, den *Dramatiker* Brecht in der Bundesrepublik durchgesetzt zu haben. Dies war eine Leistung, die es auch heute noch zu würdigen gilt.

Wenn ich soeben gesagt habe, daß ich die damaligen Auseinandersetzungen nicht wieder beleben möchte, so möge das nicht falsch verstanden werden. Denn das soll nicht heißen, daß ich mich scheue, zu Bertolt Brecht als *politischem* Schriftsteller Stellung zu nehmen.

Der 80. Geburtstag Brechts fällt in eine Zeit angeblicher oder wirklicher Brecht-Müdigkeit. Für viele Theaterbesucher ist er zum Klassiker avanciert, der Auseinandersetzungen nicht mehr hervorruft. Martin Walser hat das einmal kurz und bündig so formuliert: »Er gehört zur Vergangenheit, nicht zum alten Eisen, sondern zum alten Gold.«

Typisch für diese Beurteilung ist auch das neueste Buch von Hellmuth Karasek mit dem bezeichnenden Titel »Bertolt Brecht – der jüngste Fall eines Theaterklassikers«.

Ich weiß nicht, ob diese Beurteilung so einfach akzeptiert werden kann. Wenn wir über Brecht sprechen, so sind es zwei Aspekte, die zu unterscheiden sind: Brecht als Erneuerer des Theaters und Brecht als politischer Autor.

Ich habe nicht die Kompetenz, darüber zu befinden, ob das epische Theater, die Form der Parabel oder der Verfremdungseffekt noch zeitgemäße Formen für das Theater sind. Oder anders ausgedrückt, ob es sich hierbei um altes Eisen oder altes Gold handelt.

Zu dem politischen Schriftsteller Bertolt Brecht jedoch möchte ich einige Anmerkungen machen.

Die Auseinandersetzung um Brecht in den fünfziger Jahren ging um die Frage, ob es richtig und zumutbar sei, einen Autor zu spielen, dessen erklärtes Ziel die Beseitigung unserer Gesellschafts- und Wirtschaftsordnung war.

Hierbei standen sich nicht nur Politiker und Künstler gegenüber, sondern der Graben ging quer durch die Reihen, wie die engagierte Ablehnung Brechts durch Hans Weigel, Friedrich Torberg und Ernst Häussermann zeigte. Ich glaube, daß diese Diskussion endgültig ausgestanden ist.

Die Freiheit der Kunst muß auch für diejenigen gelten, deren Denken uns unbequem ist – auch wenn ihr Ziel die Veränderung der bestehenden Ordnung ist.

Ich habe zu dieser Frage vor dem kommunalpolitischen Kongreß der CDU/CSU in Berlin erklärt: »Die Kunst ist frei – denn so bestimmt es unser Grundgesetz. Politiker und Parteien haben nicht darüber zu befinden, was wertvolle oder unwerte Kunst sei.« Diese Feststellung erschöpft jedoch nicht die Problematik des politischen Autors.

Bertolt Brecht hat es uns nicht leichtgemacht.

Damit meine ich nicht nur jene berühmte Ergebenheitsadresse an Walter Ulbricht am 17. Juni 1953, in der er seine Verbundenheit mit der SED aussprach, und auch nicht nur jene für einen revolutionären Schriftsteller doch recht seltsame Feststellung, daß die Aufständischen am 17. Juni zum Teil aus »deklassierten Gestalten« bestanden hätten.

Auch sagt es über das Werk eines Schriftstellers noch nichts aus, wenn er zum Tode Stalins formulierte: »Den Unterdrückten von 5 Erdteilen, denen, die sich schon befreit haben, und allen, die für den Weltfrieden kämpfen, muß der Herzschlag gestockt haben, als sie hörten, Stalin ist tot.«

Wobei anzumerken ist, daß Brecht zu dieser Zeit die Moskauer Schauprozesse sehr wohl kannte. Dies alles wäre für das

Werk Brechts unschädlich, wenn es in keiner Beziehung dazu stünde.

In ihren »Reflexionen über den Dichter Bertolt Brecht und sein Verhältnis zur Politik« vertritt Hannah Arendt die These, daß man politische Meinungen bedeutender Künstler nicht so ernst nehmen soll, wenn ihr Werk durch sie unbeschädigt bleibt. Als Beispiel hierfür nannte sie Ezra Pound, Gabriele d'Annunzio und Stefan George. Für Hannah Arendt hatte Brecht jedoch durch seine Parteinahme für Stalin sein Werk beschädigt. Nun wäre es recht einfach, in dem Lob Brechts für Stalin nur einen »poetischen Unfall« zu sehen, und, wie es zeitweilig üblich war, den Autor Brecht, ähnlich wie er es mit seinem »Guten Menschen von Sezuan« getan hatte, in zwei Hälften zu teilen: eine gute dichterische und eine weniger gute politische Hälfte.

Dies läßt sich jedoch nicht halten, weil es durch sein Werk – will man es nicht gewaltsam verbiegen – Lügen gestraft würde. Trotz aller Kritik an einzelnen Maßnahmen war Brecht ein kommunistischer Autor, der den in der Sowjetunion und der DDR praktizierten Kommunismus bejahte.

Dies wird nicht erst in seinen späteren Auftragsarbeiten, wie dem »Herrnburger Bericht« und der »Erziehung der Hirse« deutlich, sondern bereits in der »Maßnahme«, die, 1930 verfaßt, ein Schlüsselwerk Brechtscher Theaterarbeit ist.

In diesem Lehrstück findet sich eigentlich alles, was für mich die Schwäche des politischen Schriftstellers Brecht ausmacht: die unbedingte Unterwerfung des Individuums unter das Diktat einer Organisation, die Verengung der Wirklichkeit auf die marxistische Theorie, die Reduktion aller menschlichen und gesellschaftlichen Konflikte auf die Besitzfrage sowie die Verformung individueller Gestalten zu bloßen Typen.

Brechts dramatisches Werk stand seit der »Maßnahme« im Dienste der von ihm für richtig gehaltenen ökonomischen Theorie des Marxismus. Deshalb führte er alle Konflikte auf ökonomische Ursachen zurück. Komplizierte historische und gesellschaftliche Prozesse werden in seinen Stücken durch einfache, die marxistische Theorie erläuternde Parabeln erklärt.

Dürrenmatt hat dies einmal in die Worte gefaßt: »Brecht denkt unerbittlich, weil er an vieles unerbittlich nicht denkt.«

Seine Figuren werden auf diese Weise zu Marionetten an Fäden eines vorausbestimmbaren historischen Prozesses degradiert. Diese Feststellung Heiner Müllers macht deutlich, weshalb wir dem Werke Brechts heute kritisch und distanziert gegenüberstehen. Wir haben inzwischen aus bitterer Erfahrung lernen müssen, daß die von Brecht propagierte Veränderung der Welt zum Kommunismus hin nicht zu jener Auflösung der gesellschaftlichen Widersprüche führt, die er erhofft hat. Und es gibt, um mit Leszek Kołakowski zu sprechen, auch keinen Grund zu der Annahme, daß der Traum von der vollkommenen Einheit der menschlichen Gemeinschaft möglich ist oder gar mit institutionellen Mitteln bewerkstelligt werden kann, es sei denn, in der grausamen Form des Despotismus.

Ich kann deshalb auch als Politiker nur Peter Handke zustimmen, der seine Kritik an Brecht folgendermaßen formulierte: »Seine Denkmodelle scheinen mir, wenn ich an die Kompliziertheit meines eigenen Bewußtseins denke, allzu vereinfacht und widerspruchslos – alle gegebenen Widersprüche werden beseitigt von dem einzigen großen Widerspruch, den es für Brecht gibt, den zwischen den Zuständen, wie sie sind, und wie sie seiner Meinung nach sein sollten.«

Für diesen Widerspruch hat Brecht immer eine einfache und immer die gleiche Lösung parat, nämlich die Änderung der herrschenden Besitzverhältnisse. Mit dieser Änderung sind für Brecht alle menschlichen Konflikte gelöst.

Brecht hat es bewußt oder unbewußt vermieden, die Stimmigkeit seiner Theorie an der Wirklichkeit zu überprüfen. Er hat während seines USA-Aufenthaltes nicht die Schlachthöfe von Chicago besucht, in die er seine Johanna hinabsteigen läßt. Undurchdringlich war der Schutzwall, mit dem er sich umgab.

Als ihm Max Frisch 1948 Arbeitersiedlungen in Zürich

zeigte, war sein Urteil schon vorher fertig: »Alles winzig, es sind Gefängniszellen, Räumchen zur Wiederherstellung der Ware Arbeitskraft, verbesserte Slums.«

Als die geräumigen Neubauwohnungen sich nicht in dieses Bild fügen wollten, brach er die Besichtigungsfahrt ungeduldig und verstört ab.

Und wenn sich die Wirklichkeit nicht ganz verdrängen ließ, wie am 17. Juni 1953, so fand er eine elegante Formulierung, um sie kurzerhand umzustilisieren: Der Aufstand war für ihn vor allem ein »Kontakt« zwischen der Partei und der Arbeiterklasse, wenn auch nicht in der Form der Umarmung, sondern in der Form des Faustschlages.

Diese Verweigerungshaltung gegenüber der Wirklichkeit hat zur Folge, daß der artistischen Brillanz vieler Stücke oft eine inhaltliche Armut gegenübersteht. Und für manchen stellt sich die weitere Frage, ob ein Theater für uns noch relevant ist, dessen Fragestellungen und Antworten mit den gegenwärtigen Problemen nur wenig zu tun haben.

Daß dies nicht für das ganze Werk des Dramatikers Bertolt Brecht gilt, beweisen Stücke wie das »Leben des Galilei«, »Mutter Courage und ihre Kinder«, der »Kaukasische Kreidekreis« oder auch einige Szenen aus »Furcht und Elend des Dritten Reiches«, in denen die Starrheit des marxistischen Denkens von einem aufklärerischen Humanismus abgelöst ist.

Hier, und nicht in jenen aller Spontaneität und Individualität beraubten Parabelstücken, die unter dem Gebot stehen, daß der Einzelne nur zwei Augen, die Partei aber tausend Augen und damit immer recht habe, sehe ich auch heute noch Brechts Bedeutung im Kampf für mehr Menschlichkeit in dieser Welt.

Wenn Brecht in einem seiner bekanntesten Gedichte formuliert hat:

»Ach die wir den Boden bereiten wollten für Freundlichkeit
konnten freundlich nicht sein«,

so strafen ihn seine Grusche und Azdak, Galilei und Mutter Courage Lügen.

Güte und Hilfsbereitschaft sind keine Sünden, die die Veränderung der Welt zum Guten hindern, sie sind notwendige Tugenden, um diese Welt bewohnbar zu machen.

»Die Hybris, die uns versuchen läßt, das Himmelreich auf Erden zu verwirklichen, verführt uns dazu, unsere gute Erde in eine Hölle zu verwandeln.«

Brecht ist dieser von Karl Popper beschriebenen Versuchung in der »Maßnahme« erlegen. Er hat in ihr den Begriff der Menschheit über den des Menschen gestellt. Es war ein tragischer Irrtum für seine künstlerische und moralische Wirkung.

Dies hindert uns jedoch nicht festzustellen, daß auch jener Teil des Brechtschen Theaterschaffens, das moralischen und politischen Widerspruch hervorruft, durch die Neuartigkeit der dramatischen Vermittlung dazu beigetragen hat, Brechts Ruf als einer der größten Dramatiker unseres Jahrhunderts zu begründen, ein Ruf, den der Theaterautor Brecht nach meiner Überzeugung auch bewahren wird.

Rede zur Eröffnung des wissenschaftlichen Kolloquiums aus Anlaß des 80. Geburtstages von Bertolt Brecht am 10. Februar 1979 in der Oper zu Frankfurt am Main

»Deutsche Malerei 1890–1918«

Die Ausstellung »Deutsche Malerei 1890–1918« gibt mit vierundneunzig Gemälden aus fünfundvierzig Sammlungen der Bundesrepublik Deutschland und Berlins einen interessanten Überblick über eine Epoche deutscher Malerei, die zu fassen auch Kunsthistorikern nicht leichtfällt. Dieser Zeitraum bietet weder am Beginn noch am Ende künstlerische Zäsuren. Er wird bestimmt durch eine Vielfalt von Stilströmungen, Wirklichkeitsdefinitionen und verschiedenartigen Kunstzielen.

Politisch dagegen umfaßt die Zeit vollkommen die sogenannte Wilhelminische Ära. Rein äußerlich war es eine Welt der Sicherheit, eine Zeit, die von der Dominanz Europas in der Welt geprägt wurde. Fünfundachtzig Prozent der bewohnten Erdoberfläche lagen damals im direkten Einflußbereich europäischer Nationen. Industrialisierung und Liberalismus waren die Hauptmerkmale einer Epoche, die äußerlich ihrer selbst ganz sicher war, fest davon überzeugt, daß europäische Kultur und Zivilisation allen anderen Kulturen überlegen seien. Die offizielle deutsche Malerei war noch immer geprägt von der Reichseinigung. Die Historienmalerei eines Anton von Werner, eines Piloty, eines Defregger, auch die berühmten Porträts Lenbachs entsprachen dem Lebensgefühl der führenden Schichten des neuen Reiches. Nur ganz selten erhellte eine Katastrophe wie ein Blitzstrahl diese scheinbar so unanfechtbare Welt. In den frühen Morgenstunden des 15. April 1912 rammte die Titanic, das größte Schiff, das die Menschheit je kannte, im Nordatlantik einen Eisberg und versank mit tausendfünfhundert Menschen an Bord. Die Katastrophe erschütterte die gesamte westliche Welt. In einer dunklen und halb bewußten Art spürte sie, daß dieses Ereignis größere Gefahren ankündigte, die an den Fundamenten der europäischen Zivilisation rütteln sollten.

Es schien die Hybris des westlichen Menschen zu enthüllen, der sich stolz damit brüstete, er habe die in ihm latenten wie auch die ihn umgebenden Naturgewalten unter seine Herrschaft gebracht, und der nun über Nacht zu begreifen begann, daß er das Opfer geheimer Kräfte werden konnte, die seine Anmaßung zertrümmern würden.

Bewußter empfanden die besten, wenn auch nicht anerkannten Künstler die Brüchigkeit dieser Welt. Ihre Ahnungen von Auflösung und Untergang bestimmten das, was wir heute den Anfang der modernen Malerei nennen. Vier Stilrichtungen sind es vor allem, die in dieser Ausstellung die Brüchigkeit einer äußerlich heilen Welt dokumentieren: Impressionismus, Jugendstil, Symbolismus und Expressionismus.

Ich habe weder Kompetenz noch Aufgabe, diese Stilrichtungen im einzelnen kunsthistorisch zu würdigen. Doch läßt sich von ihnen sagen, daß sie im Widerspruch zu ihrer Zeit standen.

Den Beginn der Ausstellung bildet der Impressionismus, repräsentiert durch die Namen Corinth, Slevogt und Modersohn. Er war die Reaktion auf akademischen Realismus und religiöse Romantik. Der Impressionismus befreite die Bilder von allen religiösen, mythologischen und historischen Gegenständen, von allem graeco-romanischen und christlichen Ballast, der so typisch für die Malerei in der Mitte des 19. Jahrhunderts war. Es war ein »Zurück zur Natur«, zu Landschaft, Licht und Farbe, ein Zurück zum Individualismus.

Ganz anders ist das Anliegen des Jugendstils. Er geht zurück auf die Gedanken der Engländer Ruskin und Morris. Ihr Ziel war es, die industrielle Häßlichkeit durch eine neue handwerkliche Kunst der schönen Form zu ersetzen. Es war ein soziales und moralisches Anliegen.

Die gesamte Umwelt des Menschen einschließlich der alltäglichen Gebrauchsartikel sollte wieder ästhetischen Ansprüchen genügen – ein Gedanke, der uns heute sehr modern anmutet.

Eine Absage an die materialistische, die maschinengläubig

gewordene Gesellschaft stellt auch der Symbolismus dar. In ihm verdichtet sich die Untergangsstimmung zu einer Kunst der Dekadenz, der »schönen bösen Träume«. Richard Wagner und Oscar Wilde, Gustave Moreau, Baudelaire und Nietzsche haben hierzu Bilder, Texte und Konzepte beigesteuert.

Der gemeinsame Ausgangspunkt war die Ablehnung der Zeit, in der man lebte, eine Stimmung, deren Temperatur von müdem Ekel über entschiedene Verachtung bis zu tiefsitzender Furcht reichte.

Es bleibt noch ein Blick auf den Expressionismus zu werfen, der in Deutschland seine hervorragendsten Vertreter hatte und folglich auch in dieser Ausstellung mit Beispielen vertreten ist.

So verschieden Nolde und Beckmann, Schmidt-Rottluff und Kirchner, Macke, Dix und Grosz in ihrem künstlerischen Ausdruck sind, so sehr eignet ihren Bildern jene Suggestivkraft, die die Welt verändern und nicht nur beschreiben wollte.

Der Auflösung der Gesellschaft am Ende des Ersten Weltkrieges entspricht die Auflösung der überkommenen Formen. Es ist ein Aufstand gegen die euklidische Geometrie, es ist der Aufruhr gegen die Ebene und die Gerade. Unbedenklich koordinieren die Expressionisten Konkretes und Imaginiertes; das Innere wird nach außen gestülpt.

Somit entfernt sich der Expressionismus am weitesten von jener »heilen Welt«, die im Granathagel des Ersten Weltkrieges unterging. Hier wird am deutlichsten die Nähe zu einer neuen Zeit.

Rede zur Eröffnung der Ausstellung »Deutsche Malerei 1890–1918« am 13. September 1979 im Städel zu Frankfurt am Main

Raymond Aron – ein Bekenner der Menschlichkeit

Im Jahre 1927 hat die Stadt Frankfurt am Main den Goethepreis gestiftet. Er wird am 28. August, dem Geburtstag Goethes, seit 1952 in dreijährigem Turnus verliehen. Damit soll, wie es in der Ehrenordnung heißt, eine Persönlichkeit geehrt werden, »die durch ihr Schaffen bereits zur Geltung gelangt und deren schöpferisches Wirken einer dem Andenken Goethes gewidmeten Ehrung würdig ist«. Mit Professor Aron ehren wir heute (1979) einen bedeutenden Wissenschaftler. Seine philosophischen, soziologischen, volkswirtschaftlichen, historischen und politik-theoretischen Bücher und Schriften haben sich wie die Jahresringe eines Baums zu einem mächtigen Stamm, zu einem großen Gesamtwerk gebildet. Ein Werk, das an so großen Namen wie Tocqueville und Max Weber gemessen werden kann – und auf die es sich auch beruft.

Zugleich erinnert Frankfurt am Main mit diesem Preis an seinen größten Sohn, Johann Wolfgang von Goethe. Sein Verhältnis zu seiner Vaterstadt war gewiß nicht immer frei von Spannungen. Und trotzdem: Er ist Frankfurt am Main verbunden geblieben, hat sein Frankfurt geliebt. Natürlich gehört er nicht nur uns und nicht nur Deutschland. Uns ist auch bewußt – und wir wollen das gar nicht unterschlagen –, daß er nicht nur Zustimmung oder gar nur Verehrung erfahren hat. Und dennoch hat Goethe eine eigentümliche, eine durch niemanden ersetzbare Bedeutung im Bewußtsein unseres Volkes.

Der Literaturkritiker Marcel Reich-Ranicki schrieb: Wenn Deutschland in eine Identitätskrise geraten sei, dann habe man sich auf Goethes Werk besonnen, dann sei der Dichter des »Faust« zur zentralen Figur der nationalen Identität der Deutschen geworden.

Ist das in unserer Zeit eine höchst aktuelle Aussage? Wir sollten darüber gemeinsam nachdenken, darüber sprechen. Vor allem mit jungen Menschen. Und wir sollten uns gerade in diesem Zusammenhang daran erinnern, daß Goethe seiner Zeit – und vielleicht auch noch unserer – als Europäer, als Kosmopolit weit voraus war. Dabei kommt man zu der Frage, ob er vielleicht gerade deswegen imstande ist, in Zeiten der Krise zur zentralen Figur nationaler Identität für die Deutschen zu werden? Denn sie, die Deutschen, haben weniger, zumindest sehr viel kürzer, nationalstaatlich gedacht und gehandelt als andere europäische Nationen.

Glück oder nicht – ihr Vaterland hatte während vieler Jahrhunderte nach eigenem Verständnis einen über die eigene Nation hinausreichenden Auftrag: den des Heiligen Römischen Reiches Deutscher Nation. Und dieser war transzendental, wenn Sie so wollen, damit supranational, europäisch, kosmopolitisch. Wo sollte das besser verstanden und nachempfunden werden können als in der alten Freien Reichsstadt Frankfurt am Main?

Fragen wir noch einmal nach Goethe, wagen wir die Frage: was macht denn im Kern sein Werk insgesamt aus? Reich-Ranicki antwortet: »Die Summe seiner Dichtungen und Abhandlungen, Briefe und Gespräche ist eine gewaltige Manifestation des Anti-Barbarentums... Wie Schiller der Dichter der moralischen Idee und Kleist jener der tragischen Passion war, so war Goethe der Poet der reinen Menschlichkeit.«

Ich finde, vor dem Hintergrund der leidvollen Erfahrungen der Menschen, vor allem der letzten sechzig Jahre bis in unsere Zeit, ist ein großartigeres Zeugnis und ein eindringlicherer Hinweis auf unsere Pflicht kaum denkbar. So begegnet uns Goethe nicht nur als der große, dem Alltag entrückte Olympier, nicht nur als der übermenschliche Titan, sondern vor allem als der Verstehende und Verzeihende, der Wissende, kurz: der Poet der Menschlichkeit, der sein, der das Maß kannte und der es, hatte er es verloren, immer wieder zurückgewann. Er blieb – bei aller Leidenschaft – schließlich der Realist, weil er über den Traum nicht die Wirklichkeit verlor. Er hielt nicht nur das Gute für möglich, weil er die Menschen in ihrer Fähigkeit zum Guten wie zum Bösen nicht verkannte. Ich finde, verehrter Herr Professor Aron, gerade in diesem Punkt verbindet Sie vieles mit Goethe.

Ich kann und will unserem Laudator nicht vorgreifen. Aber gestatten Sie mir einige Anmerkungen: Ob sich Professor Aron mit Fragen der Industriesoziologie, der Geschichte des politischen Denkens, den westlichen Gesellschaften oder mit den verschiedenen Ideologien befaßt – stets habe ich ihn in seinem mir zugänglichen Werk als den nüchternen Realisten, den Mann kühler Mäßigung wie den großen Bekenner einer menschlichen und damit freiheitlichen Lebensordnung kennengelernt.

In dem im vergangenen Jahr bei uns erschienenen »Plädoyer für das dekadente Europa« findet sich der Satz: »Ich bin nicht der Meinung, daß die Zukunft jemals die Antagonismen aufheben wird oder daß sie die Gestalt unserer Träume annehmen wird. Wer die Hilter- oder die Stalinzeit überlebt hat, weiß, daß das Schlimmste immer möglich ist. Das Vertrauen bewahren heißt daran glauben, daß das Schlimmste nicht immer sicher ist.«

Professor Aron wehrt sich gegen blinde Fortschrittsideologien ebenso wie gegen Kulturpessimismus und nihilistischen Zukunftsglauben. Er wendet sich gegen diejenigen, »die gleich Pareto die Freiheit des Geistes und der Menschen lieben, die aber meinen, daß die Freiheit bis zu einer bestimmten Stufe die früheren Urteile und Überzeugungen zersetzt, den Zusammenbruch der bestehenden Ordnung beschleunigt und gleichzeitig den Aufstieg einer führenden, weniger skeptischen und brutaleren Minderheit unvermeidlich erscheinen läßt«.

Dabei verniedlicht er nichts. Professor Aron weicht der Wirklichkeit nicht aus. Eben deshalb wendet er sich gegen Fatalismus und moralische wie intellektuelle Unterwerfung. Er sagt daher: »Aber ich weiß auch, daß man Ideen durch Ideen bekämpft. Die falschen Ideen durch die richtigen, den Leninschen Katechismus durch die Analyse und die historische Erfahrung.«

Sein Bekenntnis zur Freiheit, zur Gerechtigkeit und damit zur Menschlichkeit finde ich in einem einzigen Satz ebenso schlicht wie eindrucksvoll ausgedrückt: »Systeme sind zu verabscheuen, in denen ein einziger Mensch oder eine geschlossene Gruppe das Monopol der Wahrheit für sich beanspruchen.« Er schildert die Unzulänglichkeiten, die Fehler und das Versagen der westlichen Demokratien. Und er gibt in summa dennoch diese Antwort: »Angesichts eines ideokratischen Europa repräsentiert das freie Europa nicht nur die Freiheit, sondern auch eine produktive Effizienz. Es verkörpert weniger unvollkommen als das andere Europa die Werte, auf die sich die Europäer vom Atlantik bis an den Ural berufen.« Dabei wissen wir wohl: Das intellektuelle Plädoyer für die Unvollkommenheit dieser Welt ist immer eine schwierige und undankbare Aufgabe gewesen.

Das Bedürfnis, alle Übel aus einem Punkt zu erklären und damit auch durch eine Tat zu beseitigen, hat immer wieder die Geister verführt und unkontrollierte Leidenschaften entzündet.

Wir ehren Professor Aron für sein großes Werk, das immer, auch in der Polemik, der Menschlichkeit verpflichtet geblieben ist. Wir danken ihm auch für die Menschlichkeit, mit der er gerade uns Deutschen in schweren Zeiten begegnet ist. Er hat sich durch Wort und Tat für die Aussöhnung unserer beiden Völker eingesetzt – zu Zeiten, als das ganz gewiß nicht leicht war. Auch deswegen sind wir ihm dankbar, daß er den Goethepreis der Stadt Frankfurt am Main annimmt.

Wir ehren ein bedeutendes Werk, einen führenden Intellektuellen und Wissenschaftler unserer Zeit, einen Bekenner der Menschlichkeit.

Rede zur Verleihung des Goethepreises der Stadt Frankfurt am Main an Professor Raymond Aron am 28. August 1979 in der Paulskirche zu Frankfurt am Main

Kulturpolitik – Ferment der Kommunalpolitik

Auf der diesjährigen Jahreshauptversammlung des Deutschen Bühnenvereins (1981) bin ich zum neuen Präsidenten gewählt worden. Ich weiß, daß dieses Amt mehr ist und mehr sein muß als bloße Repräsentation. Ich gedenke in diesen Minuten des Oberbürgermeisters Winfried Sabais, der vor mir Präsident des Deutschen Bühnenvereins war und der zu früh von uns gehen mußte. Es bedeutet für mich viel, daß wir zueinander ein vertrauensvolles, fast freundschaftliches Verhältnis hatten.

So ist die Kontinuität in diesem Amt in einer sehr persönlichen Weise gegeben, und ich denke, das ist ein gutes Omen. Winfried Sabais war ein sehr ungewöhnlicher Politiker. Er war durch Begabung und Neigung der Welt des Geistes und der Künste verbunden, wie dies bei Menschen, die als Politiker zum Handeln und auch zu politischer Auseinandersetzung gefordert sind, nicht gerade oft der Fall ist. Dazu kam, daß er selbst als Schriftsteller und Dichter einen Zugang zu den Künstlern und ihrer Welt hatte, die für den Politiker wohl einmalig ist – und die ich nicht habe. Dennoch will ich mich um das Verständnis für die genuinen Probleme des Theaters in unserer Zeit redlich bemühen ...

Noch kann ich nicht zu den aktuellen Problemen der Jahreshauptversammlung Stellung nehmen. Aber ich möchte die Gelegenheit nutzen, einige wenige grundsätzliche Bemerkungen zur Kulturpolitik zu machen.

Ich habe des öfteren darauf hingewiesen, und ich möchte dies hier ausdrücklich wiederholen, daß ich die Kulturpolitik für einen der wichtigsten, wenn nicht sogar den wichtigsten Bereich der Kommunalpolitik halte. Kulturpolitik ist für mich ein Ferment der Kommunalpolitik, denn sie gibt unseren Städten ein unverwechselbares Gesicht.

Das, was statistisch meßbare Leistungen kaum zu bewirken vermögen, kann Kultur herbeiführen: einem Gemeinwesen Wärme zu geben, seinen Bürgern zu ermöglichen, sich mit der Stadt zu identifizieren, Funktionalismus zu überwinden. Wir haben in Frankfurt am Main danach gehandelt. Elf Prozent des städtischen Haushalts für kulturelle Vorhaben und sechzig Millionen Mark jährliche Theatersubventionen belegen dies.

Eine Gesellschaft, in der es immer schwieriger wird, einen Grundkonsens zwischen den verschiedenen Gruppierungen und Generationen zu formulieren, bedarf dieses Ferments in besonderem Maße.

Viele Menschen suchen heute – wohl stärker noch als in früheren Zeiten – in den Künsten Lebenshilfe und Sinnstiftung. Ganz besonders trifft dies für das Theater zu, da das Theater Sprache und Bilder bewahrt, die Teil unserer kulturellen und politischen Traditionen sind. Aus diesem Vorrat lebt der Einzelne wie die geistig und künstlerisch interessierte Nation.

Daß das Theater darüber hinaus in unserer besonderen politischen Situation sozusagen eine der letzten gesamtdeutschen Institutionen ist, verleiht ihm gerade in unserem Lande eine besondere Bedeutung.

Ich habe dies aus zwei Gründen dargestellt: Zum einen können Sie in dieser Wertung meine Motive für die Übernahme der Präsidentschaft des Deutschen Bühnenvereins erkennen, zum anderen möchte ich daraus die Forderung ableiten, daß auch in einer Zeit des knapper werdenden Geldes die Förderung der Künste, und hier besonders der Theater, eine vordringliche Aufgabe der öffentlichen Hand ist und bleibt.

Ich weiß, daß manche Politiker beim Sparen zuerst an die Kulturpolitik denken, nach dem Erfahrungssatz, die Künste haben keine Lobby.

Ich halte dies für eine falsche Politik, da sie Sinn und Bedeutung der Künste für den gesellschaftlichen Zusammenhalt außer acht läßt. Natürlich erfordert eine Zeit der knapper werdenden Ressourcen auch Sparen im kulturellen Bereich.

Wirtschaftlichkeit sollte auch für Theaterleute kein Schimpfwort sein. Jede Rationalisierung muß allerdings dort ihre Grenzen haben, wo das Primat der künstlerischen Aussage bedroht ist, denn – und dessen sollten alle Verantwortlichen stets eingedenk sein – das Theater ist kein Industriebetrieb.

In diesem Zusammenhang möchte ich auch ein Wort zu jenem zunehmenden Antagonismus von Künstlern und technischem Apparat sagen, der unsere Theater heute bedroht. Vor allem die größeren Theater sind im Netz arbeitsrechtlicher, kameralistischer und sicherheitstechnischer Bestimmungen immer schwerfälliger geworden.

Die Zahl der Produktionen pro Spielzeit ist in den letzten Jahren immer weiter zurückgegangen. Zugleich versuchen immer mehr Theaterleiter und Regisseure, sich den Zwängen des Apparates zu entziehen.

Die wachsende Anzahl freier Gruppen verdeutlicht dies. Ich glaube, hier hilft nur eine Rückbesinnung auf die Anfänge. Trotz Sicherheitsbestimmungen und sozialem Netz sollten alle, die im Theater zusammenwirken, sich daran erinnern, daß unsere Theater nur dann in ihrer gegenwärtigen Form bestehen bleiben können, wenn sie jenen Freiraum für künstlerische Kreativität bewahren, ohne den das Theater nicht lebt. Was dem heutigen Theater hin und wieder zu fehlen scheint, ist ein wenig vom beweglichen Geist der Neuberin.

Ein Mittel zur Überwindung des Antagonismus zwischen Technik und Verwaltung auf der einen und der Kunst auf der anderen Seite ist auch die Mitwirkung aller am Theater Beschäftigten, an den Entscheidungsprozessen Beteiligten. Sie kann dazu beitragen, Probleme zu lösen, wenn sie sich als Dienst an der gemeinsamen Sache begreift. Mitbestimmung muß dort scheitern, wo sie den Versuch unternimmt, Machtansprüche einzelner Gruppen im Theater durchzusetzen.

Ich möchte an dieser Stelle gerade im Hinblick auf die Frankfurter Erfahrungen die Frage offen lassen, ob die künstlerische Leistung selbst mitbestimmungsfähig ist. Ich bin aber nach wie vor der Auffassung, daß eine erfolgreiche Theaterarbeit der engagierten Mitwirkung aller Beteiligten bedarf.

Lassen Sie mich zum Schluß noch kurz auf ein Thema eingehen, das die Öffentlichkeit in letzter Zeit beschäftigt hat: Ich spreche von der Auseinandersetzung zwischen den Besucherorganisationen und den Theatern zur Frage eines »publikumsfreundlicheren« Theaters. Ich gestehe offen, daß mich die Form dieser Auseinandersetzung erschreckt hat. Denn ich glaube, niemand, auch nicht die Volksbühnenvereine, hat die Absicht, die künstlerische Freiheit der Theaterleiter einzuschränken.

Wenn dies dennoch von einem Teil der Theateröffentlichkeit so verstanden wurde, so liegt das wohl nicht zuletzt daran, daß wir Deutschen dazu neigen, alles grundsätzlich zu sehen. Die Besucherorganisationen haben meiner Ansicht nach noch immer eine eminent kulturpolitische Aufgabe, indem sie Theater zu den Menschen bringen. Daß sie darüber hinaus keine besondere Kompetenz zur Beurteilung von Theater haben, versteht sich von selbst.

Ihre Vorschläge, soweit sie sich auf den formellen Betriebsablauf beziehen, sollten meiner Ansicht nach ernst genommen und bedacht, der Anspruch auf verbindliche ästhetische Urteile aber in der entsprechenden Form zurückgewiesen werden.

Meine Damen und Herren, ich bin mir darüber im klaren, daß ich hier nur einige wenige Themen aus der Fülle der uns alle beschäftigenden Probleme ansprechen konnte, und ich möchte der Hoffnung Ausdruck geben, daß wir im Verlaufe unserer Zusammenarbeit häufig Gelegenheit zum Meinungsaustausch und vertiefender Diskussion finden werden.

Rede vor der Jahreshauptversammlung des Deutschen Bühnenvereins am 23. Juni 1981 in Darmstadt

Kultur im Zeitalter der Massenzivilisation

Heute, am Geburtstag des größten Sohnes unserer Stadt, am Geburtstag Johann Wolfgang von Goethes, gewinnt Frankfurt am Main ein Haus seiner großen Tradition zurück: die Alte Oper.

Dies ist ein Ereignis, das nicht nur Frankfurt einen architektonischen und kulturellen Mittelpunkt zurückgibt. Es hat auch weit über Frankfurt hinaus Bedeutung.

Der Wiederaufbau dieses Hauses gibt Antwort auf eine Frage, die heute viele in unserem Lande stellen: die Frage nach Sinn und Wert der bürgerlichen Kultur im Zeitalter der demokratischen Massenzivilisation.

Zur Eröffnung der Alten Oper haben wir ganz bewußt den Geburtstag Goethes gewählt; denn sein Leben und Werk stehen in einem engen Zusammenhang mit diesem Hause und daher auch mit der eben gestellten Frage nach bürgerlicher Kultur in unserer Zeit. Dies kann auf den ersten Blick überraschen. Denn zwischen Goethes Tod und der Eröffnung des Opernhauses im Jahre 1880 liegen ja fast fünfzig Jahre. Dennoch gehören beide, Goethe wie dieses Haus, jener Epoche an, die man heute als das bürgerliche Zeitalter bezeichnet.

Der neoklassizistische Bau steht ebenso wie die Große Oper, die hier einst dargeboten wurde, am Ende eines Halbjahrtausends europäischer kultureller Tradition, die vom 15. bis zum Beginn des 20. Jahrhunderts reicht und für die man, bei aller Ungenauigkeit, die jede Schematisierung notwendig mit sich bringt, die Bezeichnung bürgerlich mit Fug und Recht verwenden kann.

Dieser Begriff des »Bürgerlichen« ist heute in Verruf geraten. Gerade deswegen spreche ich davon. Es gibt nicht wenige in unserem Lande, die der bürgerlichen Gesellschaft, aber auch der bürgerlichen Kultur eine Absage erteilt haben.

Ich glaube übrigens, daß dies auch der Grund dafür war, warum es um den Wiederaufbau dieses Hauses so heftige Diskussionen gegeben hat. Die Berührungsangst, die viele heute ergreift, wenn sie über bürgerliche Kultur sprechen, wird deutlich in neuen Begriffen, die die bürgerliche Kultur ablösen oder ergänzen wollen.

Doch ehe wir etwas verwerfen, was unser Leben seit dem Ende des Mittelalters bestimmt hat, sollten wir uns über den Wert dieser kulturellen Tradition im klaren sein.

Ich denke, daß niemand besser geeignet ist, uns eine Anschauung von dem Wert dieser Tradition zu geben, als Goethe, den Thomas Mann in seiner berühmten Rede zu seinem 100. Todestag als *den* Repräsentanten des bürgerlichen Zeitalters gewürdigt hat.

Bürgerlich in diesem Sinne ist nach Thomas Mann der in Goethes Werk immer wieder hervortretende Gedanke der Ausbildung der eigenverantwortlichen Persönlichkeit durch Erziehung. Bürgerlich sind die Tugenden der Geduld, des Fleißes, der Ausdauer und der beharrliche Wille, ein unternommenes Werk der Vollendung zuzuführen; und bürgerlich ist schließlich jene welt- und menschheitsumspannende Idee der Humanität, wie sie uns in der »Iphigenie« entgegentritt.

Ins Politische übersetzt, ist bürgerlich der Glaube an die Vernunft – im Sinne des Glaubens an eine rational verständliche Ordnung der Welt, die Bejahung der Einzigartigkeit der menschlichen Person und damit der Unaufhebbarkeit der personalen Würde jedes Einzelnen, und schließlich die Auffassung, daß Arbeit als Verdienst und Sinnerfüllung des Lebens und nicht als notwendiges Übel anzusehen ist.

Das sind immer noch die Werte, auf denen unser kulturelles und gesellschaftliches Leben beruht, und ich sehe bis zur Stunde nichts, was über diesen bürgerlichen Kulturbegriff produktiv hinausweist.

Alle revolutionären Entwürfe des Geistes, sosehr sie sich

auch die Überwindung des »Bürgerlichen« als einengende gesellschaftliche Form zum Ziel gesetzt haben, sind Früchte unserer bürgerlichen Kultur. Das gilt auch und gerade für jene »gefährlichen Abenteuer des versuchenden Gedankens«, wie sie die Bürgersöhne Marx und Nietzsche unternommen haben.

Goethes Satz: »Wo käm' die schönste Bildung her, und wenn sie nicht vom Bürger wär'«, hat bis heute nichts von seinem Wahrheitsgehalt eingebüßt.

Ich bin mir darüber im klaren, daß es immer schwieriger wird, diese Tatsache im öffentlichen Bewußtsein lebendig zu halten. Zu vieles liegt heute im Massengrab des zeitgenössischen Traditionsverlustes, und zu schnell sind wir selbst bereit, mit Begriffen wie Ausgrenzung, Sprachlosigkeit und Desintegration diesen Verlust hinzunehmen.

An die Stelle der eigenverantwortlichen Persönlichkeit des Bürgers im Goetheschen Sinne, des *citoyen*, tritt in zunehmendem Maße der sozialbetreute Einzelne, der die Sorge des Nachdenkens und die Mühe des Lebens von der Allgemeinheit abgenommen haben möchte. Seine Bürgerlichkeit ist dann nur noch äußere Form, nicht mehr geistige Verfassung.

In diesen Zusammenhang gehört auch die Vorstellung, daß kulturelle Anstrengungen einer Gesellschaft hinter der Beseitigung ihrer sozialen Defizite zurückzustehen haben. Oder anders ausgedrückt: Erst wenn es keinerlei soziale Probleme mehr zu lösen gibt, dürfen kulturelle Ansprüche erfüllt, dürfen Theater, Museen und Konzertsäle gebaut, Investitionen für kulturelle Aufgaben geleistet werden.

Auch die Diskussion um den Wiederaufbau dieses Hauses ist von solchen Überlegungen nicht frei gewesen. Dabei übersehen diejenigen, die so argumentieren, daß Kunst und Kultur, ihre Förderung und Unterstützung im weitesten Sinne auch soziale Aufgaben sind.

Welches Unverständnis für die existentiellen Nöte des Menschen liegt in der Beschränkung der Daseinsvorsorge auf die materielle Existenzsicherung. »Der Mensch lebt nicht vom Brot allein.« Er erfährt Sinnerfüllung ebenso – und oft erst wirklich – durch jene Dinge, die jenseits von Broterwerb und

Lebenssicherung liegen und von denen die Künste ein Teil sind.

Kunst und Kultur berühren uns nicht nur am Rande, sie haben etwas mit dem Menschsein schlechthin zu tun. Die Künste formulieren Fragen und geben Antworten, die dazu beitragen können, unsere Welt ein wenig menschlicher zu machen.

Das, was in diesem Hause geschieht, vollzieht sich deswegen nicht an den existentiellen Bedürfnissen vorbei, sondern erfüllt sie in nachdrücklicher Weise und ist deswegen eine soziale Notwendigkeit.

Im Bekenntnis zu unserem kulturellen Erbe drückt sich keine rückwärtsgewandte Einstellung aus, die unfähig macht, die Gegenwart zu begreifen und für die Zukunft offen, das heißt im besten Sinne des Wortes fortschrittlich zu sein.

Im Gegenteil: Erst das Verständnis für unsere Vergangenheit und die Bewahrung unseres kulturellen Erbes eröffnen uns die in diesem Erbe liegende Möglichkeit, aus einer krisenhaften gesellschaftlichen Situation des Übergangs den Weg zu einer neuen Verbindlichkeit zu finden.

Auf diese große Chance, aus einer reichen Vergangenheit Orientierungshilfen für die Zukunft zu gewinnen, hat Thomas Mann die Deutschen im Todesjahr der Weimarer Republik hingewiesen, als er mit Blick auf Goethes Leben und Werk daran erinnerte, »daß im Bürgerlichen grenzenlose Möglichkeiten liegen, Möglichkeiten unbeschränkter Selbstbefreiung wie Selbstüberwindung«.

Der Wiederaufbau dieses im besten Sinne bürgerlichen Hauses ist damit mehr als nur die Wiederherstellung eines kulturhistorisch wertvollen Gebäudes. Ihm kommt symbolische Bedeutung zu.

Die Frankfurter Bürgerschaft hat sich damit für jene Goethesche bürgerliche Tradition entschieden, in deren Mittelpunkt der Citoyen – und nicht etwa der Bourgeois – steht.

Die Alte Oper soll ein Haus für alle, ein architektonischer und kultureller Mittelpunkt eines freien bürgerlichen Gemeinwesens sein. Denn die Chance unserer Gesellschaft, ihre Probleme zu überwinden und ihre Integrationsfähigkeit zu bewahren, ist ihre Fähigkeit zur Begegnung, zur Kommunikation.

Ich kann diesem Hause und uns allen nichts Besseres wünschen, als daß es hierzu seinen Beitrag leisten möge.

Rede anläßlich der Eröffnung der Alten Oper in Frankfurt am Main am 28. August 1981

»Die Phantasie an die Macht!«
Aktuelle Fragen der Kulturpolitik

Die Jahreshauptversammlung des Deutschen Bühnenvereins (1982) findet unter dem Eindruck erheblicher wirtschaftlicher Schwierigkeiten statt. Weil die öffentlichen Hände nachdrücklich davon betroffen sind, geraten auch wir, die Theaterleiter, die Intendanten, die Direktoren wie auch die Politiker, in Bedrängnis.

Wir stehen in allen nur denkbaren Bereichen vor der Notwendigkeit zu Einsparungen, und wir dürfen vor den Realitäten nicht die Augen verschließen. Das Gebot zum Sparen muß in einer Zeit der geringer fließenden Steuereinnahmen auch für den Kulturbereich gelten.

Ich habe zwar immer wieder betont, daß der Kulturetat nicht der Sparstrumpf der Kommunalpolitik sein darf, aber der Kulturetat kann von Einsparungen nicht prinzipiell ausgenommen werden.

Mancher meint: da sind nur wenige betroffen, das ist »politisch« am leichtesten durchsetzbar, das ist auch der Bereich, in dem es von der Sache her am ehesten möglich ist. Das kann nicht gelten. Als wir dieses schöne Haus am 28. August des vergangenen Jahres eröffnen konnten, habe ich davon gesprochen, daß Kulturpolitik auch eine soziale Notwendigkeit sei.

Die Vorstellung, zunächst einmal alle sozialen Defizite zu beseitigen, um sich dann dem Kultur- und Kunstbereich zuzuwenden, ist eine abwegige, unsinnige Vorstellung. Erstens: Soziale Fragen und soziale Defizite wird es immer geben, wenn auch mit anderem Inhalt. Und zweitens: Der Mensch lebt nicht vom Brot allein. Sein Ich, sein Ego, seine Selbstverwirklichung, wie man sagt, das, was ihn ausmacht, was ihm, wie man manchmal formuliert hat, Lebensqualität gibt, kommt nicht nur aus jenen Bereichen, die sich statistisch festschreiben lassen.

Zurück zum Sparen. Dies betrifft auch das Theater, das sich als Großverbraucher im Kulturetat in einer so schwierigen Zeit – wie übrigens alle kulturellen Institutionen – Fragen gefallen lassen muß, Fragen nach seiner derzeitigen Funktion, aber auch Fragen nach der Notwendigkeit der hohen Subventionen und damit nach seiner Wirtschaftlichkeit.

Wenn wir diese Fragen nicht stellen, wenn wir unsere Antworten nicht geben, bilden wir uns doch nicht ein, daß wir deswegen an diesen Fragen vorbeikämen! Sie werden heute oft ohne ein Minimum von Sachverstand gestellt, und die Antworten fallen entsprechend aus. Deswegen glaube ich, ist es richtig, daß wir über unser Verständnis, über unsere Vorstellungen und Ziele reden sollten, um deutlich zu machen, worum es in der Sache geht.

Ich halte nichts davon, wenn Politiker mit Hinweis auf die Subventionen in künstlerischen Fragen einen Stichentscheid oder die entscheidende Kompetenz beanspruchen. Ich sage dieses ohne Wenn und Aber. Nicht Politiker haben über Spielpläne, über die Berufung von Künstlern in der Oper oder im Theater zu entscheiden. Das ist die Verpflichtung derjenigen, die dazu berufen sind, und sie müssen dies in ihrer Freiheit, in ihrer Verantwortung auch gegenüber den Trägern tun. Dann, wenn es sich darum handelt, einen Intendantenvertrag zu schließen, zu verlängern oder nicht zu verlängern, müssen die Gremien, die Vertreter der sogenannten Träger, in ihrer Verantwortung – und wiederum frei und auch unter dem Gesichtspunkt der Zumutbarkeit – ihre Entscheidung treffen.

Und ich halte überhaupt nichts davon, Formulierungen wie »soziale Akzeptanz«, also Rücksichtnahme auf vermeintliche Wünsche des Theaterpublikums, in irgendwelchen Satzungen festzuschreiben. Die Konsequenzen, die sich daraus ergeben, mag sich jeder vorstellen. Zum Schluß stellen sie damit die Rechtfertigung der Subventionierung überhaupt in Frage. Zum Schluß bedeutet dieses, daß nur noch tradierte, akzeptierte

Stücke spielbar sind. Das Risiko, also die Auseinandersetzung mit den geistigen Strömungen einer Zeit, auch die Verpflichtung zum kritischen Widerspruch, alles dieses kann damit nicht mehr stattfinden. Deswegen, glaube ich, sollten wir uns von solchen Begriffen schleunigst verabschieden, weil sie uns nicht nur nicht weiterhelfen, sondern weil sie unsere Bühnen und damit die geistige Auseinandersetzung ärmer machen.

Doch damit sind die Fragen nach dem gesellschaftlichen Auftrag des Theaters heute und den hohen Kosten noch nicht obsolet. Und ich sage auch, daß es sich Veranstaltungen »wider den Theatertod« zu leicht machen, wenn sie solche Fragen von sich weisen.

Ich denke, daß sich über die Antwort auf die Frage, ob und warum Theater heute notwendig ist, schnell ein Konsens herstellen läßt. Eine solche Antwort muß ausgehen von den Belastungen der modernen Industriegesellschaft, von der Ernst Jünger einmal gesagt hat, daß der Staat wie ein Gebirge auf uns liege und daß der soziale Druck wie der atmosphärische so gewaltig ist, daß er in den Eigenzustand eingeht. Dieser Eigenzustand läßt sich mit verschiedenen Begriffen umschreiben: Entfremdung, Verdinglichung der sozialen Beziehungen, Geschichts- und Gedächtnislosigkeit, Krise der Individualität und der Spontaneität.

Das Theater ist in dieser von technischen Zwängen und bürokratischen Ordnungen bestimmten Gesellschaft ein künstlerischer, aber auch ein künstlicher Freiraum für Außenseiter und Nonkonformisten. Arnold Gehlen hat diese Funktion der Kunst und damit auch des Theaters mit den Worten beschrieben: »Für phantastische, hochgetriebene Appetite, für großherzige Dummheiten, künstliche Paradiese, für die Räusche genialer Vereinsamung und die Sorglosigkeit breiter Naturen ist in der Gesellschaft kein Platz mehr – so entsteht gerade in den durchbürokratisierten Gesellschaften eine Sehnsucht nach Außenseitern und Nonkonformisten. Und nur in der Kunst kann man noch die Freiheitsgrade und Reflexionswachheiten vorschweben lassen, die im öffentlichen Leben gar nicht unterzubringen wären.«

Darüber hinaus, und darauf hat Günther Rühle in seinem bemerkenswerten Aufsatz »Brauchen wir noch das Stadttheater?« hingewiesen, tradiert das Theater jenen großen Bildervorrat, aus dem der Einzelne wie auch die geistig und künstlerisch interessierte Nation lebt. Gerade in Deutschland, einem gespaltenen Land, schafft die Kunst jenen nationalen Zusammenhang, den die Politik nicht leisten kann. »Ein Theater in der Stadt zu haben«, so hat Günther Rühle damals formuliert, »heißt also auch, teilhaben an dieser Tradition, an dieser geschichtlichen Kraft, an diesem noch wirksamen Erbe.«

Und noch eine dritte Begründung möchte ich an dieser Stelle für das Theater heute geben. Theater bietet die Möglichkeit zum sozialen Gegenentwurf, zur gesellschaftlichen Utopie. Hier können jene Gesellschaftsbilder entworfen werden, an denen die Menschen ersehen können, wie das richtige Leben, das richtige Handeln eigentlich aussehen müßte. Peter Iden hat in seinem schönen Plädoyer, »Egmont« wieder zu spielen, gerade auf diesen Aspekt des Theaters hingewiesen. Für ihn – und ich glaube, nicht nur für ihn – verkörpert Egmont beispielhaft in seiner Persönlichkeit den utopischen Vorgriff auf ein befreites Leben, das Ideal eines freien Menschen, eines – wie Peter Iden es formuliert – »zu sich gekommenen Lebens«.

Goethes »Egmont« steht hier als Beispiel für das Theater als moralische Anstalt, als ein Ort, wo man formuliert, was wir besser machen könnten in Staat und Gesellschaft. Daß diese Herausforderung des gesellschaftlichen Bewußtseins heute notwendiger denn je ist, hat Leszek Kołakowski mit der Überlegung begründet, daß die einfachsten Verbesserungen in den gesellschaftlichen Beziehungen eine so unerhörte Anstrengung der Gesellschaft erfordern, daß das öffentliche Bewußtsein – wenn es dieses Mißverhältnis in seinem vollen Ausmaß erkennen würde – in einem Maße entmutigt wäre, daß es jeden sozialen Fortschritt unmöglich machte.

Ich habe gerade diesen Gesichtspunkt so ausführlich hervorgehoben, weil sich hieraus – so will es mir scheinen – Konsequenzen auch für die Probleme des heutigen Theaters ergeben. Denn dieser Gegenentwurf sollte im Theater auch gelebt werden. Ich weiß, daß dies eine schwere, ja vielleicht unerfüllbare Forderung ist, doch sind Versuche dieser Art immer wieder gemacht worden, und auch die Diskussion um die Mitbestimmung war ein solcher Versuch. Ich glaube, das Theater kann nur glaubwürdig bleiben, wenn es sich eben nicht wie ein Industriebetrieb oder wie eine Verwaltung verhält. Doch gerade dies sind Theater heute mehr und mehr geworden: große bürokratische und technische Apparate mit Arbeitnehmern, mit sozialer Absicherung und gewerkschaftlichem Schutz. Ich weiß, daß ich hier mißverstanden werde und daß dieses Anlaß zu heftiger Kritik sein kann. Deswegen sage ich: Natürlich will ich nicht gegen sozialen Fortschritt im Theater polemisieren, doch glaube ich, daß Künstler keine Arbeitnehmer im landläufigen Verständnis sind.

Der neue Schauspieldirektor von Frankfurt, Adolf Dresen, hat kürzlich gesagt, dem Künstler hafte immer etwas von der Asozialität der alten Banden an; andererseits ist er zugleich Teil des bürgerlichen Lebens mit dessen Verträgen, Sicherheiten und Gewohnheiten. Künstler sein, so könnte man auch formulieren, ist im Idealfall eine Berufung und eben kein bürgerlicher Beruf.

Doch neben diesem Grundwiderspruch, mit dem jeder Künstler fertig werden muß, gibt es noch ein anderes Problem: Das Theater ist heute ein großer technischer Apparat. Technik und Verwaltung setzen Ordnung voraus, die künstlerische Arbeit soll diese Ordnung erst aus dem Chaos schaffen. Das unverzichtbare anarchische Potential steht auch im Theater gegen technische Rationalität. Damit verliert das Theater aber einen Teil seines Freiraums und damit auch seiner Fähigkeit zur Formulierung der Utopie an technische Produktionszwänge.

Dieser Widerspruch ist in den vergangenen Jahren zwar gesehen, aber – wenn ich es einmal etwas provokant formulieren darf – mit immer mehr Geld aus reichlich sprudelnden Steuerquellen zugedeckt worden. Statt einer Strukturreform sind die Subventionen erhöht worden. Ich glaube, daß dieser Weg in die Sackgasse führt, und dies nicht nur, weil aktuelle wirtschaftliche Schwierigkeiten uns zu vielerlei Maßnahmen, zum Umdenken, zum Nachdenken zwingen.

Dieser Weg muß langfristig in eine Sackgasse führen, weil Geld noch nie in der Lage war, jene Phantasie zu ersetzen, auf die es gerade in diesem Fall entscheidend ankommt.

Wir müssen deshalb gerade in der heutigen Situation die gesellschaftliche Forderung an uns und an die Theater richten, sich Modelle und Reformen zu überlegen, die von dem immer umfangreicher werdenden Apparat weg- und zu größerer Freiheit auch von technischen Zwängen hinführen.

Nach allem, was ich vorhin gesagt habe, kann, glaube ich, nicht zweifelhaft sein, daß ich damit nicht gegen Subventionen bin, um dieses Wort zu gebrauchen, das mir nicht gefällt. Ich bin mir darüber im klaren: dies alles läßt sich leichter aussprechen, als es zu leisten ist. Das kann vielleicht auch nur ein Laie tun, aber ich meine, wir müssen darüber nachdenken. Alle, die das Theater lieben, die an und mit ihm arbeiten, sind hier gefordert.

Auch die Verhandlungen zwischen dem Deutschen Bühnenverein und der Genossenschaft Deutscher Bühnenangehöriger dürfen sich nach meiner festen Überzeugung in Zukunft nicht darauf beschränken, die Vorschriften des NV-Solo-Vertrages zu verfeinern und auszufeilen und was es dergleichen mehr gibt. Ich möchte daher von dieser Stelle aus auch an die Bühnengenossenschaft herzlich appellieren, die Strukturreform des Theaters auch als ihre eigene Sache zu betrachten.

Die berühmte, gerade von Künstlern erhobene Forderung: »Die Phantasie an die Macht!« gilt heute in ganz besonderem Maße für die innere Situation des deutschen Theaters. Wir sollten sie nutzen, bevor wirtschaftliche Zwänge den Theatern von außen Strukturreformen aufzwingen, die nicht der Erhaltung des so notwendigen künstlerischen Freiraums dienen.

Rede vor der Jahreshauptversammlung des Deutschen Bühnenvereins am 15. Juni 1982 in der Alten Oper zu Frankfurt am Main

Ernst Jünger und der Goethepreis

Als Vorsitzender des Kuratoriums zur Verleihung des Goethepreises der Stadt Frankfurt und als Oberbürgermeister dieser Stadt möchte ich zu der um die Verleihung des Preises entstandenen Kontroverse Stellung nehmen.

Dabei will ich unmißverständlich betonen, daß es sich hier selbstverständlich nicht darum handeln kann, die Entscheidung des unabhängigen Kuratoriums vor diesem Hause (der Frankfurter Stadtverordnetenversammlung) zu rechtfertigen. Die Entscheidung ist vom Kuratorium in eigener Verantwortung getroffen worden. Mit der Bestätigung durch den Magistrat ist die Preisvergabe auch in rechtlicher Hinsicht verbindlich entschieden. Allerdings sind wegen dieser Entscheidung Vorwürfe von Mitgliedern dieses Hauses erhoben worden, die eine Antwort notwendig machen. Deswegen habe ich mich zu Wort gemeldet.

Lassen Sie mich zu Beginn noch einmal auf die Zusammensetzung des Kuratoriums hinweisen. Es hat zweimal, am 11. März 1982 und am 17. Mai 1982, getagt und verschiedene Vorschläge ausgiebig beraten. Dem Kuratorium haben neben mir als Vorsitzendem der Stadtverordnetenvorsteher, der Kulturdezernent, Dr. Behrens vom Freien Deutschen Hochstift, der Präsident der Johann-Wolfgang-v.-Goethe-Universität Prof. Kelm, die Dichterin Gabriele Wohmann, der Schriftsteller Joachim C. Fest und als Persönlichkeit des öffentlichen Lebens der uns allen bekannte Dr. Rudolf Hirsch angehört. Das Kuratorium hat auf seiner 2. Sitzung einstimmig dem Magistrat die Verleihung des Goethepreises 1982 an den Dichter Ernst Jünger empfohlen.

Im Vorschlag für den Text der Verleihungsurkunde heißt es: »Die Stadt Frankfurt am Main vergibt den Goethepreis des Jahres 1982 an Ernst Jünger, sie ehrt in ihm einen deutschen Schriftsteller, dessen Werk durch Engagement und geistigen Abstand gleichermaßen ausgezeichnet ist und der durch alle Zeitläufte bei leidenschaftlicher Anteilnahme immer die Unabhängigkeit der Wahrnehmung bewahrt hat.«

Der Goethepreis der Stadt Frankfurt am Main, der im Jahre 1927 gestiftet worden ist, wird alle drei Jahre am 28. August, dem Geburtstag Goethes, verliehen. Er ist vorgesehen für Persönlichkeiten, die mit ihrem Schaffen bereits zur Geltung gelangt sind und deren schöpferisches Wirken einer dem Andenken Goethes gewidmeten Ehrung würdig ist.

Der diesjährige Preisträger Ernst Jünger hat im Jahre 1955 den Rudolf-Alexander-Schröder-Preis der Stadt Bremen, 1956 den Kulturpreis der Stadt Goslar, 1965 den Immermann-Preis der Stadt Düsseldorf, 1959 das Große Bundesverdienstkreuz und 1977 den Stern dazu erhalten. 1974 wurde er mit dem Schiller-Gedächtnis-Preis ausgezeichnet, 1968 mit dem Straßburg-Preis der Stiftung FVS. Ernst Jünger ist außerdem Träger der Freiherr-vom-Stein-Medaille, des Goldenen Adlers der Stadt Nizza, der Friedensmedaille der Stadt Verdun und der Goldenen Medaille der Humboldt-Gesellschaft für Wissenschaft, Kunst und Bildung in Konstanz. 1981 erhielt er mit dem Prix Mondial einen bekannten französischen Literaturpreis.

Ich habe dies hier erwähnt, um schon durch die vielen bisherigen dem Werk und der Persönlichkeit Ernst Jüngers zuteil gewordenen Ehrungen deutlich zu machen, daß die Auszeichnung Ernst Jüngers durch die Stadt Frankfurt keine literarische oder gar politische Novität ist, sondern daß andere vor uns, unter anderem zwei – zur Zeit der Preisvergabe – sozialdemokratisch regierte Städte, Bremen und Düsseldorf, Werk und Persönlichkeit für preiswürdig befunden haben.

Lassen Sie mich an den Beginn meiner Ausführungen eine Würdigung von Siegfried Lenz setzen, der 1965 zu Jüngers 70. Geburtstag in einer sehr kritischen Würdigung schrieb:

»Ich weiß kein anderes Geschenk als das, worum er wohl selbst einmal bat, als er sich zu den Wenigen rechnete: Widerspruch. Er verdient ihn.«

Dieser Satz beschreibt allerdings den Stil, in dem allein eine Auseinandersetzung um das Werk dieses Mannes geführt werden muß. Sie muß eine ehrliche, eine dem hohen Rang dieses Werkes angemessene und eine aus der Beschäftigung, der ehrlichen und unvoreingenommenen Beschäftigung mit diesem Werk hervorgehende Auseinandersetzung sein.

Es geht also nicht darum, von jedermann Zustimmung und Applaus zu der von der Jury getroffenen Entscheidung zu verlangen. Hier geht es vielmehr um Stil und Inhalt der Angriffe gegen den Preisträger Ernst Jünger und damit zugleich gegen die Mitglieder des Kuratoriums, die in freier Entscheidung zu ihrem Votum gekommen sind. Dies ist nicht nur ihr Recht, dies ist sogar ihre Pflicht. Das Kuratorium hat nicht zu fragen, ob der zu Ehrende politisch genehm ist. Nicht der kleinste gemeinsame politische Nenner, sondern der Rang eines Werkes muß der Maßstab für das Kuratorium sein.

Ich halte es deswegen für meine Pflicht, auch die Mitglieder des Kuratoriums gegen völlig unbegründete und herabsetzende Angriffe in Schutz zu nehmen. Sie haben nicht nach parteipolitischer Opportunität, sondern nach bestem Wissen und Gewissen in voller Freiheit zu entscheiden.

Mitglieder dieses Hauses haben in der Begründung zu einem Antrag, über den hier debattiert werden soll, Ernst Jünger einen »wichtigen Wegbereiter des Nationalsozialismus« genannt. Es ist daher wohl selbstverständlich, daß ich mich an dieser Stelle zuerst mit der Haltung dieses Mannes im Dritten Reich auseinandersetze. Daß Ernst Jünger, geprägt durch die Erfahrungen des Ersten Weltkriegs, in der Weimarer Republik »Nationalist« war – so unscharf dieser Begriff heute auch sein mag –, wird von niemandem, am wenigsten von ihm selbst, bestritten. Ich werde auf die sich daraus ergebenden Fragen noch zurückkommen.

Seine ersten Auseinandersetzungen mit den Nationalsozialisten reichen zurück in das Jahr 1927. Ernst Jünger lehnte damals ein nationalsozialistisches Reichstagsmandat ab und setzte sich in dem »Tagebuch« Leopold Schwarzschilds mit nationalsozialistischem Gedankengut auseinander. Die Reaktion darauf findet sich im nationalsozialistischen »Angriff« vom 28. Oktober des gleichen Jahres. Im Gossenjargon wurde Jünger vorgeworfen, daß er im Blatt eines Juden geschrieben habe, und der Artikel schloß: »Herr Jünger ist damit für uns erledigt.«

Ich habe dies hier aufgeführt, um klarzustellen, daß längst vor 1933 die Wege Ernst Jüngers und des Nationalsozialismus getrennt waren. Nach der sogenannten Machtübernahme 1933 wurde Jünger aufgefordert, der neuen »gereinigten« Dichterakademie beizutreten. Seinen Ablehnungsbrief haben die Verfasser in die Begründung des heute der Stadtverordnetenversammlung vorliegenden Antrages als Beweis für Jüngers Unterstützung des Nationalsozialismus aufgenommen.

Ich kann nur jedem Mitglied dieses Hauses empfehlen, diesen Auszug nachzulesen, da er die tiefe Verachtung Jüngers für die Nationalsozialisten deutlich macht. Nur wer keine Empfindung für die Ironie der Sprache hat, kann diese Absage an die nationalsozialistischen Machthaber mißverstehen.

1934 zieht Jünger zwischen sich und den Nationalsozialisten einen noch deutlicheren Trennungsstrich. Unter dem 14. Juni 1934 schreibt er an den »Völkischen Beobachter«:

»In der Beilage zum Völkischen Beobachter vom 6. bis 7. Mai 1934 ist ein Auszug aus meinem Buch ›Das abenteuerliche Herz‹ zum Abdruck gebracht.

Da dieser Abdruck ohne Quellenangabe erfolgte, muß der Eindruck entstehen, daß ich ihrem Blatte als Mitarbeiter angehöre. Dies ist keineswegs der Fall; ich mache vielmehr seit Jahren vom Mittel der Presse überhaupt keinen Gebrauch. In diesem besonderen Fall ist noch hervorzuheben, daß es nicht angängig erscheint, daß einerseits die offizielle Presse mir die Rolle eines Mitarbeiters anerkennt, während andererseits der Abdruck meines Schreibens an die ›Dichterakademie‹ vom 18. 11. 1933 durch offizielles Presse-Communiqué unterbunden wird. Mein Bestreben läuft nicht darauf hinaus, in der

Presse möglichst oft genannt zu werden, sondern darauf, daß über die Art meiner politischen Substanz auch nicht die Spur einer Unklarheit entsteht. Mit vorzüglicher Hochachtung. Ernst Jünger.«

Meine Damen und Herren, wer diesen Brief – geschrieben wenige Tage vor dem sogenannten Röhmputsch, der auch vielen Konservativen das Leben kostete – heute liest, kann nur den Mut bewundern, den dieser Mann aufbrachte.

Kurze Zeit später tritt Ernst Jünger mit seinem Bruder Friedrich Georg aus dem Traditionsverein ehemaliger 73er, seinem alten Regimentsverein, aus, weil dieser seine jüdischen Mitglieder nicht schützen wollte. Sie können Jüngers Überlegungen dazu in den »Strahlungen« unter dem 6. Oktober 1943 nachlesen.

Bei Kriegsausbruch wird Ernst Jünger mit seinem alten Rang zur Wehrmacht eingezogen und nimmt am Frankreichfeldzug teil. Dem Mann, dem einige Mitglieder dieses Hauses Inhumanität und Menschenverachtung vorwerfen, hält an die ihm untergebenen Soldaten, die ein provisorisches Gefangenenlager bewachen, folgende Ansprache:

»Soldaten, achtet die Gefangenen wie Heilige, sie haben ihr Höchstes, ihr Leben für ihr Vaterland eingesetzt. Ich hoffe nicht, daß ich jemals in die Lage komme, einen der Eurigen wegen Mißhandlung von Gefangenen zu bestrafen.«

Überliefert ist diese Ansprache übrigens nicht von Ernst Jünger, sondern von einem französischen Offizier, der damals in dieses Lager kam. Und während Ernst Jünger hier im Felde seinen ganz persönlichen Beitrag zur Menschlichkeit leistet, korrigiert er die »Marmorklippen«, eine Dichtung, von der auch seine Gegner sagen, daß sie der einzige authentische Widerstandsroman im Dritten Reich gewesen ist.

Ich will mich hier nicht auf eine Interpretation dieses Buches einlassen, das natürlich in erster Linie eine Dichtung, ein Sprachereignis gewesen ist. Dies ist auch der Grund, weshalb Ernst Jünger später einen unmittelbaren politischen Bezug nicht hergestellt wissen wollte.

Dennoch, wer dieses Buch liest, in dem die Deutschen das

erste Mal mit den Schinderhütten des Dritten Reiches, den Konzentrationslagern, der Menschenvernichtung und der Bestialität dieses Staates konfrontiert wurden, der weiß, daß er hier ein Stück deutschen literarischen Widerstands vor sich hat. Und Ernst Jüngers Devise: »In aller Zukunft lieber mit den Freien einsam zu fallen, als mit den Knechten im Triumph zu gehen«, macht wohl klar, warum der »Völkische Beobachter« dieses Buch mit den Worten kommentierte, Ernst Jünger nähere sich der Zone der Kopfschüsse.

Dieser Zone der persönlichen Vernichtung durch ein unmenschliches System näherte sich Ernst Jünger auch mit einer anderen Handlungsweise, die nach dem Zweiten Weltkrieg ganz zufällig bekannt wurde: Der Schriftsteller Joseph Breitbach teilte Alfred Andersch nach dem Kriege mit, daß er und viele französische Juden ihr Leben Ernst Jünger verdankten. Jünger, der nach der Besetzung von Paris in den Stab des Militärbefehlshabers Frankreich versetzt worden war, erfuhr in dieser neuen Position die Termine der SD-Razzien, und er gab diese vorab an die gefährdeten französischen Juden weiter.

Ernst Jünger hat davon zu seiner Verteidigung nie Gebrauch gemacht, da er diese Handlungsweise wohl für einen Akt selbstverständlicher Menschlichkeit hielt.

In Paris lernte Ernst Jünger die Generale von Stülpnagel und Speidel kennen und wurde deren Freund. Er gelangte so in den Kreis des Widerstandes und begann bereits 1941 mit dem Entwurf jener berühmten Friedensdenkschrift, die später das außenpolitische Programm der Männer des 20. Juli werden sollte. In dieser Schrift, die ohne jede symbolische Verschlüsselung mit der Unmenschlichkeit der nationalsozialistischen Herrschaft in den besetzten Ländern und zu Hause abrechnet und eine internationale Verurteilung der Mörder und Henker fordert, ist auch jener berühmte Aufruf an die Jugend Europas zur Versöhnung und zur Vereinigung über die Gräben des Hasses hinweg enthalten.

Wir wissen heute, daß diese Schrift von Graf Schulenburg, dem von Hitler gehenkten Mitverschwörer, zur sofortigen Veröffentlichung nach dem gelungenen Attentat bestimmt war und daß ihre Lektüre den noch zögernden Rommel dazu brachte, sich am 20. Juli zu beteiligen. Noch nach der Niederschlagung des Aufstandes wurde sie illegal gedruckt und unter den deutschen Soldaten verteilt.

Ernst Jünger selbst verlor durch die Ereignisse im Jahre 1944 auch einen Sohn, der eine Widerstandsgruppe in der Marine gegründet hatte, verurteilt wurde, in ein Strafbataillon kam und am ersten Tage seines Einsatzes in Italien fiel.

Nach dem Fall von Paris wurde Jünger aus der Armee entlassen und kehrte an seinen Wohnort Kirchhorst bei Hannover zurück. Als Volkssturmmann erlebte er das Ende des Krieges und sorgte dafür, daß die Höfe der Bauern nicht in sinnlosem Widerstand geopfert und die Gefangenen menschlich behandelt wurden. Auch das kann man in den »Strahlungen« nachlesen.

Dies ist, auf knappstem Raum zusammengefaßt, Ernst Jüngers Verhältnis zum Nationalsozialismus und sein Verhalten im Dritten Reich.

Lassen Sie mich aber noch auf etwas eingehen, das ich persönlich für wichtig halte: Der Mensch wird ja nicht nur durch sein persönliches Verhalten, er wird auch durch seinen Umgang, durch seine Freunde charakterisiert. Wer waren nun die Freunde Ernst Jüngers in jenen Jahren?

Ich beschränke mich hier auf eine kurze Aufzählung: Ernst Niekisch, von den Nazis verhaftet und verurteilt, General von Stülpnagel, von den Nazis ermordet, Oberstleutnant von Hofacker, von den Nazis ermordet.

Und vor dem Kriege: André Gide, Annette Kolb und Joseph Breitbach, die letzten beiden emigrierte jüdische Schriftsteller. Während seiner Zeit in Paris hatte Ernst Jünger enge Beziehungen zu Cocteau, Giraudoux, Jouhandeau, Leautaud, Paulhan und Montherlant. Er besuchte Braque und Picasso und war in jenen Jahren eng verbunden mit Carlo Schmid. Wenn also seine Freunde etwas über einen Menschen aussagen, dann, glaube ich, dürfte das Urteil über Ernst Jünger in jenen Jahren eindeutig ausfallen.

Doch ich weiß, daß sich diejenigen aus diesem Hause, die

sich gegen die Verleihung des Goethepreises an diesen Mann wenden, noch auf einen anderen Vorwurf beziehen. Sie werfen Ernst Jünger vor, einer der geistigen Wegbereiter des Nationalsozialismus gewesen zu sein. Lassen Sie mich dazu Alfred Andersch zitieren, der in seiner Amriswiler Rede zu diesem Vorwurf folgendes ausführt:

»Dieser Satz ruft in mir ungefähr die gleiche Reaktion hervor wie die Bemerkung, die ich manchmal zu hören bekomme: Marx und Lenin hätten mich in meiner Jugend zum Marxismus verführt. Die Semantik dieser Formel hat etwas so Blödsinniges, daß man als Antwort nur hilflos lächeln, verlegen die Achseln zucken kann; sie enthüllt ein vollständig a-historisches Denken.«

Ich habe mich mit einem derartigen Vorwurf gegen einen Preisträger ja nicht das erste Mal auseinanderzusetzen. Auch dem letzten Adorno-Preisträger, Jürgen Habermas, haben einige den Vorwurf gemacht, daß die »Kritische Theorie« im allgemeinen und seine Arbeiten im besonderen für die Zunahme der Gewalt zu Beginn der siebziger Jahre mitverantwortlich gewesen seien. Und ich habe damals auf diesen Vorwurf entgegnet:

»Würde man kritische Analysen, auf die sich eine falsche politische Praxis beruft, als vorwerfbares intellektuelles Verschulden begreifen, so wäre das das Ende des kritischen Denkens überhaupt. Denn jedes Denken, das sich kritisch mit dem Bestehenden auseinandersetzt, unterliegt der Gefahr eines Mißverständnisses, das Kritik mit totaler Verwerfung gleichsetzt und ihre positive Zielsetzung ausblendet.«

Ich habe in diesem Zusammenhang auch auf Voltaire und die französische Aufklärung verwiesen, die man für das Blutgerüst von 1793 sowenig verantwortlich machen kann wie die Kulturkritik eines Nietzsche oder eines Sartre für das Entstehen des totalitären Staates. Ich möchte an diese Gedankengänge anschließen und Sie fragen, ob Sie wirklich der Auffassung sind, daß das »Kommunistische Manifest«, daß die Gedanken von Karl Marx zur Zerschlagung des bürgerlichen Staates für die Stalinschen Gewaltverbrechen und für die Millionen Toten in den Konzentrationslagern der Sowjetunion verantwortlich gemacht werden können?

Oder um ein anderes Beispiel zu nennen: Glauben Sie wirklich, daß man einen Philosophen wie Hobbes, der aus der Erfahrung seiner Zeit vor dem Hintergrund religiöser Bürgerkriege in Frankreich, Deutschland und England den totalen Staat für die einzige Möglichkeit hielt, ein Mindestmaß an Humanität in den gesellschaftlichen Beziehungen zu bewahren, für einen Vorläufer des Dritten Reiches halten kann?

Was Sie hier zu tun versuchen, ist die Indizierung des Denkens, es ist der Versuch, eine fürchterliche Praxis Denkern anzulasten, die diese Praxis weder gewollt haben noch vorhersehen konnten. Alfred Andersch, ein bestimmt unverdächtiger Zeuge, hat dazu einmal bemerkt:

»Es ist mir nicht leicht gefallen, eine Binsenwahrheit einzusehen: Daß nämlich nahezu jeglicher politischen Theorie eine Praxis gefolgt ist, die zu ihr in schaudererregendem Widerspruch stand. Auf die idealsten Entwürfe menschlichen Zusammenlebens berief sich, wer Herrschaftssysteme heraufführte, unter denen der Mensch des Menschen Wolf wurde.«

Und damit keine Mißverständnisse aufkommen: Alfred Andersch sagte dies in bezug auf Ernst Jünger.

Der hier erhobene Vorwurf einer geistigen Urheberschaft – ein Begriff, den ich für völlig untauglich im Rahmen einer redlichen intellektuellen Auseinandersetzung halte – würde uns auch dazu nötigen, die literarische Preiswürdigkeit eines Thomas Mann, eines Bertolt Brecht und einer Anna Seghers in Zweifel zu ziehen. Ich erwähne Anna Seghers, weil sie mit Ernst Jünger eines gemeinsam hat: Sie hat – als Emigrantin – den anderen großen deutschen Widerstandsroman geschrieben, »Das Siebte Kreuz«, ein unbestrittenes literarisches Meisterwerk. Und doch war und ist Anna Seghers Kommunistin, ja sie tritt aktiv für eine Ordnung ein, die wir für eine unmenschliche halten müssen, und sie hat in den Jahren nach dem Zweiten Weltkrieg zugesehen, wie Schriftsteller und Intellektuelle im anderen Teil unseres Vaterlandes unterdrückt und vertrieben wurden.

Dennoch würde ich immer dafür eintreten, der Schriftstellerin Anna Seghers die Anerkennung zuteil werden zu lassen, die dem Rang ihres Werkes zukommt. Und ich sage dies hier, obwohl ich weiß, daß einige meiner politischen Freunde dies anders als ich beurteilen.

In diesem Zusammenhang eine Anmerkung: Ich verlange von jedem Angehörigen des öffentlichen Dienstes, daß er sich zu unserem Staat, zur Demokratie bekennt. Aber ich denke gar nicht daran, mein Urteil über den Menschen davon abhängig zu machen. Ich halte es für absurd, Schriftsteller, Komponisten, Musiker oder Schauspieler nach dieser Kategorie zu beurteilen.

Merken die Verfasser des heutigen Antrages, die doch sonst so leidenschaftlich gegen den sogenannten, damals von Bundeskanzler Brandt und den Ministerpräsidenten verabschiedeten, Extremistenerlaß zu Felde ziehen, eigentlich gar nicht, daß sie eben jetzt diesen Erlaß selbst anwenden wollen? Allerdings nicht gegen Angehörige des öffentlichen Dienstes, die sich zu einem bestimmten politischen System bekennen, das sie in der Bundesrepublik einführen wollen, sondern gegen Denkinhalte und gegen die Freiheit künstlerischer Meinung. Eine geradezu absurde Vorstellung!

Meine Damen und Herren, wer ehrlich und redlich über Ernst Jünger diskutieren will und ihm beispielsweise den Vorwurf der »erotischen Todesbegeisterung« macht, der darf den Zusammenhang mit der deutschen Romantik, ja den Zusammenhang mit Thomas Mann und dessen »Tod in Venedig« nicht einfach verschweigen. Und wer gegen Ernst Jünger – übrigens interessanterweise als Drittzitat – sein Wort: »Ich hasse die Demokratie wie die Pest«, ins Feld führt, muß ehrlicherweise die Tagebucheintragung Thomas Manns vom 11. Januar 1919 zur Kenntnis nehmen, in der er die Demokratie den »Riesengemeinheitsbetrieb der Neuzeit« nennt. Und er muß sich genauso empören über eine Eintragung vom 26. Oktober 1918, in der Thomas Mann die Presse der Siegermächte als »die losgelassene Bestie der Demokratie« bezeichnet.

Damit ich hier nicht falsch verstanden werde: Ich habe keineswegs die Absicht, politische Fehlurteile des Goethepreisträgers der Stadt Frankfurt aus dem Jahre 1949, Thomas Mann, zu kritisieren. Es geht mir allein darum aufzuzeigen, in welchem von den »Betrachtungen eines Unpolitischen« geprägten geistesgeschichtlichen Zusammenhang Äußerungen zu sehen sind und wie gefährlich das Wort von der geistigen Urheberschaft ist.

Wollen Sie wirklich, wie es ein Mitglied der SPD-Fraktion im Kulturausschuß gefordert hat, unsere freiheitlich-demokratische Grundordnung zum Maßstab für den Wert oder Unwert von Literatur machen?

Sie haben, meine Damen und Herren von der SPD-Fraktion, unter den Persönlichkeiten, von deren humanistischer Tradition die Verleihung des Goethepreises an Ernst Jünger angeblich abweiche, ausdrücklich auch den Preisträger des Jahres 1970, Georg Lukacs, genannt. Ich weiß, daß die Magistratsgruppe der CDU damals gegen die Preisverleihung an Lukacs gestimmt hat – allerdings hat sie daraus keine öffentliche Verurteilung des Preisträgers gemacht.

Auch in diesem Fall bin ich der Meinung, daß für die Vergabe des Goethepreises an Georg Lukacs gute Gründe vorgetragen werden können. Was immer man von seinem marxistischen Denkansatz halten mag – seine Arbeiten über die deutsche Romantik und den deutschen Realismus zählen nun einmal zu den großen Beispielen einfühlsamer Literaturbetrachtung.

Nur: diejenigen, die den Begriff der geistigen Urheberschaft in einen Zusammenhang mit dem Goethepreis gebracht haben, dürfen doch nicht vergessen, daß Georg Lukacs nicht allein aktiver Kommunist und Mitglied der Räteregierung Béla Kun, sondern auch ein Befürworter und Verteidiger des Stalinismus bis in die Jahre nach dem Zweiten Weltkrieg hinein war. Lukacs hat diese Position, soweit sie seine stalinistische Vergangenheit betraf, später revidiert, und er hat in seinem berühmten Brief an Alberto Carocci seinen Irrtum eingestanden. Wir haben ihn für diesen Irrtum nicht zu verurteilen.

Allerdings muß es erlaubt sein zu fragen, ob der Goethepreis an einen Mann, der sich aktiv zur Stalinschen Unterdrückungspolitik bekannt hat, so viel weniger problematisch ist als die Verleihung des Preises an einen deutschen Schriftsteller, der niemals das System Hitlers gutgeheißen oder verteidigt hat.

Ich komme zurück auf das Werk Ernst Jüngers. Es wird von niemandem bestritten, daß Ernst Jünger in seinen frühen Jahren, besonders in seinen Kriegsbüchern, das Erlebnis einer Generation beschrieben, ja dieses Erlebnis auch innerlich angenommen und – wenn Sie so wollen – verherrlicht hat. Er hat dies in einer Sprache getan, die heute Teil unserer literarischen Vergangenheit ist, in der Sprache des frühen Expressionismus. Ernst Jünger hatte diese Erlebniswelt gemeinsam mit Männern wie Saint-Exupéry, T.E. Lawrence und Hemingway, um nur drei Schriftsteller der damals gegen Deutschland verbündeten Nationen zu nennen. Er hat aus dieser Erlebniswelt heraus dann den Versuch einer philosophischen Deutung unternommen. Er hat in seinem Buch »Der Arbeiter«, auf das sich die Hauptkritik einiger Mitglieder dieses Hauses richtet, in kühnen Zügen das Bild einer entseelten Weltzivilisation entworfen, die von der Gestalt des modernen Arbeiters beherrscht wird. Er hat einen Termitenstaat gezeichnet, in der die Technik das Individuum auslöscht und jeder Einzelne zum Rädchen einer riesigen Maschine wird.

Ich habe dieses Buch hier nicht zu beurteilen, denn es ist über den philosophischen Wert oder Unwert dieser nihilistischen Utopie bereits genug gestritten worden. Nur: wer gegen dieses Werk den Vorwurf der geistigen Wegbereitung erhebt, der sollte zwei Urteile von Zeitgenossen zur Kenntnis nehmen, die, allerdings in sehr gegensätzlichen Lagern stehend, über dieses Buch geurteilt haben. Ernst Niekisch nennt es in seiner Autobiographie »Gewagtes Leben« eine der großen Leistungen Jüngers:

»Hierin formt er den geistigen Gehalt der russischen Revolution und des Bolschewismus in deutsche Anschauung und Denkweise um. Ohne die russische Revolution wäre dieses Buch nie möglich gewesen.«

Und Hitler hat über dieses Buch einmal zu Herrmann Rauschning gesagt:

»Nein, diese Ideen von einem übernationalen Arbeitsstaat mit Werkpensum und Werklandschaft, alles dies konnte nur aus irregeleiteten übernationalistischen Köpfen einer instinktlos gewordenen Literatenclique herauskommen. Das alles ist Krampf, unecht und gemeingefährlich, weil es dem Nationalsozialismus im Wege steht.«

So schwierig, meine Damen und Herren, ist das mit der geistigen Urheberschaft!

Nein, nicht das Denken Ernst Jüngers hat den Nationalsozialismus hervorgebracht – dieser hatte andere Ursachen, gesellschaftliche, politische und historische Ursachen, Versailles und die Inflation, die Weltwirtschaftskrise und den verlorenen Krieg. Allerdings hatte der Sieg Hitlers wohl auch eine geistesgeschichtliche Ursache, auf die wiederum Alfred Andersch in seiner berühmten, schon mehrmals zitierten Amriswiler Rede hingewiesen hat. Er sieht die Ursache für den 30. Januar 1933 in der unerbittlichen Freund-Feind-Situation, welche die Weimarer Republik im Vorfeld des Faschismus beherrschte.

»Ich sehe die Ursache«, so sagte Andersch damals, »der deutschen Tragödie darin, daß die Anhänger der Ideen von 1789 und die konservative Fronde gegen diese Ideen, daß die großen Ideenschulen, die sich um Rousseau, Hegel und Marx einerseits, um Burke, Hegel und Nietzsche andererseits sammelten, im Augenblick des nationalen Notstandes keine gemeinsame Formel fanden. Das Monstrum konnte nur siegen, weil ihm die konservativen und die revolutionären Eliten tief entzweit und deshalb machtlos gegenüberstanden.«

Ich glaube, dies ist ein erhellendes Wort zum Streit um den diesjährigen Goethepreisträger, dessen Werk wir am 28. August in der Paulskirche zu würdigen haben werden.

Rede über die Verleihung des Goethepreises an Ernst Jünger vor der Frankfurter Stadtverordnetenversammlung am 14. August 1982

Verantwortung
für Mensch und Natur

– Ethische Herausforderungen
im Industriezeitalter –

Bundesminister Dr. Walter Wallmann

Mittwoch, 29. Oktober 1986, 20.00 Uhr
Beethovenhalle, Studio
Theaterstrasse 3, 5300 Bonn 1

Die im christlichen Menschenbild verankerte Überzeugung von der personalen Würde, der Freiheit und der individuellen Verantwortung jedes einzelnen Menschen hat – zumal in ihrer säkularisierten Form – jene geschichtliche Dynamik entfaltet, die zum Aufstieg der modernen Industriegesellschaften führte.

Das Industriezeitalter hat indes von Anfang an auch seine eigenen Mahner und Warner hervorgebracht, die in dieser Entwicklung nur einen Weg in den Abgrund zu sehen vermochten. Ihre Kritik entzündet sich an den negativen Folgen der Industrialisierung, richtet sich dann aber auch teilweise gegen deren Ursprünge, gegen Humanismus, Aufklärung und freiheitliche Demokratie. »Die vollends aufgeklärte Erde strahlt«, so prophezeien etwa Adorno und Horkheimer, »im Zeichen triumphalen Unheils.«

Heute hat es manchmal den Anschein, als stünden wir unentrinnbar vor der Wahl zwischen wertevergessener Technikvergötzung und rückwärtsgewandter Naturmystik. Eine Rückbesinnung auf die Werte des christlichen Menschenbildes kann den Ausweg aus diesem vermeintlichen Dilemma weisen. Der Mensch ist weder Objekt anonymer Schicksalsmächte noch unbeschränkter Herr über die Schöpfung, sondern vernunftbegabtes Subjekt der Geschichte.

Seine Freiheit ist Gabe und Aufgabe zugleich. Sie ist Gabe, weil sie – so formuliert es das Grundsatzprogramm der Christlich-Demokratischen Union Deutschlands – »auf einer Wirklichkeit (beruht), welche die menschliche Welt überschreitet«. Sie ist zugleich Aufgabe, weil sie ihn mit der Fähigkeit ausstattet, die ihm anvertraute Schöpfung mitzugestalten und Verantwortung für sie wahrzunehmen.

Dr. Rudolf Kabel
Vorsitzender des EAK-Bonn

Dr. Roland Kirstein
Vorsitzender des EAK Rhein-Sieg-Kreis

Erhard Hackler
Bundesgeschäftsführer des EAK der CDU/CSU

Ich danke dem Evangelischen Arbeitskreis der CDU/CSU, einige grundsätzliche Überlegungen zum Thema »Verantwortung für Mensch und Natur – Ethische Herausforderungen im Industriezeitalter« vortragen zu können.

Die Fragen, um die es hier geht, sind nicht akademischer Natur, sondern von eminent politisch-praktischer Bedeutung. Ich erwähne nur drei Beispiele aus den Diskussionen der vergangenen Jahre:

Erstens:
Ist das Instrumentarium der *sozialen Marktwirtschaft* geeignet, den ökologischen Herausforderungen unserer Zeit wirksam zu begegnen?

Müssen wir nicht zumindest den traditionellen Zielkatalog der Wirtschaft, nämlich Vollbeschäftigung, Geldwertstabilität, außenwirtschaftliches Gleichgewicht, angemessenes Wirtschaftswachstum und gerechte Einkommensverteilung um das Ziel »Erhaltung der natürlichen Umwelt« ergänzen?

Zweitens:
Ist nicht sogar unsere *parlamentarische Demokratie* überfordert angesichts der gewaltigen Aufgabe, unseren Nachkommen eine bewohnbare Erde zu hinterlassen?

Muß nicht zumindest dafür gesorgt werden, daß im System der Repräsentation neben den Interessen der jetzt Lebenden auch die Interessen künftiger Generationen vertreten sind?

Gibt es so etwas wie ein Widerstandsrecht zugunsten der bedrohten Natur?

Drittens:
Wie können wir angesichts einer unaufhaltsam wachsenden Weltbevölkerung sicherstellen, daß der ebenfalls unaufhaltsam wachsende *Energiebedarf der Menschheit* auf umweltfreundliche Weise und unter Schonung nicht erneuerbarer Ressourcen befriedigt wird?

Meine Damen und Herren, all diese Fragen sind eine moralische und intellektuelle Herausforderung, der wir uns nicht entziehen dürfen. Es wäre ein schwerer Irrtum, sie einfach als Vorhaltungen ideologisch motivierter »Systemveränderer« abzutun.

Gewiß: Es mag einige politische Minderheiten geben, denen das Thema »Umwelt« als Vorwand im Kampf gegen unsere Gesellschaftsordnung willkommen ist. Ihnen geht es im Grunde gar nicht um die Erhaltung unserer natürlichen Lebensgrundlagen. Sie nehmen daher auch nicht zur Kenntnis, daß Politik und Wirtschaft – schwerfällig zwar, aber mit wachsendem Nachdruck – in den vergangenen Jahren begonnen haben, auf die ökologischen Herausforderungen unserer Zeit zu reagieren.

»Mit erstaunlicher Anpassungsfähigkeit haben sich die Volkswirtschaften in den westlichen Industrieländern ... eingestellt« auf zahlreiche Ge- und Verbote, die ihnen der Staat zum Schutz von Luft, Wasser und Boden auferlegt hat. Diese Äußerung findet sich in der Gemeinsamen Erklärung des Rates der EKD und der Deutschen Bischofskonferenz vom Mai 1985.

Ich bin den beiden großen christlichen Kirchen sehr dankbar dafür, daß sie dieses ermutigende Wort gesprochen haben. Dankbar bin ich Ihnen aber gleichfalls für manche Mahnung und manchen Rat, mit dem sie unsere Umweltpolitik im Geiste kritischer Solidarität begleiten.

Ein wichtiges Datum ist hier auch die Denkschrift »Evangelische Kirche und freiheitliche Demokratie – Der Staat des Grundgesetzes als Angebot und Aufgabe« vom Oktober 1985.

Nie zuvor ist die Staatsform der freiheitlichen Demokratie in einer amtlichen Verlautbarung der evangelischen Kirche so eingehend positiv gewürdigt worden wie in diesem Dokument. Andererseits stellt die Demokratie-Denkschrift auch Fragen, mit denen wir uns auseinandersetzen müssen. Sie betreffen vor allem die Eignung parlamentarischer Entscheidungsverfahren im Hinblick auf die ökologischen Herausforderungen im Industriezeitalter.

I.

Meine Damen und Herren, gestatten Sie mir zunächst einige Überlegungen zu den Grundlagen einer Umweltpolitik aus christlicher Verantwortung.

Ausgangspunkt ist der *biblische Schöpfungsbegriff*, der zur gemeinsamen Überlieferung von Christen und Juden gehört. Mir fällt auf, daß die Worte »Natur« und »Schöpfung« häufig synonym gebraucht werden. Damit gehen aber wesentliche Elemente des biblischen Verständnisses von Schöpfung verloren:

Der Schöpfungsbericht ist *auch* zu lesen als Kritik des Mythos, der die Natur vergöttlicht oder dämonisiert. Sonne und Mond werden im Buche Genesis nüchtern als »die beiden großen Lampen« bezeichnet – eine geradezu rationalistische Provokation, wenn man sich vergegenwärtigt, daß die Nachbarvölker Israels Sonne und Mond als Gottheiten verehrten.

Kritik des Mythos, Entgöttlichung und Entdämonisierung der Natur sind die eine Seite. Auf der anderen Seite steht die Erfahrung des geschichtlich handelnden *und* rettenden Gottes. Die Erde ist nicht Spielball mythischer Schicksalsmächte, sondern eingebettet in die Heilsgeschichte – in den Bund Gottes mit Israel.

Das heilsgeschichtliche Verständnis von Schöpfung ist Grundlage einer weiteren Überlegung, die den Menschen an seine Verantwortung für die Natur heranführt: Schöpfung ist kein abgeschlossener Vorgang, sondern ein Prozeß, der weitergeht. In diesem Prozeß ist der Mensch Gottes Helfer und Gefährte, wie *Martin Buber* einmal gesagt hat.

»Macht euch die Erde untertan und herrscht über alle Tiere« – dieser Auftrag meint nicht Unterdrückung und Ausbeutung, sondern Erhaltung und Gestaltung einer Wirklichkeit, von der ihr Schöpfer selbst sagt, sie sei »sehr gut«.

Mit einem mythischen Naturverständnis teilt der biblische Schöpfungsbegriff die Wertbezogenheit: Die Pflicht zur Erhaltung der Erde und dessen, was auf ihr lebt, resultiert nicht einfach aus der Abhängigkeit des Menschen von seinen natürlichen Lebensgrundlagen.

Gewiß, auch diese Überlegung darf nicht fehlen, wenn wir uns fragen, worauf unsere Verantwortung für die Natur gegründet ist. *Mittelbar* folgt diese Verantwortung ja auch aus der Verantwortung für unsere Mitmenschen, uns selbst und unsere Nachkommen. Aber darüber hinaus hat sie eine unmittelbar-eigenständige Bedeutung. Wie sonst könnten wir etwa die Verpflichtung begründen, seltene Tier- und Pflanzenarten, die keinem Menschen Nutzen eintragen, vor dem Aussterben zu bewahren?

Wenn ich von der Wertbezogenheit des biblischen Schöpfungsbegriffs spreche, so mache ich mich damit freilich nicht zum Anwalt eines Naturrechts – im wörtlichen wie im übertragenen Sinne –, das uns die Entscheidungen über unser Tun und Lassen durch einen Katalog detaillierter Handlungsanweisungen abnimmt:

Der biblische Schöpfungsbericht spricht auch von der *Freiheit* des Menschen. Damit wird die zweite Trennungslinie zu einem Naturverständnis gezogen, das den Menschen als willenlosen Spielball mythischer Schicksalsmächte sieht. Es ist das Geschenk der Freiheit, das die Gottebenbildlichkeit und damit die besondere Würde jedes einzelnen Menschenwesens im Gesamtzusammenhang der Schöpfung ausmacht.

Menschliche Freiheit ist Gabe und Aufgabe zugleich. Damit ist auch die Grundlage des »Prinzips *Verantwortung*« bezeichnet. Denn als Gabe ist Freiheit die Fähigkeit, Verantwortung wahrzunehmen; als Aufgabe ist sie die Pflicht, von dieser Fähigkeit Gebrauch – und zwar den rechten Gebrauch – zu machen.

Verantwortung als Gebot, Antwort zu geben und Rechenschaft abzulegen vor unserem Schöpfer, verweist aber auch auf die menschliche *Vernunft*. Vernunft setzt Kommunikation voraus; sie ist Produkt eines Diskurses, der sich am Ziel der Wahrheit und des Richtigen orientiert.

II.

Das hier skizzierte Menschen- und Weltbild ist Grundlage von Humanismus, Aufklärung und freiheitlicher Demokratie. Vor allem in seiner säkularisierten Form hat es jene geschichtliche Dynamik entfaltet, die zum Aufstieg der modernen Industriegesellschaften führte.

»Für den Christen ist es wichtig zu erkennen, daß die Grundgedanken, aus denen heraus ein demokratischer Staat seinen Auftrag wahrnimmt, eine Nähe zum christlichen Menschenbild aufweisen. Nur eine demokratische Verfassung kann heute der Menschenwürde entsprechen... Auch die Demokratie ist keine ›christliche Staatsform‹.

Aber die positive Beziehung von Christen zum demokratischen Staat... ist mehr als äußerlicher Natur; sie hat zu tun mit den theologischen und ethischen Überzeugungen des christlichen Glaubens...«

Meine Damen und Herren, diese Sätze habe ich der Demokratie-Denkschrift des EKD vom Oktober 1985 entnommen. Ihr entscheidender Hinweis scheint mir zu sein, daß wir als Christen jene Entwicklung bejahen können und müssen, die *Immanuel Kant* als den »Ausgang des Menschen aus seiner selbstverschuldeten Unmündigkeit« bezeichnet hat.

Wir müssen andererseits freilich sehen, daß ein aufgeklärtes Menschen- und Weltbild zum anthropozentrischen Größenwahn verleiten kann. Man könnte dies als den dialektischen Umschlag von der Vergöttlichung der Natur zur Vergöttlichung des Menschen bezeichnen.

Diese Erkenntnis ist nicht nur von theoretischem Interesse. Tschernobyl hat uns das eindringlich vor Augen geführt. Der Glaube an eine quasi-göttliche Verfügungsgewalt des Menschen über die Natur (zu der auch die Kernenergie gehört) hat die für dieses Kernkraftwerk Verantwortlichen zu einem selbstherrlichen und damit sorglosen Umgang mit der Technik verleitet. Keine Vorkehrung hinderte sie am Abschalten der Sicherheitssysteme; es gab keine inhärente Sicherheit, keine Sicherheitshülle, keine Fernüberwachung. In der Bundesrepublik Deutschland gibt es hingegen solche Vorkehrungen.

Die Überzeugung von der wesenhaften Begrenztheit und Fehlbarkeit des Menschen führt bei uns dazu, daß wir *auch ihn* als potentielle Fehlerquelle in der sicherheitstechnischen Auslegung von Kernkraftanlagen mitberücksichtigen.

Das Unglück von Tschernobyl stellt allerdings auch Fragen an uns:

Wohnt nicht dem technischen Fortschritt eine Hybris inne, die uns für seine Gefahren blind macht? Gibt es nicht so etwas wie die »Dialektik der Aufklärung«, die dazu führt, daß – wie *Adorno* und *Horkheimer* formulieren – die vollends aufgeklärte Erde im Zeichen triumphalen Unheils strahlt?

Ich halte diese Fragen für legitim. Aber ich möchte zugleich betonen, daß wir der Sackgasse entgehen können, wenn wir uns immer wieder an den Wegmarken orientieren, die das christliche Menschen- und Weltbild uns zeigt. Es ist der Weg zwischen Vergöttlichung der Natur und Vergöttlichung des Menschen, zwischen mythischer Weltschau und wertevergessener Fetischisierung der Technik.

Es gibt keine verantwortbare Alternative zur kritischen Vernunft und zum technischen Fortschritt. Wir können die ökonomischen und sozialen Probleme unserer Zeit – und dazu gehören auch die Umweltprobleme – nur lösen, wenn wir die Möglichkeiten der Technik im Bewußtsein unserer Verantwortung für Mensch und Natur intelligent nutzen.

Das gilt sowohl für die Industriestaaten als auch für die Länder der Dritten Welt. Während seines Besuches in der Bundesrepublik Deutschland 1980 hat *Papst Johannes Paul II.* festgestellt: »Man kann nicht sagen, daß der Fortschritt zu weit gegangen ist, solange noch viele Menschen, ja ganze Völker in bedrückenden und sogar in menschenunwürdigen Verhältnissen leben, die mit Hilfe technisch-wissenschaftlicher Erkenntnis verbessert werden können.«

Die Frage, vor der wir heute stehen, heißt demnach nicht: Wollen wir den technischen Fortschritt? Sondern es heißt: Wie sollen wir mit dem technischen Fortschritt umgehen? Wie können wir seine schädlichen Nebenwirkungen so gering wie möglich halten?

Wie können wir den technischen Fortschritt human, sozial und ökologisch verträglich gestalten?

Für diese große Aufgabe bedürfen wir zum einen *kritischer Vernunft*. Zum anderen müssen wir uns am *Prinzip Verantwortung* orientieren. Damit meine ich – im Sinne *Max Webers* –: Wir müssen stets die voraussehbaren Folgen unseres Handelns mitbedenken. Und wir müssen bemüht bleiben, Konsequenzen unseres Tuns, die heute noch nicht vorhersehbar sind, zu erforschen.

In unserer Zeit reichen die Folgen unseres Handelns weiter als jemals zuvor – in räumlicher wie in zeitlicher Hinsicht. Vor diesem Hintergrund tritt das Gefühl der Ohnmacht vor der Technik an die Stelle des Gefühls der Ohnmacht vor den Naturgewalten. Es entsteht der Wunsch, in die vermeintliche Geborgenheit eines Lebens im »Frieden mit der Natur« zurückzukehren, »auszusteigen« aus einer komplizierten, konflikthaften und daher als Last empfundenen Wirklichkeit. Der Sozialpsychologe *Erich Fromm* hat diese Fluchtbestrebung schon vor vielen Jahrzehnten als »Furcht vor der Freiheit« charakterisiert.

Ein solcher »Ausstieg« wäre jedoch nicht zu verantworten. Denken wir etwa an das vorerst nicht aufzuhaltende Wachstum der Weltbevölkerung mit all seinen Konsequenzen für die nicht erneuerbaren Rohstoffreserven der Menschheit. Hier hilft uns nur ein verantwortungsbewußter Gebrauch der Technik:
- Recyclingverfahren,
- behutsamer Umgang mit nicht erneuerbaren Rohstoffen,
- Entwicklung erneuerbarer Rohstoffquellen,
- umweltschonende Produktionsmethoden.

Stillstand wäre hier Rückschritt, und Rückschritt hieße Schuldigwerden an unseren Kindern und Kindeskindern.

Der einzige Ausweg liegt vorn.

Außerdem müssen wir auf eine kluge Nutzung marktwirtschaftlicher Mechanismen setzen. Die soziale Marktwirtschaft ist ja nicht nur – nach allem, was wir heute wissen – das leistungsfähigste und freiheitlichste Wirtschaftssystem; sie bietet auch das beste Konzept zum sparsamen Haushalten mit knappen Ressourcen – einschließlich der »Ressource Umwelt«.

Es wird beim Umweltschutz vor allem darauf ankommen, das Verursacherprinzip und das Vorsorgeprinzip in den ordnungspolitischen Rahmen der Marktwirtschaft einzufügen.

Das *Verursacherprinzip* nimmt den einzelnen in die Pflicht, versetzt ihn aber zugleich in die Lage, Kreativität und Eigeninitiative zum Nutzen unserer Umwelt zu entwickeln. Es honoriert umweltfreundliche Produktionsmethoden.

Ähnliches gilt für das *Vorsorgeprinzip*:

Es fordert vom einzelnen, daß er Umweltverschmutzung an der von ihm beherrschten Quelle bekämpft; damit wird zugleich sichergestellt, daß Schäden, für die er als Verursacher aufkommen müßte, gar nicht erst entstehen.

Es geht, mit einem Wort, um die Durchsetzung des Prinzips Verantwortung – der Verantwortung des einzelnen – in der Ökonomie. Umweltschädliches Wirtschaften darf sich nicht mehr auszahlen; nur noch umweltverträgliches Wirtschaften darf sich lohnen!

Kein anderes Wirtschaftssystem vermag diesen Gedanken besser umzusetzen als die soziale Marktwirtschaft.

Meine Damen und Herren, gestatten Sie mir zum Thema »Verantwortung« noch eine Überlegung: Verantwortlich handeln heißt in unserer Zeit auch, Risiken gegeneinander abzuwägen. Dazu bedarf es großer Nüchternheit und Ehrlichkeit.

Ich denke hier etwa an die energiepolitische Diskussion nach Tschernobyl. Von manchen wird so getan, als stünden wir heute vor der einfachen Wahl zwischen risikoreichen und risikoarmen Energieträgern. Wer dies behauptet, mogelt sich an der Grunderfahrung des Industriezeitalters vorbei: Daß es nämlich eine gefahrlose Technik grundsätzlich nicht geben kann.

Es ist schon bemerkenswert: Viele von denen, die den sofortigen Ausstieg aus der Kernenergie proklamieren, reagieren gereizt, wenn man sie auf die erheblichen Gefahren eines weltweit ansteigenden Verbrauchs fossiler Energieträger anspricht.

Der frühere Bundeskanzler Helmut Schmidt hat auf dieses Problem in seinem bemerkenswerten Vortrag »Christliche Ethik und politische Verantwortung« in der Marktkirche von Hannover im Juni dieses Jahres hingewiesen. Er sagte dort: »Keine der beiden großen Energiequellen ist also ohne Risiko, weder die Kernkraft, noch das Verbrennen von Kohlenwasserstoff.

Kein Wissenschaftler kann uns im Augenblick wirklich sagen, welches Risiko am größten sei. Die Folgen etwa beim Kohlendioxyd werden, so sagt uns die Naturwissenschaft und die Klimatologie, früh im nächsten Jahrhundert fühlbar zu Buche schlagen. Wir müssen aber *heute* Entscheidungen treffen...

Mir liegt... daran, deutlich zu machen, daß die Antworten nicht im Katechismus gefunden werden können, sondern daß die Antworten durch Nachdenken und Abwägen gefunden werden müssen – vielleicht im Sinne christlicher Freiheit für die nach uns Kommenden...

Es gehört viel Sachverstand, viel Vernunft dazu, die Risiken beider Arten von Energie richtig zu verteilen, und die christliche Ethik allein liefert uns dafür keine Richtschnur. Sie kann uns nur dazu anhalten, unsere Entscheidungen im Gewissen wieder und wieder zu prüfen und uns nicht Stimmungen oder der Mode hinzugeben.«

III.

Meine Damen und Herren, zum Schluß möchte ich noch eine der zu Beginn meines Vortrags gestellten Fragen aufgreifen: Die Frage, ob unsere parlamentarische Demokratie nicht überfordert ist angesichts der gewaltigen Aufgabe, unseren Nachkommen eine bewohnbare Erde zu hinterlassen.

In der Ökologiedebatte spielt dieses Problem eine wesentliche Rolle. So heißt es etwa in der Demokratie-Denkschrift der

EKD: »Mit der Unterdrückung und Ausbeutung der Natur werden unmittelbare Bedürfnisse der Gegenwart auf eine Weise befriedigt, die dem Lebensinteresse nachkommender Generationen zuwiderläuft...

Das Lebensinteresse der künftigen Menschheit hat in der Gegenwart keinen unmittelbaren eigenen Anwalt.«

Das Problem ist nicht neu. Schon immer hat es die Auseinandersetzung gegeben zwischen denen, die das Recht der jeweils lebenden Generationen zum schrankenlosen Egoismus proklamierten, und denen, die zu mehr Behutsamkeit im Interesse künftiger Generationen mahnten.

Thomas Jefferson etwa vertrat die Überzeugung, daß die Erde den Lebenden zu ungehemmter Ausbeutung gehöre: »Sie können mit ihr und dem, was sie hervorbringt, nach Belieben umgehen, solange ihnen der Nießbrauch gegeben ist.«

Konservative wie *Edmund Burke* machten sich zu Anwälten der Gegenposition: »Dort, wo es auf das Interesse der Menschheit in vielen Generationen ankommt, da ist es nicht unbillig, daß noch die Nachfolger einen gewissen Anteil an den Beschlüssen haben, die sie so wesentlich treffen.«

Edmund Burke war ein Verfechter des parlamentarischen Systems. Dies sollte denen zu denken geben, die im Interesse künftiger Generationen mehr »direkte« Demokratie fordern. Es waren ja meist Anhänger einer »direkten« Demokratie, die der These zuneigten, jede Generation dürfte ihren Lebensentwurf ohne Rücksicht auf die Interessen der Nachkommen verwirklichen. So proklamierte beispielsweise der jakobinische Verfassungsentwurf von 1793 das Recht des Volkes zur totalen Bindungs- und Verantwortungslosigkeit gegenüber künftigen Generationen.

Diese Überzeugung ist mit einer Politik aus christlicher Verantwortung nicht zu vereinbaren. Vor diesem Hintergrund gibt es – nach allem, was wir heute wissen – keine vernünftige und verantwortbare Alternative zur repräsentativen Demokratie. Denn parlamentarische Diskussions- und Entscheidungsformen sind besonders gut geeignet, den natürlichen Egoismus der jeweils lebenden Generation zu bändigen und so den Weg für eine verantwortungsbewußte Interessenabwägung zu ebnen, die auch die Interessen der Nachkommen im Auge behält.

Meine Damen und Herren, es ist ein aussichtsloses Unterfangen, in kurzer Frist alle Facetten des wichtigen und faszinierenden Themas abzudecken, zu dem ich heute vor diesem Auditorium sprechen durfte. Ich hoffe jedoch, daß wir in der nun folgenden Diskussion noch Gelegenheit haben werden, die eine oder andere Frage vertiefend zu behandeln.

Ich danke Ihnen für Ihre Aufmerksamkeit.

Ethische Herausforderungen im Industriezeitalter (Rede anläßlich einer Veranstaltung des Evangelischen Arbeitskreises der CDU/CSU am 29. Oktober 1986 in Bonn)

Amüsante Adenauer-Anekdoten

Als Band mit der Bestellnummer 10591 erschien:

Der Journalist Walter Henkels ist einer der besten Adenauer-Kenner. Er war zu Gast bei den Kanzler-Tees und hat viele Male in Cadenabbia mit dem christdemokratischen Politiker Boccia gespielt. Seine ebenso amüsante wie gescheite Anekdotennachlese zählt zu den gelungensten Adenauer-Büchern.

BASTEI LÜBBE